普通高等教育“十一五”国家级规划教材
普通高等教育国家级精品教材
高职高专精品系列教材

财务管理

第3版

主　编　郭　涛
参　编　王　潮

机械工业出版社

本书编者依据高职高专教育人才的培养目标，广泛吸取高职高专原有的财务管理教学和教材建设经验，联系财务管理学科新发展与企业财务管理实务，系统地阐述了企业财务管理的基本理论、内容、方法和技能。本书贯彻了教、学、做一体化和理论与实践合一的高职教学理念，侧重培养学生理论联系实际和运用所学理论知识分析、解决实际问题的能力。本书以财务活动为主线，以财务决策为主要内容，按照财务决策、财务预算、财务控制和财务分析的体系编写而成。全书共11章，第一章为财务管理导论，第二章为财务管理的价值观念，第三至第八章为财务决策，第九章为财务预算，第十章为财务控制，第十一章为财务分析。本书内容深入浅出，注重实用性；每章后面附有习题，便于学生加强理解和练习，使学生能够举一反三，融会贯通。

本书可作为高职高专财经类专业教材，也可作为在职人员培训教材或自学考试及会计师职称考试的参考教材。

为方便教学，本书不仅配有电子课件、教学导学、习题答案、模拟试卷、案例分析提示等资源，同时还配有“示范教学包”，可在超星学习通上实现“一键建课”，方便混合式教学。凡选用本书作为教材的教师均可登录机械工业出版社教育服务网 www.cmpedu.com 以教师身份注册后下载相关资源。如有问题请致电 010-88379375，服务 QQ：945379158。

图书在版编目（CIP）数据

财务管理／郭涛主编. —3版. —北京：机械工业出版社，2020.10（2024.1重印）

高职高专精品系列教材

ISBN 978-7-111-66670-7

Ⅰ.①财… Ⅱ.①郭… Ⅲ.①财务管理-高等职业教育-教材 Ⅳ.①F275

中国版本图书馆CIP数据核字（2020）第184001号

机械工业出版社（北京市百万庄大街22号 邮政编码100037）

策划编辑：孔文梅　　责任编辑：孔文梅　乔　晨

责任校对：李　伟　　封面设计：鞠　杨

责任印制：常天培

固安县铭成印刷有限公司印刷

2024年1月第3版第3次印刷

184mm×260mm · 17印张 · 424千字

标准书号：ISBN 978-7-111-66670-7

定价：49.00元

电话服务	网络服务
客服电话：010-88361066	机　工　官　网：www.cmpbook.com
010-88379833	机　工　官　博：weibo.com/cmp1952
010-68326294	金　书　网：www.golden-book.com
封底无防伪标均为盗版	机工教育服务网：www.cmpedu.com

前言

衷心感谢读者对《财务管理》第1版和第2版的热情支持！许多热心读者向本书作者提供了宝贵的意见和建议，这些意见和建议是第3版修订时最重要的参考，引导作者继续辛勤探索，更加深入地研究和总结，期望将本书编写得更加优秀。与第2版教材相比，修订后的《财务管理》（第3版）具有以下特点：

（1）结构体系基本保持不变。本书第2版以财务活动为主线，以财务决策为主要内容，按照财务决策、财务预算、财务控制和财务分析的体系编写而成，从反馈的信息看，条理清晰、重点突出、便于教与学，且与国家会计师职称考试财务管理考试大纲保持一致，可以为读者参加会计师职称考试打下良好基础。所以，第3版我们仍保留了这一基本框架。

（2）在编写时更加注重理论与实践相结合，注重实务、案例突出；对财务管理中虽然重要但比较抽象难懂的杠杆理论不仅不避重就轻，反而精心设计更多的具体案例，深入浅出，循循善诱，引导学生由感性认识上升到理性认识。

（3）形式新颖、温馨活泼。本书第3版采用灵活多变的编写形式，穿插温馨的提示模块，提纲挈领，引导学生进行思考。

（4）增加了相关的习题，对重点和难点问题有针对性地加强训练，起到举一反三、融会贯通的效果。

（5）资源丰富，方便教学。本书第3版配有丰富的资源，主要包括电子课件、教学导学、习题答案、模拟试卷、案例分析提示等，同时还配有"示范教学包"，可在超星学习通上实现"一键建课"，方便混合式教学。凡选用本书作为教材的教师均可登录机械工业出版社教育服务网 www. cmpedu. com 以教师身份注册后下载相关资源。如有问题请致电 010－88379375，服务QQ：945379158。

本书的修订工作，在听取读者、出版社及原编写人员意见的基础上，由郭涛副教授完成。

由于编者水平有限，书中难免有不妥或错误之处，恳请读者批评指正。

编　者

目录 Contents

前言

第一章　财务管理导论　001

第一节　财务管理的基本概念 / 002
第二节　财务管理的目标 / 004
第三节　财务管理的环境 / 008
第四节　财务管理环节 / 015
本章小结 / 016
本章习题 / 017

第二章　财务管理的价值观念　019

第一节　资金时间价值 / 020
第二节　风险价值 / 031
本章小结 / 035
本章习题 / 036

第三章　资金筹集　041

第一节　企业筹资概述 / 042
第二节　权益资金的筹集 / 046
第三节　债务资金的筹集 / 053
本章小结 / 063
本章习题 / 064

第四章　资金成本和资本结构　069

第一节　资金成本 / 070
第二节　杠杆效应 / 074
第三节　资本结构决策 / 082
本章小结 / 086
本章习题 / 087

第五章 流动资产管理 091

第一节 流动资产管理概述 / 092
第二节 现金管理 / 093
第三节 应收账款管理 / 098
第四节 存货管理 / 104
本章小结 / 111
本章习题 / 112

第六章 项目投资 115

第一节 项目投资概述 / 116
第二节 现金流量的内容及其估算 / 118
第三节 项目投资决策评价指标及其运用 / 124
本章小结 / 130
本章习题 / 132

第七章 证券投资 139

第一节 证券投资的种类与目的 / 140
第二节 证券投资的风险与收益率 / 142
第三节 证券投资决策 / 145
第四节 证券投资组合 / 149
本章小结 / 154
本章习题 / 155

第八章 利润分配管理 161

第一节 利润分配概述 / 162
第二节 股利分配政策 / 164
本章小结 / 172
本章习题 / 173

第九章 财务预算 177

第一节 财务预算概述 / 178
第二节 财务预算的编制方法 / 181
第三节 现金预算与预计财务报表的编制 / 188
本章小结 / 197
本章习题 / 198

第十章 财务控制 205

第一节 财务控制的意义与类型 / 206
第二节 责任控制 / 208
本章小结 / 221
本章习题 / 222

第十一章 财务分析 227

第一节 财务分析概述 / 228
第二节 偿债能力分析 / 233
第三节 营运能力分析 / 237
第四节 盈利能力分析 / 239
第五节 发展能力分析 / 242
第六节 现金流量分析 / 244
第七节 财务综合分析 / 246
本章小结 / 249
本章习题 / 250

附 录 资金时间价值系数表 257

附录 A 复利终值系数表 / 258
附录 B 复利现值系数表 / 260
附录 C 年金终值系数表 / 262
附录 D 年金现值系数表 / 264

参考文献 266

第一章　财务管理导论

通过本章的学习，掌握财务管理的基本概念；掌握财务管理的目标；理解财务管理的环境；了解财务管理的环节。

能够指出某个企业的组织形式以及针对该企业所处的主要财务管理环境进行分析，选择最优财务管理目标。

引　言　您想成为一名出色的公司财务经理吗？或者您想成为一个家庭理财高手吗？系统学习财务管理知识，能帮助您了解财务管理的价值观念和风险观念，助您在进行公司筹资、投资、利润分配决策或处理家庭理财问题时游刃有余，果断自信地做出正确的判断。

第一节 财务管理的基本概念

一、财务管理的概念

财务（Finance），顾名思义是理财的事务，是企业再生产过程中的资金运动及其体现的财务关系。企业财务是与资金分不开的，企业的资金运动过程总是与一定的财务活动相联系，或者说，企业资金运动形式是通过一定的财务活动来实现的。如企业在生产经营中运用各种方式，通过不同渠道，筹集一定数量的资金，用于必要的投资和生产经营的各个方面，以获得一定的经济效益；企业盈利后，将其实现的利润，对投资人进行合理的分配，使投资人获得合法收益等，这些财务活动都伴随着资金的运动。企业在进行各项财务活动时，必然要与国家有关行政管理机关（如国家税务机关等）、企业所有者（股东）、债权人、债务人和职工等发生经济利益关系，这种关系称为财务关系。从企业管理角度看，财务管理（Financial Management）就是指企业组织财务活动、处理财务关系的一项经济管理工作，它是企业管理的重要组成部分。

财务管理就是企业组织财务活动、处理财务关系的经济管理工作。

二、财务活动

财务活动（Financial Activity）是企业资金收支活动的总称，包括资金的筹集、运用、收回及其分配等一系列行为，它是财务管理的对象。企业财务活动可分为筹资活动、投资活动以及收益分配活动三个方面。

（一）筹资活动（Financing Activity）

筹资活动是指企业筹集企业生产经营活动所需资金的过程。资金是企业的血液，企业组织生产经营，必须以占有或能够支配一定数额的资金为前提。企业从各种渠道以各种形式筹集资金，是资金运动的起点。从整体上看，企业筹措的资金可分为两类：①企业的主权资本，它是通过吸收直接投资、发行企业股票筹资、利用企业内部留存收益等方式取得的。②企业的债务资金，它是企业通过向银行借款、发行债券、租赁筹资以及利用商业信用（如应付账款）等方式取得的。在筹资过程中，企业一方面要确定筹资的总规模，以保证投资所需要的资金；另一方面要通过筹资渠道、筹资方式或工具的选择，合理确定筹资结构，以降低筹资成本和风险。有关内容详见第三章和第四章。

（二）投资活动（Investment Activity）

投资活动是指企业将所筹资金投放的过程。企业取得资金后，必须将资金投入使用，以谋求最大的经济效益，否则，筹资就失去了目的和效用。投资有广义和狭义两个概念。广义的投资不仅包括企业内部使用资金的过程，如企业购置流动资产、固定资产、无形资产等，还包括企业对外投放资金的过程，如企业购买其他企业的股票、债券或与其他企业合资联营等。狭义的投资仅指对外投资。本书所讲的投资活动是指广义的投资活动。企业在投资过程中，必须认真安排投资规模，确定投资方式，选择投资方向，确定合理的投资结构，提高投资效益，降低投资风险。有关内容详见第五章、第六章和第七章。

（三）收益分配活动（Income Distribution Activity）

收益分配活动是指企业将在一定时期内所创造的收益在企业内外各利益主体之间进行分割和分派的过程。在实际工作中，企业收益分配具体表现为对企业净利润的分配。随着收益分配的进行，资金或退出企业，或留存企业。企业在进行收益分配时，应当根据国家有关法律和制度规定，合理确定利润的留存比例和分配形式，正确处理企业当前利益与长远利益之间的矛盾，协调股东、债权人、经营者、职工等不同利益主体之间的利益关系，以促进企业的长足发展。有关内容详见第八章。

以上财务活动的三个方面，是相互联系、相互依存的。正是上述互相联系又有一定区别的三个方面，构成了企业完整的财务活动，这也是企业财务管理的基本内容。

三、财务关系

企业财务关系（Financial Relationship）是指企业作为财务活动的主体在组织财务活动过程中与有关各方所发生的经济利益关系。企业的财务关系如图 1－1 所示，主要有以下几个方面：

（一）企业与投资者（股东）之间的财务关系

企业与投资者（股东）之间的财务关系主要指企业的投资者向企业投入资金，企业向其投资者支付投资报酬所形成的财务关系。企业的投资者要按照投资合同、协议、章程的约定履行其出资义务，以便及时形成企业的资本金。企业用资本金进行经营，实现利润后，应按出资比例或合同、章程的规定，向其投资者分配利润。

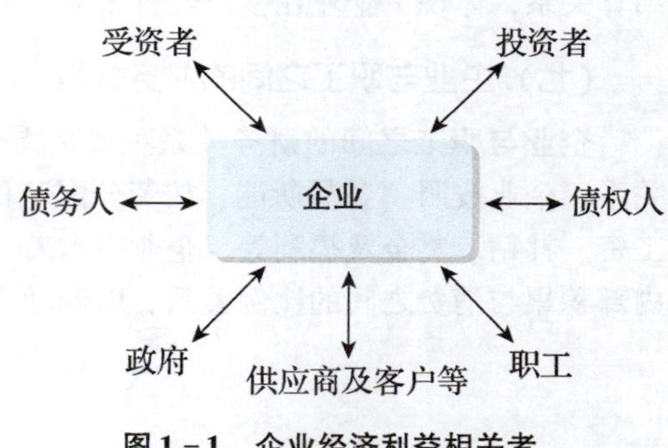

图 1－1 企业经济利益相关者

（二）企业与受资者之间的财务关系

企业与受资者之间的财务关系是指企业购买其他企业的股票或者以直接对外投资的形式向其他企业投资所形成的企业与受资者（即被投资者）之间的财务关系。这时企业应站在投资者的角度处理这一财务关系。企业投资的最终目的是获得收益，但预期收益能否实现，也存在一定的投资风险。企业投资风险越大，要求的收益就越高。

（三）企业与债权人之间的财务关系

企业与债权人之间的财务关系主要是指企业向债权人（Creditor）借入资金并按借款合同的规定按时支付利息和归还本金所形成的财务关系。企业要进行正常的生产经营活动，除利用投资者投入的资本金外，还要从企业外部（债权人）借入一定量的资金，以便扩大企业生产经营规模。企业的债权人主要有：①企业所发行债券的债券持有人；②金融机构；③商业信用提供者；④其他出借资金给企业的单位和个人。企业利用债权人的资金后，要按约定的利息率，及时向债权人支付利息；债务到期时，企业应合理调度资金，按时向债权人偿还本金。

（四）企业与债务人之间的财务关系

企业与债务人之间的财务关系主要是指企业将其资金用以购买企业外部单位发行的债券、对外提供借款和商业信用等所形成的企业与债务人的财务关系。企业将资金借出后，有权要求其债务人按约定的条件支付利息和归还本金。

（五）企业与国家行政管理机关之间的财务关系

企业与国家行政管理机关之间的财务关系是指企业要按照税法的规定依法纳税而与国家有关行政管理机关（国家税务机关等）所形成的财务关系。任何企业都必须按照国家税法的规定缴纳各种税款，以保证国家财政收入的实现，及时、足额纳税是企业履行社会义务的表现。企业与国家税务机关的财务关系是依法纳税与征税的义务和权利的关系，是强制和无偿分配的关系。

（六）企业内部各部门、各单位之间的财务关系

企业内部各部门、各单位之间的财务关系主要是指企业的内部资本结算关系。它表现为两方面：一方面，企业以财务部门为中心，内部各部门、各单位与财务部门之间发生收支结算关系，如企业内部各部门、各单位向财务部门领款、报销以及办理收付款业务等，它体现了企业内部资本集中管理的要求，有利于企业资金的优化配置；另一方面，在企业内部各部门、各单位实行责任预算和责任考核与评价的情况下，企业内部各责任中心相互提供产品与劳务，应以内部转移价格进行核算，它体现了内部资本分散管理的要求。企业内部这种集中和分散的资本结算关系，体现了企业在生产经营中分工与协作的权责关系。

（七）企业与职工之间的财务关系

企业与职工之间的财务关系主要是指企业在向职工支付劳动报酬的过程中形成的经济利益关系。企业按照“各尽所能、按劳分配”的原则，主要以货币形式支付职工的劳动报酬，包括工资、补贴、奖金及福利等。企业应本着不断提高职工生活水平的基本要求，正确处理好企业内部积累与消费之间的比例关系，以调动广大职工生产经营的积极性与创造性。

第二节 财务管理的目标

一、财务管理目标的含义

如果你连去哪儿都不清楚，那么，如何去也就不再重要了。财务管理目标就是要告诉财务管理人员“将去哪儿”。

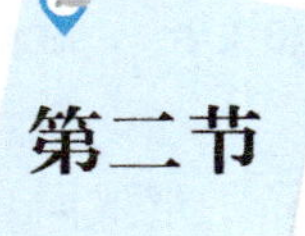

企业财务管理目标（Objective of Financial Management）是指企业进行财务管理活动所要达到的根本目的，是评价企业财务管理活动是否合理的标准，它决定着财务管理的基本方向。目前，人们对财务管理目标的认识尚未统一，主要有利润最大化、每股收益（资本利润率）最大化、股东财富最大化和企业价值最大化等几种观点。

（一）利润最大化（Profit Maximization）

利润最大化观点认为，企业是以盈利为目的的经济组织，利润代表企业新创造的财富，利润越多，则企业财富增加得越多。企业为追求利润最大化，就必须加强经营管理，改进工艺和技术，提高劳动效率，降低产品成本，合理分配资源。这是企业以利润最大化作为财务管理目标合理的一面。但是，以利润最大化作为财务管理目标也存在一些缺陷：

（1）利润最大化是一个绝对指标，没有反映创造的利润与投入资本之间的关系，难以在不同资本规模的企业或同一企业的不同时期进行比较。例如：某企业去年实现利润 200 万元，去年的投入资本额为 1 000 万元。今年实现利润 250 万元，投入资本则增加到 2 500 万元。到底哪一年更符合企业的目标？从利润总额来说，今年比去年增加了 50 万元，增长率达 25%，但我们显然不会认为今年的经营业绩比去年理想。因为今年的投资利润率只有 10%，比去年 20% 的投资利润率大幅度下降。

（2）没有考虑利润实现的时间，没有考虑资金的时间价值。例如：企业今年获得的 100 万元利润与十年前获得的 100 万元利润进行比较，由于资金在不同时点，价值是无法进行比较的，必须考虑资金的时间价值。如果考虑资金的时间价值，两者很显然是不相等的。

（3）没有考虑风险因素，这可能会使企业财务人员不顾风险的大小去追求最大的利润。例如：两个资本规模相同的企业今年的账面利润都为 300 万元，其中一个企业的利润全部转化为现金（即销售货款悉数收回），而另一个企业的利润则全部表现为应收账款。哪一个更符合企业的目标？当然是前者。因此，风险因素不能不考虑。

（4）利润最大化往往会使企业财务决策带有短期行为的倾向，只顾实现目前的最大利润，而忽视企业的长远发展。如企业只顾眼前利益，忽视创新和科研的投入等。

利润最大化的提法，只是对经济利益浅层次的认识，存在一定的片面性，所以，利润最大化并不是财务管理的最优目标。

（二）每股收益最大化（Earnings Per Share Maximization）或资本利润率最大化（Return On Equity Maximization）

每股收益（Earnings Per Share，缩写为 EPS）或称每股利润，是指企业一定时期税后利润与普通股股数的比值；资本利润率（Return On Equity，缩写为 ROE）是指企业在一定时期税后利润与资本额的比值。前者适用于评价股份制企业，后者适用于评价非股份制企业。每股收益最大化或资本利润率最大化的观点认为，应当把企业的利润与股东投入的资本联系起来，以提高企业每股收益或资本利润率作为企业财务管理的目标。这种观点克服了利润最大化目标没有考虑投入与产出比例关系的不足，但它仍然存在三个问题：

（1）没有考虑资金的时间价值。

（2）没有考虑风险问题。

（3）不能避免企业的短期行为。

因此，不能用每股收益最大化作为企业财务管理目标。

（三）股东财富最大化（Wealthy of Shareholders Maximization）

股东财富最大化是西方财务管理理论代表性观点。在股份制经济条件下，股票数量一定，股票价格达到最高时，则股东财富也达到最大，所以股东财富最大化也就是股票价格最大化。股东财富最大化目标有其积极的方面，这是因为：

（1）科学地考虑了资金的时间价值和投资的风险，因为时间价值因素和风险因素的高低，会对股票价格产生重要影响。

（2）能够克服企业在追求利润上的短期行为，因为不仅目前的利润会影响股票价格，预期未来的利润对企业股票价格也会产生重要影响。

（3）对于上市公司，股东财富最大化目标比较容易量化，便于考核企业经营管理者的业绩。

但股东财富最大化目标也存在以下缺点：

（1）只适合上市公司，对非上市公司则很难适用。

（2）只强调股东的利益，对企业其他相关主体的利益重视不够。在一定时期和环境来看，某一集团利益可能会起主导作用，但从企业长远发展来看，不能只强调某一集团的利益，而置其他集团的利益于不顾。股东财富最大化忽视了职工、债权人、客户等相关者的利益。

（3）股票价格受多种因素的影响，并非都是企业经营管理者所能控制的，把不可控因素引入管理目标是不合理的。

（四）企业价值最大化（Value Maximization of Occupation）

企业价值最大化是指通过企业财务上的合理经营，采用最优的财务决策，充分考虑资金的时间价值和风险因素，在保证企业长期稳定发展的基础上使企业总价值达到最大。以企业价值最大化作为财务管理目标，具有以下优点：

（1）考虑了资金的时间价值。在理论上，企业价值的评定采用时间价值原理（第二章介绍）计量，企业价值等于其未来预期实现的现金净流量的现在价值。

（2）考虑了风险与报酬的关系，强调风险与报酬的均衡，将风险限制在企业可以承担的范围之内，能有效地克服企业财务管理人员不顾风险大小，片面追求利润的错误倾向。

（3）克服企业在追求利润上的短期行为。因为不仅目前的利润会影响企业的价值，预期未来的利润对企业价值的影响所起的作用更大。

（4）注重在企业发展中考虑各方利益关系，包括强调关心本企业职工利益，加强与债权人的沟通，关心客户，讲求信誉，保护消费者权益，防止环境污染，积极参与和履行社会责任等。

企业价值最大化的观点，体现了对经济效益的深层次认识，它是现代财务管理的最优目标。但在实践中，企业价值最大化只是一个抽象的概念，企业价值尚存在难以计量的问题。

二、财务管理目标的协调

企业财务管理目标是企业价值最大化，根据这一目标，财务活动所涉及的不同利益主体如何进行协调才能更好地为财务管理目标服务，是财务管理必须解决的问题。

（一）所有者（股东）与经营者的矛盾与协调

企业所有者委托经营者管理企业，但是经营者与所有者的利益目标并非完全一致。对所有者来讲，经营者所得的利益有时正是其所放弃的利益。企业经营者往往喜好追求以下方面的利益：①增加报酬，包括物质和非物质的报酬，如工资、奖金，提高荣誉和社会地位等。②增加闲暇时间。③避免风险。企业经营者如果冒风险获得成功可能会为企业所有者带来巨大效益，但失败却可能会给自己带来无妄之灾，经营者为了避免这种风险，宁愿保守工作，明哲保身，因而缺乏进取精神。④物质和环境享受，如装修豪华的办公室，购买高档小汽车，出差入住豪华宾馆等。而所有者则希望经营者以较小的享受成本为企业创造最大的价值。如果企业经营者过分追求自身的利益目标，就会与所有者发生矛盾与冲突。为了纠正经营者偏离所有者目标的行为，所有者往往会使用以下几种措施使经营者更好地为所有者利益服务。

1. 激励

采用激励报酬计划，使经营者分享企业增加的财富，鼓励他们采取符合企业最大利益的行动。激励主要有两种基本方法：①“股票选择权”方式。即允许经营者在某个时期以约定的固定价格购买一定数量的企业股票，当股票的价格提高后，经营者可以出售其股票而获利。经营者为了获得最大的股票涨价收益，就必然主动采取能够提高股价的行动。②“绩效奖”方式。它是企业运用净利润、每股利润、资产报酬率等一系列财务和非财务指标来衡量经营者的业绩，视其业绩的大小给予经营者一定数量的奖励，包括现金、实物或企业股票等。如果经营者没有完成经营业绩，就会失去各种奖励。

2. 监督

对经营者进行必要的监督，如要求经营者定期公布财务报表，聘请注册会计师审计财务报表等。监督可以减少经营者违背股东意愿的行为。不过，这也不能解决全部问题。

3. 解聘

如果经营者未能达到所有者规定的业绩目标，或出现重大背离所有者目标的行为，所有者就采取解聘的方式处罚经营者。经营者不希望被解聘，则被迫为实现财务管理目标而努力。

4. 接收

这是一种通过市场约束经营者的办法。如果经营者决策失误、经营不力，未能采取一切有效措施提高企业价值，该企业可能被其他企业强行接收或吞并，经营者也会被解聘。经营者为了避免企业被购并，必须采取一切措施搞好经营管理工作。

5. 经理人员市场及竞争

良好健全的经理人员市场能促使经营者以所有者利益为重，为提高企业经营业绩而奋斗，并以此来提高自身在人才市场上的竞争能力。因为一个没有良好业绩和声誉的职业经理人员将会受到市场的唾弃，失去被众多企业雇佣的机会。

以上1~3为企业内部约束，4~5为企业外部约束。

（二）所有者（股东）与债权人的矛盾与协调

债权人把资金的使用权让渡给企业，为企业提供生产经营所需资金，但是，债权人的利益目标并非与企业所有者的利益目标完全一致。企业所有者可能存在一些侵犯债权人利益的行为，如所有者可能未经债权人同意，将所借资金投资于比预计风险更高的项目，以获取更高的收益。对于债权人来说，如果高风险的项目成功，超额的利润会被所有者独享，而如果高风险项目失败，企业无力偿债，债权人与所有者将共同承担由此造成的损失，债权人承担的风险与收益是不对称的。再如，所有者有可能未征得现有债权人同意，发行新债券或新增企业借款，致使企业的偿债能力降低，现有债权人的风险就会增加。为了保护自身利益，债权人除了寻求立法保护，如破产时优先接管，优先于股东分配剩余财产等手段外，通常通过以下方式协调与所有者的利益冲突。

1. 发放限制性借款

在借款合同中加入限制性条款，如规定资金的用途，规定不得发行新债或限制发行新债的数额等。

2. 收回借款不再借款

发现企业有侵蚀其债权价值的意图时，可以提前收回借款，并拒绝进一步合作，不提供新的借款。

3. 债转股

通过合约形式，将企业部分债务转为股本，从而使债权人角色置换为股东角色，以实现两者利益目标的协同。

（三）企业目标与社会责任的矛盾与协调

企业目标和社会目标在许多方面是一致的。企业在追求自身目标时，自然会使社会受益。例如：企业为了生存，生产出符合顾客需要的产品，满足了社会的需求；企业为了发展，扩大生产规模，增加职工人数，解决了社会就业问题；企业为了获利，提高劳动生产率，改进产品质量和服务，从而提高了社会生产效率和公众的生活质量。但是，企业在社会中生存，其发展目标有时会与社会利益发生冲突。例如，企业为了获利，生产伪劣产品、损害工人的健康、污染环境或损害其他企业的利益等。对此，可以通过国家制定的法律和法规来强制企业承担社会责任，如反垄断法、反暴利法、环境保护法、消费者权益保护法等，有助于调节企业目标与社会责任的关系。

第三节 财务管理的环境

一、财务管理环境的概念

任何事物总是与一定的环境相联系而存在和发展的，财务管理也不例外。财务管理环境（Financial Management Environment）又称为理财环境，是指对企业财务活动、财务关系产生影响作用的一切因素的总和。了解企业的财务管理环境，可以提高企业财务行为对环境的适应能力、应变能力及利用能力，有助于企业顺利实现财务管理目标。

财务管理环境按其与企业的关系可分为内部财务管理环境与外部财务管理环境两大部分。企业内部财务管理环境是指企业内部的影响财务管理的各种因素，如企业的生产技术情况、经营规模、资产结构、生产周期、企业文化等；企业外部财务管理环境是指企业外部的影响财务管理的各种因素，如国家政治形势、经济形势、法律制度、企业面临的市场状况等。相对而言，内部环境比较简单，企业容易把握，而对于外部环境，企业则难以控制和改变，更多的是适应和因势利导，因此，本节着重介绍影响企业的最主要的外部财务管理环境：法律环境、经济环境和金融环境等因素。

二、法律环境

影响企业财务管理的主要法律环境（Law Environment）因素包括：

（一）企业组织形式（Type of Business Organization）

企业是市场经济的主体，不同类型的企业在所适用的法律方面有所不同。了解国家关于企业组织形式的法律法规，有助于企业财务管理活动的开展。企业组织形式可按不同的标准进行分类，但主要是按其组织形式分为独资企业、合伙企业和公司制企业。

1. 独资企业（Sole Proprietorship）

独资企业是指由一个自然人投资，财产为投资人个人所有，投资人以其个人财产对企业债务承担无限责任的经济实体。独资企业具有结构简单、容易开办、利润独享、限制较少的优点，但也存在无法克服的缺点：

（1）出资者负有无限偿债责任，个人资产和企业资产没有差别。

（2）它的企业存续期受制于业主本人的生命期。

（3）筹资较困难。由于个人财力有限，借款时往往因信用不足而遭到拒绝。

2. 合伙企业（Partnership Firm）

合伙企业是指由各合伙人订立合伙协议，共同出资、合伙经营、共享收益、共担风险，并对本企业债务承担无限责任的营利性企业。合伙企业具有开办容易、信用较佳的优点，但也存在以下缺点：

（1）出资者负有无限偿债责任。

（2）有限的企业生命。原有的合伙人死亡或撤出，可能影响企业的继续生存。

（3）权利不集中，有时决策过程过于冗长。

（4）产权转让和外部筹资相对于公司制企业困难。

独资企业和合伙企业的所有权和经营权都是合二为一的，即企业的所有者同时也是企业的经营者，二者都对企业债务负有无限责任，都不具备法人资格，不缴纳企业所得税而是缴纳个人所得税。

3. 公司制企业（Business）

公司制企业是由若干人共同出资，依照公司法登记成立，具有法人资格，以营利为目的的经济实体。企业享有股东投资形成的全部法人财产权，依法享有民事权利，承担民事责任。企业股东作为出资者按投入企业的资本额享有资产受益、参与重大决策和选择管理者等权利，并以其出资额或所持股份为限对企业承担有限责任。公司制企业可以分为无限公司、有限责任公司、两合公司、股份有限公司等。本书所称公司主要指有限责任公司（Limited Liability Company）和股份有限公司（Incorporated Company）。

与独资企业和合伙企业相比，公司制企业的一个重要特征就是所有权和管理权的潜在分离。公司制企业的优点主要有：

（1）产权转让容易。因为公司的产权表示为股份，产权可以随时转让给新的所有者。公司持续经营与特定的持股者无关，所以股份转让不像合伙企业那样受到限制。

（2）公司具有无限存续期。因为公司与它的所有者相分离，某一所有者死亡或撤出，不影响它的继续存在。

（3）企业的所有者——股东只承担有限责任，对企业债务的责任以其投资额为限。例如，假设股东购买股份有限公司 1 000 元的股份，其潜在损失就是 1 000 元。而在合伙企业，每个合伙人出资 1 000 元，其可能损失是 1 000 元再加上合伙企业的负债。

（4）比较容易筹集资金。公司制企业通过发行股票、债券等可以迅速筹集到大量资金，这使公司制企业比独资企业和合伙企业有更大的发展可能性。

但是，公司制企业也存在双重征税等重要缺点。

（二）税法

国家税法对企业财务决策具有重要影响。国家财政收入的主要来源是企业所缴纳的各种税金，而国家财政状况和财政政策，对于企业资金供应和税收负担有着重要的影响。其次，国家各种税种的设置、税率的调整，还具有调节企业生产经营的作用。企业的财务决策应当适应税收政策（Tax Policy）的导向，合理安排资金投放，以追求最佳经济效益。

我国目前与企业相关的税种主要有五种：

（1）流转税类，包括增值税、消费税和关税等。

（2）所得税类，包括企业所得税、个人所得税等。

（3）财产和行为税类，如房产税、车船税、契税、印花税。

（4）资源税类，如资源税、土地增值税、耕地占用税和城镇土地使用税等。

（5）特定目的税类，包括城市维护建设税、车辆购置税、耕地占用税、船舶吨税和烟叶税。

企业财务人员应当熟悉国家税收法律的规定，不仅要了解各种税种的计征范围、计征依据和税率，而且要了解差别税率的制定精神，减税、免税的原则规定，自觉按照税收政策导向组织生产经营活动和财务活动，正确处理企业财务关系。

（三）财务法规

企业财务法规是规范企业财务管理行为的法令文件。我国目前企业财务管理法规制度有《企业财务通则》、行业财务制度和企业内部财务制度等三个层次。《企业财务通则》在企业财务法规中起着统帅作用。

（四）其他法律法规

我国其他规范企业财务管理行为的法规有《证券法》《票据法》《银行法》等。

从整体上说，国家法律法规在对企业财务管理的影响和制约主要表现在以下方面：

（1）在筹资活动中，国家通过法律法规规定了筹资的前提条件和资金用途限制等，从不同方面规范和制约企业的筹资活动。例如：《证券法》第十三条规定，公开发行新股的公司，应具备健全且运行良好的组织机构；具有持续盈利能力，财务状况良好；最近三年财务会计文件无虚假记载，无其他重大违法行为。《证券法》第十六条规定，公开发行公司债券，最近三年平均可分配利润足以支付公司债券一年的利息；公开发行公司债券筹集的资金，必须用于核准的用途，不得用于弥补亏损和非生产性支出。

（2）在投资活动中，国家通过法律法规规定了投资的基本前提，投资的基本程序和应履行的手续等，企业的投资活动必须在特定的约束下进行。如《公司法》规定企业投资必须符合国家的产业政策，符合公平竞争的原则；《公司法》规定股份有限公司的发起人可以用货币资金出资，也可以用实物、工业产权、非专利技术、土地使用权作价出资等。

（3）在分配活动中，国家通过《税法》《公司法》《企业财务通则》、企业财务制度等规定了企业分配的原则及程序等，企业进行收益分配时，必须遵守有关的规定。

一方面，国家法律法规提出了企业从事一切财务管理活动所必须遵守的规范，对企业的财务管理行为进行约束；另一方面，法律法规也为企业从事合法财务管理活动提供了保护。

三、经济环境

经济环境（Economic Environment）是指国家在一定时期的各种经济政策以及经济发展水平。它具体包括经济周期、经济发展水平、市场环境和经济政策等。

（一）经济周期

在市场经济条件下，经济发展总是表现为“波浪式前进，螺旋式上升”的态势，大体上经历复苏、繁荣、衰退和萧条几个阶段的循环，这种循环称为经济周期（Economic Cycle）。经济周期性波动对企业财务管理有重要影响。一般而言，在萧条阶段，由于整个宏观经济不景气，企业处于紧缩状态之中，产销量下降，投资锐减，有时资金供应紧张，有时出现资金闲置。在繁荣阶段，市场需求旺盛，企业销量大幅上升，为了扩大生产，企业就要扩大投资，雇佣更多的劳动力，这就要求财务人员及时地筹集所需资金，为企业的生存与发展提供有力的财务保证。

（二）经济发展水平

财务管理的发展水平是和经济发展水平密切相关的，经济发展水平越高，财务管理水平越好；经济发展水平越低，财务管理水平也越低。改革开放以来，我国的国民生产总值以很高的速度增长，各项建设方兴未艾，这给企业扩大规模、调整方向、打开市场、拓宽财务活动的领域带来了机遇和挑战。企业财务管理人员应积极探索与经济发展水平相适应的财务管理模式。

（三）市场环境

在市场经济条件下，每个企业都面临着不同的市场环境，这都会影响和制约企业的财务管理行为。企业所处的市场环境，通常有下列四种：

（1）完全垄断市场。处于这种环境下的企业，销售一般都不成问题，价格波动也不会很大，企业的利润稳中有升，不会产生太大的波动，因而风险较小，可利用较多的债务来筹集资金。

（2）完全竞争市场。处于这种环境下的企业，销售价格完全由市场来决定，价格容易出现上下波动，企业利润也会出现上下波动，因而不宜过多地采用负债方式筹集资金。

（3）不完全竞争市场。

（4）寡头垄断市场。处于不完全竞争市场和寡头垄断市场的企业，为了在竞争中取胜，关键是要使自己的产品超越其他企业的产品，具有独特性和创新性。这就需要在研究与开发上投入大量资金，研制出新的优质产品，并做好广告，搞好售后服务，给予客户优惠的信用条件等。为此，财务管理人员要筹集足够的资金，用于研究与开发和产品推销。

（四）经济政策

政府具有对宏观经济发展进行调控的职能。其制定的国民经济发展规划、国家产业政策、经济体制改革措施等，对企业的财务管理都有较大影响。例如，在一定时期，国家对某个地区、某些行业、某些经济行为实行优惠鼓励政策，而对某些地区、行业和经济行为实行限制等。企业在财务决策时，要认真研究政府政策，按照政策导向行事，才能趋利除弊。

除此之外，经济因素还有经济体制、经济结构、通货膨胀、价格动向，税率变动、外汇管制状况、出口导向等。

四、金融环境

企业总是需要资金从事投资和经营活动的。金融环境（Financial Environment）为企业筹资和投资提供了场所，是企业财务管理的直接环境，也是最为重要的环境因素，现主要介绍金融环境的三大要素：金融机构、金融市场和利率。

（一）金融机构（Financial Institutions）

社会资金从资金供应者手中转移到资金需求者手中，大多要通过金融机构，我国主要金融机构有：

1. 中国人民银行

中国人民银行是我国的中央银行，代表政府管理全国的金融机构和金融活动，经理国库。其主要职责是：①制定和实施货币政策，保持货币币值稳定；②依法对金融机构进行监督管理，维持金融业的合法、稳健运行；③维护支付和清算系统的正常运行；④持有、管理、经营国家外汇储备和黄金储备；⑤代理国库和其他与政府有关的金融业务；⑥代表政府从事有关的国际金融活动。

2. 商业银行

商业银行是以经营存款、放款，办理转账结算为主要业务，以盈利为主要经营目标的金融企业。我国的商业银行可以分成两类：①国家绝对控股的国有股份制商业银行，是由国家专业银行演变而来的，包括中国工商银行、中国银行、中国建设银行、中国农业银行四大商业银行。②一般股份制商业银行，是1987年以后发展起来的，包括平安银行、交通银行、中信银行、光大银行、华夏银行、招商银行、兴业银行、浦发银行、民生银行以及城市合作银行等。这些银行的股权结构各异，以企业法人股和财政入股为主，同时也存在个人股权。股份制商业银行完全按商业银行的模式运作，服务比较灵活，业务发展很快。

3. 政策性银行

政策性银行是指由政府设立，以贯彻国家产业政策、区域发展政策为目的，不以营利为目的的金融机构。我国目前有三家政策性银行：国家开发银行、中国进出口银行、中国农业发展银行。政策性银行与商业银行相比，其特点在于：不面向公众吸收存款，而以财政拨款和发行政策性金融债券为主要资金来源；其资本主要由政府拨付；不以营利为目的，经营时主要考虑国家的整体利益和社会效益；其服务领域主要是对国民经济发展和社会稳定有重要意义，而商业银行出于营利目的不愿筹资的领域；一般不普遍设立分支机构，其业务由商业银行代理。

4. 非银行金融机构

非银行金融机构主要指证券机构、保险公司、财务公司、信托投资公司、租赁公司等。

（1）证券机构是指从事证券业务的机构，包括：①证券公司，其主要业务是推销政府债券、企业债券和股票，代理买卖和自营买卖已上市流通的各类有价证券，参与企业收购、兼并，充当企业财务顾问等。②证券交易所，提供证券交易的场所和设施，制定证券交易的业务规则，接受上市申请并安排上市，组织、监督证券交易，对会员和上市公司进行监管等。③登记结算公司，主要是办理股票交易中所有权转移时的过户和资金的结算。

（2）保险公司主要经营保险业务，包括财产保险、责任保险、人身保险等。

（3）财务公司通常类似于投资银行。我国的财务公司（Financial Company）是由企业集团内部各成员单位入股，向社会募集中长期资金，为企业技术进步服务的金融股份有限公司。它的业务被限定在本集团内，不得从企业集团之外吸收存款，也不得对非集团单位和个人贷款。

（4）信托投资公司主要是以受托人的身份代人理财。其主要业务有经营资金和财产委托、代理资产保管、金融租赁、经济咨询以及投资等。

(5) 租赁公司是指办理筹资租赁业务的公司组织。其主要业务有动产和不动产的租赁、转租赁、回租租赁等。

(二) 金融市场 (Financial Markets)

金融市场是指资金供需双方通过金融工具融通资金的市场，即实现货币借贷、资金融通、办理各种票据和进行有价证券交易活动的市场。金融工具是资金供应者将资金转移给资金需求者的凭证和证明，如各种票据、证券等。金融市场分为资金市场、外汇市场和黄金市场。这里主要介绍资金市场。资金市场进一步分为短期资金市场和长期资金市场。短期资金市场常称为货币市场 (Money Market)，长期资金市场常称为资本市场 (Capital Market)。短期资金市场又进一步分为短期证券市场和短期借贷市场。长期资金市场又进一步分为长期证券市场和长期借贷市场，长期证券市场再进一步分为证券发行市场 (常称一级市场或初级市场) 和证券流通市场 (常称二级市场或次级市场)。金融市场的分类如图 1-2 所示。

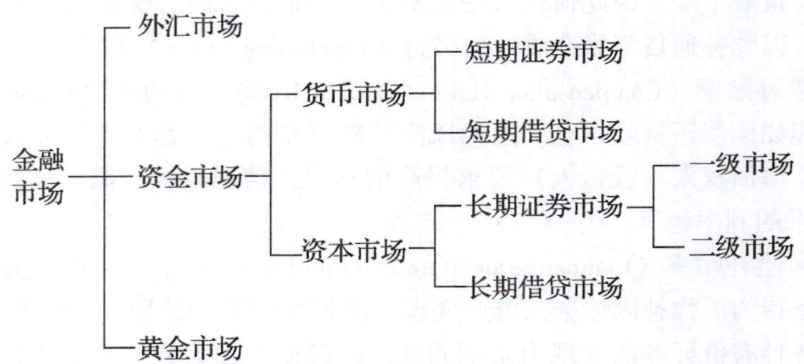

图 1-2 金融市场分类示意图

(三) 利率 (Interest Rate)

在金融市场上，资金是一种特殊商品，而利率是购买资金这种商品的价格。也就是说，金融市场是以利率作为资金使用权价格进行资金融通的。利率的大小主要取决于资金供求关系。利率在资金分配及企业财务决策中起着重要作用。

1. 利率的类型

利率可根据不同的标准进行分类：

(1) 根据利率之间的变动关系，分为基准利率和套算利率。

基准利率是指在多种利率并存条件下起决定作用的利率，它一般是中央银行的再贴现率，或者中央银行对其他商业银行的再贷款利率。

套算利率是指在基准利率的基础上，由各商业银行根据借贷款项的特点而换算出的利率。如某金融机构依据贷款企业的资信等级规定，分别贷款给 AAA 级、AA 级和 A 级企业的利率，是在基准利率的基础上分别加 0.25%、0.50% 和 0.75%，如此计算所得的利率便是套算利率。

(2) 根据利率与市场资金供求情况的关系，分为固定利率和浮动利率。

固定利率是指在整个贷款期限内固定不变的利率。

浮动利率是指在贷款期限内随市场借贷资金供求关系而在一定范围内调整的利率。

(3) 根据利率形成的机制不同，分为法定利率和市场利率。

法定利率是政府通过中央银行确定公布，并且各银行都必须执行的利率，主要包括中央银行基准利率、金融机构对客户的存贷款利率等。

市场利率是金融市场上资金供求双方竞争形成的利率，随资金供求状况而变化，主要包括同业拆借利率、国债二级市场利率等。

2. 利率的计算

利率是资金的价格，它的大小主要由资金的供求关系来决定。资金的利率通常由以下几部分组成：

(1) 纯利率（Pure Interest Rate）。纯利率是指无通货膨胀、无风险情况下的社会平均利率。在没有通货膨胀时，国库券的利率可以视为纯利率。纯利率的高低受社会平均利润率、资金供求关系和国家调节的影响。

(2) 通货膨胀补贴率（Compensation Rate of Inflation Risk）。通货膨胀（Inflation）使货币贬值，债权人的真实报酬下降。因此债权人在把资金交给借款人时，会在纯利率的水平上再加上通货膨胀补贴率，以弥补通货膨胀造成的购买力（Purchasing Power）损失。

(3) 违约风险补贴率（Compensation Rate of Default Risk）。违约风险是指借款人可能不能按时支付利息或不能如期偿还贷款本金。违约风险补贴率是指为了弥补因债务人无法按时还本付息而带来的风险，由债权人（投资人）要求提高的利率。信用等级越低，违约风险越大，债权人（投资人）要求的利率越高。

(4) 流动性风险补贴率（Compensation Rate of Liquidity Risk）。流动性风险补贴率又称变现力风险补贴率，是指为了弥补因债务人资产变现力不好而带来的风险，由债权人（投资人）要求提高的利率。各种有价证券的变现力是不同的。政府债券和大公司的股票容易被人接受，债权人和投资人随时可以出售以收回投资，变现力很强。与此相反，一些小公司的债券鲜为人知，不易变现，债权人（投资人）便会要求提高利率作为补偿。

(5) 到期风险补贴率（Compensation Rate of Maturity Risk）。这是指为了弥补因偿债期长而带来的风险，由债权人（投资人）要求提高的利率。例如，五年期国库券利率比三年期国库券利率高，两者的变现力和违约风险相同，差别在于到期时间不同。由于市场利率可能变动，到期时间越长，债权人（投资人）可能遭受损失的风险越大。到期风险补贴率是对债权人（投资者）承担利率变动风险的一种补偿。

以上五项中，纯利率和通货膨胀补贴率两项构成基础利率，违约风险补贴率、流动性风险补贴率和到期风险补贴率三项构成风险补偿率。

因此，利率的一般计算公式可以表示为

利率 = 基础利率 + 风险补偿率

　　= 纯利率 + 通货膨胀补贴率 + 违约风险补贴率 + 流动性风险补贴率 + 到期风险补贴率

3. 利率在财务管理中的重要意义

利率在财务管理筹资决策、投资决策以及分配决策中有着非常重要的作用，具体表现在：

(1) 利率是判断筹资合理性的主要因素。企业筹资决策，首先要考虑的问题是利率水平，利率决定了所筹资金的成本水平、筹资方式和筹资的期限安排等。

(2) 利率是企业财务投资决策的重要杠杆。一般来说，企业在市场利率下降时，投资规模扩大，在市场利率上升时，投资规模缩小。企业在评价投资项目的可行性时，往往也选择市场利率作为衡量评价标准。

(3) 利率水平是决策当局确定股利分配方案时的重要参数。企业在利润分配时，一般都会考虑市场利率水平。一般而言，企业给予投资者的回报不应低于市场平均无风险报酬率，即国债利率。

第四节 财务管理环节

财务管理环节是指财务管理的工作步骤和一般程序。一般说来，企业财务管理包括以下五个环节。

一、财务预测

财务预测（Financial Forecasting）是企业根据财务活动的历史资料，结合企业的现实情况，对企业未来的财务状况做出的预计与测算。财务预测是财务决策的依据，是编制财务预算的前提。

财务预测的主要方法有定性预测法（Qualitative Forecasting Method）和定量预测法（Quantitative Forecasting Method）。定性预测法也称专家预测法，主要是依靠专家个人的经验和直觉，主观地对事物的未来情况做出预测。定量预测法主要是根据变量之间的数量关系建立数学模型来进行预测。在实际工作中，通常将两者结合起来进行预测。本书将在第三章介绍资金需要量的定量预测法。

二、财务决策

财务决策（Financial Decision）是指企业为了实现财务目标，从几个决策方案中选择最优决策方案的过程。它不是拍板决定的瞬间行为，而是提出问题、分析问题、最后解决问题的全过程。财务决策的正确与否，往往关系到企业的兴衰成败，因而是财务管理的核心。本书第三至第八章介绍筹资决策、投资决策和收益分配决策的有关内容。

三、财务预算

财务预算（Financial Budget）是指企业运用科学的技术手段和数量方法，对未来财务活动的内容及指标进行综合平衡与协调的具体规划。财务预算是财务预测和财务决策的具体化，是财务控制和财务分析的依据。本书将在第九章中专门介绍。

四、财务控制

财务控制（Financial Control）是在财务管理的过程中，利用有关信息和特定手段，对企业财务活动所施加的影响或进行的调节。实行财务控制是落实财务预算、保证预算实现的有效措施。本书将在第十章中专门介绍。

五、财务分析

财务分析（Financial Analysis）是根据核算资料，运用特定方法，对企业财务活动过程及其结果进行分析和评价的一项工作。本书将在第十一章中专门介绍。

本章小结

1. 企业财务是企业再生产过程中的资金运动及其体现的财务关系。

2. 企业财务活动是指企业资金收支活动的总称，包括资金的筹集（筹资活动）、运用（投资活动）、收回及其分配（收益分配活动）等一系列行为，它是财务管理的对象和基本内容。

3. 企业财务关系是指企业作为财务活动的主体在组织财务活动过程中与有关各方所发生的经济利益关系。其内容包括：①企业与投资者之间的财务关系；②企业与受资者之间的财务关系；③企业与债权人之间的财务关系；④企业与债务人之间的财务关系；⑤企业与国家行政管理机关之间的财务关系；⑥企业内部各部门、各单位之间的财务关系；⑦企业与职工之间的财务关系。

4. 企业财务管理是指企业组织财务活动、处理财务关系的一项经济管理工作，它是企业管理的重要组成部分。

5. 企业财务管理目标是指企业财务管理活动所要达到的根本目的。目前，财务管理目标主要有四种观点：利润最大化、每股收益（资本利润率）最大化、股东财富最大化和企业价值最大化。企业价值最大化是财务管理的最优目标。

6. 财务管理环境是指对企业财务活动、财务关系产生影响作用的一切因素的总和，包括内部财务管理环境与外部财务管理环境两大部分。了解企业的财务管理环境，尤其是了解企业的外部财务管理环境，可以帮助提高企业财务对环境的适应能力、应变能力及利用能力，有助于企业顺利实现财务管理目标。影响企业外部财务管理环境的因素主要包括法律环境、经济环境和金融环境等。金融环境是最重要的外部环境因素。

7. 财务管理环节是指财务管理的工作步骤和一般程序，内容包括财务预测、财务决策、财务预算、财务控制和财务分析等。

复习思考题

1. 什么是财务？什么是财务管理？
2. 什么是财务活动？企业财务活动的内容是什么？
3. 什么是财务关系？企业的财务关系可以概括为几个方面？
4. 怎样理解企业财务管理的目标？为什么企业价值最大化是较为合理的财务管理目标？
5. 如何协调所有者与经营者的目标？
6. 如何协调所有者与债权人的目标？

本章习题

一、单项选择题

1. 企业财务管理的对象是（　　）。
A. 资金运动及其体现的财务关系　　B. 资金的数量增减变动
C. 资金的循环与周转　　D. 资金投入、退出和周转

2. 企业的财务活动是指企业的（　　）。
A. 货币资金收支活动　　B. 资金分配活动
C. 资本金的投入和收回　　D. 资金的筹集、运用、收回及分配

3. 财务管理最为重要的环境因素是（　　）。
A. 经济环境　　B. 法律环境　　C. 体制环境　　D. 金融环境

4. 企业与债权人的财务关系在性质上是一种（　　）。
A. 经营权与所有权关系　　B. 投资与被投资关系
C. 委托代理关系　　D. 债权债务关系

5. （　　）是财务预测和财务决策的具体化，是财务控制和财务分析的依据。
A. 财务管理　　B. 财务预算　　C. 财务关系　　D. 财务活动

6. 在下列财务管理目标中，通常被认为比较合理的是（　　）。
A. 利润最大化　　B. 企业价值最大化
C. 每股收益最大化　　D. 股东财富最大化

7. 财务管理的目标可用股东财富最大化来表示，能表明股东财富的指标是（　　）。
A. 利润总额　　B. 每股收益　　C. 资本利润率　　D. 每股股价

8. 以企业价值最大化作为财务管理目标存在的问题是（　　）。
A. 没有考虑资金的时间价值　　B. 没有考虑资金的风险价值
C. 企业的价值难以评定　　D. 容易引起企业的短期行为

9. 没有风险和通货膨胀情况下的利率是指（　　）。
A. 浮动利率　　B. 市场利率　　C. 纯利率　　D. 法定利率

10. 公司与政府之间的财务关系体现为（　　）。
A. 债权债务关系　　B. 强制和无偿分配的关系
C. 风险收益对等关系　　D. 资金结算关系

二、多项选择题

1. 利润最大化目标的缺点有（　　）。
A. 没有考虑资金的时间价值
B. 没有考虑资金的风险价值
C. 是一个绝对值指标，未能考虑投入和产出之间的关系
D. 容易引起企业的短期行为

2. 债权人为了防止自身利益被损害，通常采取（　　）等措施。
A. 参与董事会监督所有者　　B. 限制性借款
C. 收回借款不再借款　　D. 优先于股东分配剩余财产

3. 以每股收益最大化作为企业财务管理目标所存在的问题有（　　）。
A. 没有把企业的利润与投资者投入的资本联系起来
B. 没有把企业获取的利润与所承担的风险联系起来
C. 没有考虑资金时间价值因素
D. 不利于企业之间收益水平的比较
E. 容易诱发企业经营中的短期行为
4. 金融市场利率由（　　）构成。
A. 基础利率　B. 风险补偿率　C. 通货膨胀补贴率　D. 资本利润率
5. 对企业财务管理而言，下列因素中的（　　）只能加以适应和利用，但不能改变它。
A. 国家的经济政策　B. 金融市场环境　C. 企业经营规模　D. 国家的财务法规
6. 企业的财务活动包括（　　）。
A. 筹资活动　B. 投资活动　C. 管理活动　D. 分配活动
7. 企业的财务关系包括（　　）。
A. 企业同其所有者之间的财务关系　B. 企业同其债权人之间的财务关系
C. 企业同被投资单位的财务关系　D. 企业与税务机关的财务关系
8. 下列说法正确的有（　　）。
A. 影响纯利率的因素是资金供应量和需求量
B. 纯利率是稳定不变的
C. 无风险证券的利率，除纯利率外还应加上通货膨胀补偿率
D. 资金的利率由三部分构成：纯利率、通货膨胀补偿率和风险补偿率
E. 为了弥补违约风险，必须提高利率作为补偿
9. 金融市场分为（　　）。
A. 资金市场　B. 外汇市场　C. 黄金市场　D. 证券市场
10. 企业财务管理包括（　　）环节。
A. 财务预测　B. 财务决策　C. 财务预算　D. 财务控制
E. 财务分析

三、判断题

1. （　　）股东财富最大化目标考虑了众多相关利益主体的不同利益。
2. （　　）企业所有者、经营者在财务管理工作中的目标是完全一致的，所以他们之间没有任何利益冲突。
3. （　　）企业财务活动的内容，也是企业财务管理的基本内容。
4. （　　）解聘是一种通过市场约束经营者的办法。
5. （　　）金融市场的基础利率没有考虑风险和通货膨胀因素。
6. （　　）在金融市场上，利息是资金使用权的价格。
7. （　　）到期风险补贴率是对投资者承担通货膨胀风险的一种补偿。
8. （　　）虽然通货膨胀是一种风险，但是通货膨胀补贴率是基础利率的一部分，它不构成风险补偿率。
9. （　　）当经济衰退时，资金需求量减少，若供应量不变，则利率下降。
10. （　　）在市场经济条件下，财务决策是为财务预测服务的。

第二章　财务管理的价值观念

通过本章的学习，理解资金时间价值与风险价值的概念，掌握复利终值、复利现值、年金终值、年金现值的计算，了解风险的分类，掌握风险衡量的计算，掌握风险与报酬的关系。

能够熟练利用资金时间价值观念和风险观念，处理理财问题。

引　言

如果你和家人想在五年后购买一套价值 100 万元的商品房，从现在起你每月要攒多少钱以应付 30% 的首付款？如果你已经向银行按揭购买了属于你自己的房子，你知道你的月供款是如何算出来的吗？或者你正筹划购买人寿保险，你知道怎样正确计算保单的回报率吗？看来，这里面涉及的资金时间价值原理和风险观念是你不可不弄懂的。学习完本章，你会发现资金时间价值的计算真有用，好多理财问题都离不开它！

第一节 资金时间价值

一、资金时间价值的概念

资金时间价值（Time Value of Money）也称货币时间价值，是指一定量资金在不同时点上价值量的差额。资金在不同的时间其价值是不一样的。今天的一元钱比若干年后的一元钱更值钱，其差额是因为放弃现在使用一元钱的机会，可以换取按照放弃时间长短计算的报酬。而这种报酬就是通常所说的资金时间价值。

资金具有时间价值的属性，但是资金的增值并非因时间而产生，而是在周转过程中产生的。由于商品经济的高度发展和借贷关系的普遍存在，出现了资金使用权与所有权的分离，资金的所有者把资金使用权让渡给使用者，使用者将资金投入到生产或流通领域，参与再生产过程，就有可能会带来收益，得到增值，资金的使用者必须把资金增值的一部分支付给所有者作为报酬，使用资金的数额越大，使用时间越长，则所有者要求的报酬就越多。资金的时间价值是资金所有者让渡资金使用权而参与社会财富分配的一种形式。如果资金所有者把钱锁入保险箱中闲置不用，则资金不会发生增值。

资金时间价值可以用绝对数形式表示，但常用相对数形式表示。通常情况下，资金的时间价值是指在没有风险和没有通货膨胀条件下的社会平均投资利润率（平均资金利润率）。由于时间价值的计算方法同有关利息的计算方法相同，因而时间价值与利率容易被混为一谈。实际上，财务管理活动总是或多或少地存在风险，而通货膨胀也是市场经济中客观存在的经济现象，我们日常生活中谈到的利率不仅包含时间价值，而且包含风险价值和通货膨胀的因素。由于在正常情况下购买国库券等政府债券几乎没有风险，在通货膨胀很低的情况下，可以用国债利率来表示资金的时间价值。

二、资金时间价值的计算

资金时间价值的计算涉及两个重要的概念，就是现值和终值。终值（Future Value）又称将来值，是现在一定量现金在未来某一时点上的价值，俗称“本利和”。现值（Present Value）又称本金，是指未来某一时点上的一定量现金折合为现在的价值。终值与现值的计算涉及利息计算方式的选择。目前有两种利息计算方式，即单利（Simple Interest）和复利（Compound Interest）。

> 资金在不同时点上的价值不同，不同时点上的资金是不能进行比较的。我们要学会计算资金在各个时点上的价值。

（一）一次性收付款项的终值与现值

在某一特定时点上一次性支付（或收取），经过一段时间后再相应地一次性收取（或支付）

的款项，即为一次性收付款项。

1. 单利的终值与现值

单利制是指每期期末计算利息时都以基期的本金作为计算基础，前期的利息不计入下期的本金。单利计算时，计算的各期利息额是相等的。

设本金为 P，利息率为 i，计息期数为 n，本金与利息的总和（简称本利和）为 F，则：

（1）单利终值的计算。

第一年的本利和 $F_1 = P + Pi = P(1+i)$

第二年的本利和 $F_2 = F_1 + Pi = P + 2Pi = P(1+2i)$

第三年的本利和 $F_3 = F_2 + Pi = P(1+2i) + Pi = P(1+3i)$

… …

第 n 年的本利和 $F_n = P(1+ni)$

例 2-1 某人将 1 000 元存入银行，存期 3 年，年利率为 5%，采用单利计算，到期后能从银行拿到多少钱？

解：

$$F = 1\,000 \times (1 + 3 \times 5\%) = 1\,150\ (\text{元})$$

（2）单利现值的计算。单利现值计算与单利终值的计算是互逆的，由终值计算现值的过程称为贴现。

$$P = \frac{F}{1+ni}$$

例 2-2 某人希望在 3 年后取得本利和 1 150 元，用以支付一笔款项，则在年利率为 5%、单利计算条件下，此人现在需存入银行的资金为多少？

解：

$$P = \frac{1\,150}{1 + 3 \times 5\%} = 1\,000\ (\text{元})$$

2. 复利的终值与现值

复利制是指每期期末计算利息时都以前一期的本利和作为计算基础，前期的利息计入下期的本金。采用复利计算时，计算的各期利息额是递增的，也叫“利滚利”。

（1）复利终值的计算。复利终值是指本金按复利计算的在未来某一时点上的价值，俗称“本利和”。

复利终值的计算，实际上是在其他条件一定的情况下，已知现值 P，求终值 F 的计算过程。由复利的定义可知：

第一年的本利和 $F_1 = P + Pi = P(1+i)$

第二年的本利和 $F_2 = F_1 + F_1 i = F_1(1+i) = P(1+i)^2$

第三年的本利和 $F_3 = F_2 + F_2 i = F_2(1+i) = P(1+i)^3$

… …

第 n 年的本利和 $F_n = P(1-i)^n$

为了书写方便，一般将上述公式中 F_n 的下标省去，简单表示为

$$F = P(1+i)^n$$

上式为复利终值的一般公式，式中的 $(1+i)^n$ 称作复利终值系数，用（F/P，i，n）表示，其含义为当利率为 i 时，经过 n 期后，1 元本金的最终价值。例如（F/P，10%，5）表示当利率为 10%，经过 5 期后，1 元本金的终值。式中的计息期 n 可以以年计算，也可以以季或月等计算，只要式中的 i 是同期的利率即可。也就是说，如果式中的 i 是月利率，那么 n 就要以月表

示；如果式中的 i 是季利率，那么 n 就要以季表示。在实际应用中，可直接查阅事先编制好的复利终值系数表（参阅本书附录 A）。该表的作用不仅是在已知利率 i 和计息期 n 的情况下，查找 1 元的复利终值，也可以在已知利率 i 和 1 元复利终值 F 时，查找计息期 n，或在已知计息期 n 和 1 元复利终值 F 时，查找利率 i。

例 2-3 假如某人将 1 000 元钱存入银行，年利率为 10%，采用复利计算利息，那么 5 年后的本利和为多少？

解：

$$\begin{aligned} F &= 1\,000 \times (1+10\%)^5 \\ &= 1\,000 \times (F/P,\ 10\%,\ 5) \\ &= 1\,000 \times 1.610\,5 = 1\,610.50\ (\text{元}) \end{aligned}$$

（2）复利现值的计算。复利现值是指未来某一时期一定数额的款项折合成现在的价值，即本金。可见，复利现值计算实际上是复利终值计算的逆运算，所以

$$P = \frac{F}{(1+i)^n} = F(1+i)^{-n}$$

上式中的 $(1+i)^{-n}$ 是复利终值系数的倒数，称作复利现值系数，用符号 $(P/F,\ i,\ n)$ 表示，其含义为当利率为 i 时，为取得 n 期后的 1 元，现在需要多少本金。例如，$(P/F,\ 10\%,\ 5)$ 表示当利率为 10% 时，为取得 5 期后的 1 元，现在需要本金多少元。为便于计算，同样也可直接查阅事先编制好的复利现值系数表（参阅本书附录 B）。该表的使用方法与复利终值系数表相同。

例 2-4 某企业 3 年后进行技术改造需要 100 000 元，在利率为 10%，银行按复利计算的情况下，该企业现在应存入银行多少钱？

解：

$$\begin{aligned} P &= 100\,000 \times (1+10\%)^{-3} \\ &= 100\,000 \times (P/F,\ 10\%,\ 3) \\ &= 100\,000 \times 0.751\,3 = 75\,130\ (\text{元}) \end{aligned}$$

（二）年金的终值与现值

年金（Annuity）是指在一定时期内每隔相同的时间发生的相同数额的系列收付款项，通常用 A 表示。

年金在我们生活中很常见，如分期收付利息、分期收付款、分期偿还贷款、发放养老金等，都属于年金收付形式。根据年金收支的时间不同，年金可以分为普通年金、预付年金、递延年金和永续年金。无论哪种年金，都是建立在复利基础之上的。

1. 普通年金的终值与现值

普通年金（Ordinary Annuity）是指从第一期起，在每期期末发生的年金，又叫后付年金。

（1）普通年金终值的计算（已知年金 A，求年金终值 F_A）。普通年金终值是指每期期末等额收付款项的终值的总和。计算普通年金终值好比等额零存整取，求最后可以取出的本利和。可用图 2-1 来说明求普通年金终值的思路。

由图 2-1 可知，普通年金终值为

$$F_A = A + A(1+i) + A(1+i)^2 + A(1+i)^3 + \cdots + A(1+i)^{n-1} \tag{1}$$

上述等式两边同时乘以 $(1+i)$，便得到

$$(1+i)F_A = A(1+i) + A(1+i)^2 + A(1+i)^3 + \cdots + A(1+i)^n \tag{2}$$

将 (2) - (1) 得

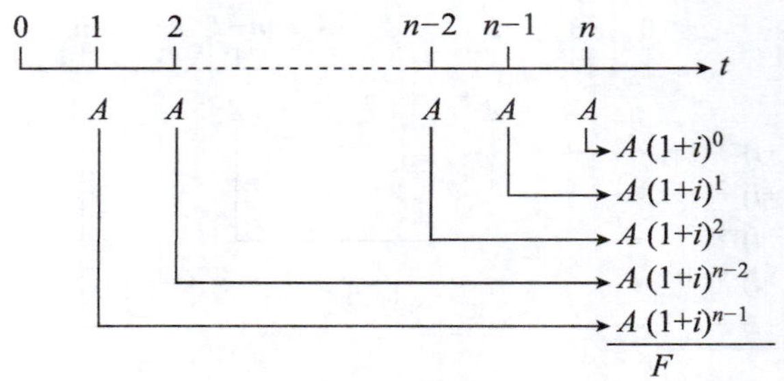

图 2-1　普通年金终值计算示意图

$$iF_A = A(1+i)^n - A$$

整理得普通年金终值的计算公式为

$$F_A = A \times \frac{(1+i)^n - 1}{i} = A(F/A,\ i,\ n)$$

上式便是计算普通年金终值的一般公式，式中的$\frac{(1+i)^n-1}{i}$称作普通年金终值系数，用（F/A，i，n）表示，其含义为每期末支付的普通年金 1 元，当利率为 i，经过 n 期后的最终价值。例如（F/A，10%，5）表示普通年金 1 元，当利率为 10%，经过 5 期后的最终价值。为便于计算，同样也可直接查阅事先编制好的普通年金终值系数表（参阅本书附录 C）。利用该表，便可在已知利率 i、复利期 n 和年金 A 的情况下，计算年金的终值。

例 2-5　某人每年年末支付购房款 10 万元，连续支付 5 年，假定年利率为 10%，按复利计算，则在第 5 年年末时，一共支付了多少钱？

解：

$$\begin{aligned} F_A &= 10 \times \frac{(1+10\%)^5 - 1}{10\%} \\ &= 10 \times (F/A,\ 10\%,\ 5) \\ &= 10 \times 6.1051 = 61.05 \text{（万元）} \end{aligned}$$

这意味着在利率为 10% 的条件下，连续 5 年每年年末支付 10 万元与第 5 年年末一次支付 61.05 万元在经济上是等值的。

在已知 i、n 及终值 F_A 时，计算年金 A，此时 A 称为“年偿债基金”，它是年金终值的逆运算。我们常把年金终值系数的倒数，称为偿债基金系数，写作“(A/F，i，n)”。

即年偿债基金 $A = \frac{\text{年金终值}}{\text{年金终值系数}} = \frac{F_A}{(F/A,\ i,\ n)} = F_A \times (A/F,\ i,\ n)$

例 2-6　某企业准备 3 年后进行一项投资，投资额 150 万元。该企业打算今后 3 年每年年末等额存入银行一笔资金，恰好在第 3 年年末一次取出本利和 150 万元。银行存款利率为 4%，每年计一次复利。则今后 3 年每年年末应等额存入银行的资金应为多少？

解：此例是已知年金终值，求年金，也就是求年偿债基金。

$$A = \frac{150}{(F/A,\ 4\%,\ 3)} = \frac{150}{3.1216} = 48.05 \text{（万元）}$$

（2）普通年金现值计算（已知年金 A，求年金现值 P_A）。普通年金现值是指为在将来若干期内的每期支取相同的金额，按复利计算，现在所需要的本金数。假如把普通年金看成每期期末等额的取款额，普通年金现值就相当于现在需要存入的本金。其计算过程与年金终值相反，如图 2-2 所示。

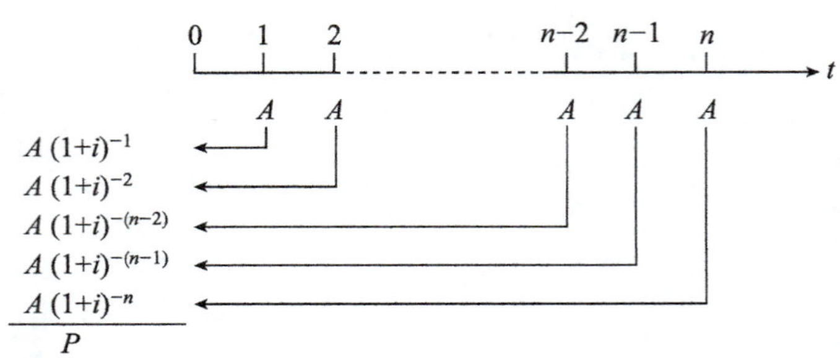

图 2－2 普通年金现值计算示意图

由图 2－2 可知，普通年金的现值为

$$P_A = A(1+i)^{-1} + A(1+i)^{-2} + A(1+i)^{-3} + \cdots + A(1+i)^{-n} \tag{3}$$

上述等式两边同时乘以（1 + i），便得到

$$(1+i)P_A = A + A(1+i)^{-1} + A(1+i)^{-2} + \cdots + A(1+i)^{-n+1} \tag{4}$$

将（4）－(3)，整理得普通年金现值的计算公式为

$$P_A = A\frac{1-(1+i)^{-n}}{i} = A(P/A,\ i,\ n)$$

上式便是计算普通年金现值的一般公式，式中的$\frac{1-(1+i)^{-n}}{i}$称作普通年金现值系数，用（P/A，i，n）表示，为便于计算，同样也可直接查阅事先编制好的普通年金现值系数表（参阅本书附录 D）。

例 2－7 某人欲在银行存入一笔钱，使得其在今后 5 年每年年末都可以取出 1 000 元，银行年利率为 10%，则他现在应该存入多少钱?

解：

$$\begin{aligned}P_A &= 1\,000 \times \frac{1-(1+10\%)^{-5}}{10\%}\\ &= 1\,000 \times (P/A,\ 10\%,\ 5)\\ &= 1\,000 \times 3.790\,8 = 3\,790.80\ (\text{元})\end{aligned}$$

也可以在已知 i、n 及现值 P_A时，计算年金 A，此时 A 称为“年投资回收额”（即年金现值的逆运算）。我们常把年金现值系数的倒数，称为投资回收系数，写作“(A/P，i，n)”。

即 $$\text{年投资回收额 } A = \frac{\text{年金现值}}{\text{年金现值系数}} = \frac{P_A}{(P/A,\ i,\ n)} = P_A(A/P,\ i,\ n)$$

例 2－8 某企业拟投资 100 万元建设一个预计寿命期为 10 年的更新改造项目。若企业期望的资金报酬率为 10%。则该企业每年年末至少要从这个项目获得多少报酬才是合算的?

> 你的购房款月供与房地产商要求付款的数额是否有出入？同时，根据资金时间价值的计算方法，看看你买的寿险保单是否合算？

解：依题意，这是一个已知年金现值 P_A，求年投资回收额 A 的问题。

$$A = \frac{1\,000\,000}{(P/A,\ 10\%,\ 10)} = \frac{1\,000\,000}{6.144\,6} = 162\,744.52\ (\text{元})$$

例 2－9 假设你准备买一套公寓，总计房款为 100 万元，首付 30%，年利率为 6%，银行提供 20 年按揭贷款，则每年应付款多少元？每月应付款多少元？

解：购房总共需要向银行贷款 = 1 000 000 ×（1 － 30%）= 700 000（元）

$$每年分期付款额=\frac{700\ 000}{(P/A,\ 6\%,\ 20)}=\frac{700\ 000}{11.469\ 9}=61\ 029.30\ (元)$$

$$每月分期付款额=\frac{700\ 000}{(P/A,\ 0.5\%,\ 240)}=700\ 000\div\frac{1-(1+0.5\%)^{-240}}{0.5\%}=5\ 015.02\ (元)$$

2. 预付年金的终值与现值

预付年金（Annuity In Possession）是指每期期初支付的年金，也称先付年金或即付年金。它与普通年金的区别在于其支付期较普通年金提前了一期。预付年金在生活中也很常见，如租房户每个月月初支付房租，大学生每学期开学支付学费等。

（1）预付年金终值的计算。根据定义，n 期预付年金的年金终值计算公式为

$$\begin{aligned}F&=A(1+i)+A(1+i)^2+A(1+i)^3+\cdots+A(1+i)^{n-1}+A(1+i)^n\\&=[A+A(1+i)+A(1+i)^2+A(1+i)^3+\cdots+A(1+i)^{n-1}+A(1+i)^n]-A\\&=A\frac{(1+i)^{n+1}-1}{i}-A=A\left[\frac{(1+i)^{n+1}-1}{i}-1\right]\end{aligned}$$

其中$\frac{(1+i)^{n+1}-1}{i}$是普通年金 $n-1$ 期的年金终值系数，所以上式可简化为

$$\begin{aligned}F&=A(F/A,\ i,\ n+1)-A\\&=A[(F/A,\ i,\ n+1)-1]\end{aligned}$$

式中$\left[\frac{(1+i)^{n+1}-1}{i}-1\right]$称作预付年金终值系数，与普通年金终值系数相比，期数加 1，系数值减 1，利用普通年金终值系数表先查得 $n+1$ 期的值，然后再减 1，就可得到预付年金终值系数。

另外一种公式推导方法如下：

$$\begin{aligned}F&=A(1+i)+A(1+i)^2+A(1+i)^3+\cdots+A(1+i)^{n-1}+A(1+i)^n\\&=(1+i)[A+A(1+i)+A(1+i)^2+A(1+i)^3+\cdots+A(1+i)^{n-1}]\\&=(1+i)A(F/A,\ i,\ n)\\&=A(F/A,\ i,\ n)(1+i)\end{aligned}$$

即预付年金终值等于普通年金终值乘上 $(1+i)$。

从图 2-3 可以看出，n 期预付年金与 n 期普通年金的付款次数相同，但由于其付款时间不同，n 期预付年金终值比 n 期普通年金终值多计算一期利息。因此，在 n 期普通年金终值的基础上乘上 $(1+i)$ 就是 n 期预付年金终值。

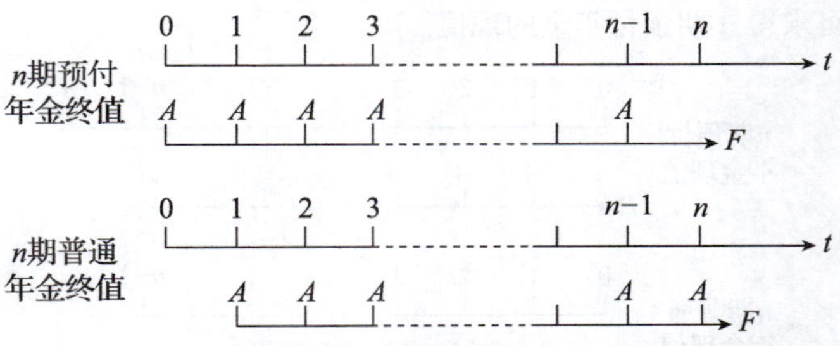

图 2-3 预付年金终值与普通年金终值比较示意图

所以，预付年金终值的计算公式有两个，即

$$F=A[(F/A,\ i,\ n+1)-1]$$

$$=A(F/A,\ i,\ n)(1+i)$$

例2-10 某公司决定连续5年于每年年初存入100万元作为住房基金，银行存款利率为10%，则该公司在第5年年末能一次取出的本利和为多少？

解：

$$\begin{aligned}F&=A[(F/A,\ i,\ n+1)-1]\\&=100\times[(F/A,\ 10\%,\ 6)-1]\\&=100\times(7.715\,6-1)=671.56\ (\text{万元})\end{aligned}$$

或

$$\begin{aligned}F&=A(F/A,\ i,\ n)(1+i)\\&=100\times(F/A,\ 10\%,\ 5)\times(1+10\%)\\&=100\times6.105\,1\times1.1=671.56\ (\text{万元})\end{aligned}$$

（2）预付年金现值的计算。根据定义，n期预付年金的年金现值计算公式为

$$\begin{aligned}P&=A+A(1+i)^{-1}+A(1+i)^{-2}+A(1+i)^{-3}+\cdots+A(1+i)^{-n+1}\\&=[A(1+i)^{-1}+A(1+i)^{-2}+A(1+i)^{-3}+\cdots+A(1+i)^{-n+1}]+A\\&=A\frac{1-(1+i)^{-(n-1)}}{i}+A=A\left[\frac{1-(1+i)^{-(n-1)}}{i}+1\right]\end{aligned}$$

其中$\frac{1-(1+i)^{-(n-1)}}{i}$是普通年金$n-1$期的年金现值，所以上式可简化为

$$\begin{aligned}P&=A(P/A,\ i,\ n-1)+A\\&=A[(P/A,\ i,\ n-1)+1]\end{aligned}$$

式中$\left[\frac{1-(1+i)^{-(n-1)}}{i}+1\right]$称作预付年金现值系数，与普通年金现值系数相比，期数减1，系数值加1，利用普通年金现值系数表先查得$n-1$期的值，然后再加1，就可得到预付年金现值系数。

另外一种公式推导方法如下：

$$\begin{aligned}P&=A+A(1+i)^{-1}+A(1+i)^{-2}+A(1+i)^{-3}+\cdots+A(1+i)^{-n+1}\\&=(1+i)[A(1+i)^{-1}+A(1+i)^{-2}+A(1+i)^{-3}+\cdots+A(1+i)^{-n}]\\&=(1+i)A(P/A,\ i,\ n)\\&=A(P/A,\ i,\ n)(1+i)\end{aligned}$$

即预付年金现值等于普通年金现值乘上$(1+i)$。

从图2-4可以看出，n期预付年金现值与n期普通年金现值的期限相同，但由于其付款时间不同，n期预付年金现值比n期普通年金现值少折现一期。因此，在n期普通年金现值的基础上乘上$(1+i)$，便可求得n期预付年金的现值。

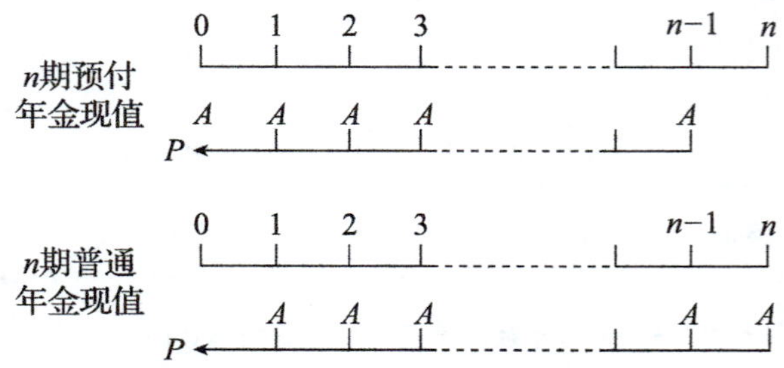

图2-4 预付年金与普通年金现值比较示意图

所以，预付年金现值的计算公式有两个：

$$P = A[(P/A,\ i,\ n-1)+1]$$
$$= A(P/A,\ i,\ n)(1+i)$$

例 2-11 某企业租赁一座办公楼，租期 5 年，从现在起每年年初支付 1 年的租金 20 000 元，年利率为 6%，问 5 年租金的现值一共是多少？

解：

$$P = A[(P/A,\ i,\ n-1)+1]$$
$$= 20\,000 \times [(P/A,\ 6\%,\ 4)+1]$$
$$= 20\,000 \times (3.465\,1+1) = 89\,302\ (\text{元})$$

或

$$P = A(P/A,\ i,\ n)(1+i)$$
$$= 20\,000 \times (P/A,\ 6\%,\ 5) \times (1+6\%)$$
$$= 20\,000 \times 4.212\,4 \times 1.06 = 89\,302\ (\text{元})$$

3. 递延年金和永续年金的现值

（1）递延年金。递延年金（Deferred Annuity）是指首期支付发生在第 $m+1$ 期（$m \geqslant 1$）的年金。它是普通年金的特殊形式。与普通年金相比，预付年金前面的 m 期未发生过支付，称为递延期。

递延年金终值计算方法如图 2-5 所示。图中的 m 表示递延期，n 表示系列等额收付（A）的次数。递延年金终值的大小与递延期无关，所以计算方法和普通年金终值相同，只要按其实际支付期计算即可，即

$$F = A(F/A,\ i,\ n)$$

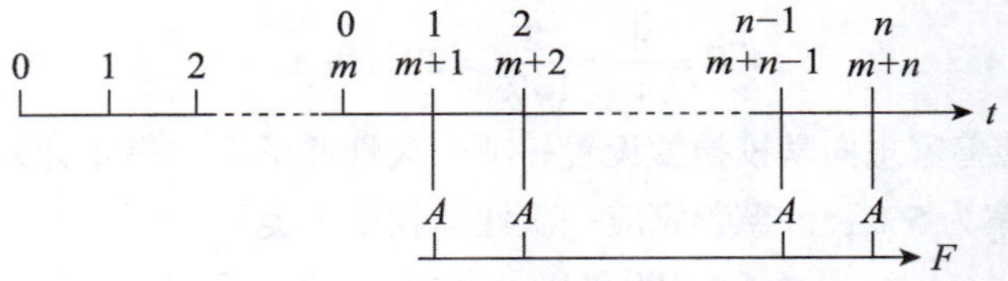

图 2-5　递延年金终值示意图

递延年金现值的计算方法有两种。第一种方法是把递延年金视为 n 期普通年金，先计算出递延年金在递延期（m）期末的现值，然后再把它折现到第一期期初。其计算方法如图 2-6 所示。

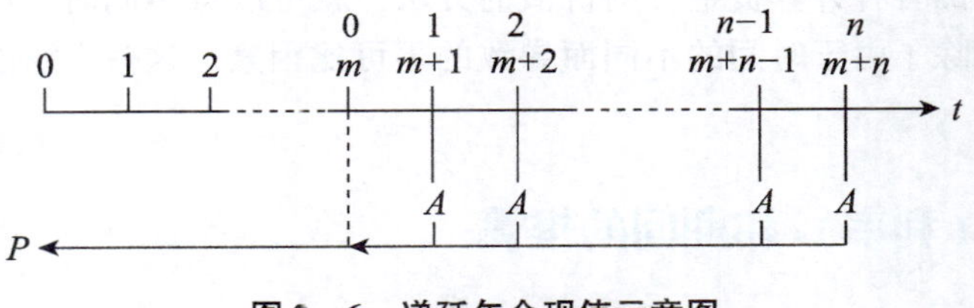

图 2-6　递延年金现值示意图

此种方法下递延年金现值计算公式为

$$P = A(P/A,\ i,\ n)(P/F,\ i,\ m)$$

第二种方法是假设在递延期中也有等额系列收付款项，先计算出（$m+n$）期的普通年金现值，然后减去实际没有收付的递延期（m 期）的普通年金现值。

此种方法下递延年金现值计算公式为

$$P=A[(P/A, i, m+n)-(P/A, i, m)]$$

例 2-12 某人在年初存入一笔资金，存满5年后每年年末取出1 000元，至第10年年末取完，银行存款利率为10%，则此人应在最初一次存入银行的钱数为多少？

解：

$$\begin{aligned} P &= A[(P/A, 10\%, 10)-(P/A, 10\%, 5)] \\ &= 1\,000\times(6.144\,6-3.790\,8) \\ &= 2\,354\ (元) \end{aligned}$$

或

$$\begin{aligned} P &= A(P/A, 10\%, 5)(P/F, 10\%, 5) \\ &= 1\,000\times3.790\,8\times0.620\,9 \\ &= 2\,354\ (元) \end{aligned}$$

(2) 永续年金。永续年金（Perpetual Annuity）指的是无限期支付的年金。由于它没有终止支付的时间，因此也就没有终值。永续年金的现值可通过普通年金现值的计算公式求导来计算，即

> 你知道吗，著名的诺贝尔奖其实是永续年金！

$$P=A\frac{1-(1+i)^{-n}}{i}$$

当 $n\to\infty$ 时，$(1+i)^{-n}\to0$，因此永续年金的现值公式为

$$P=\frac{A}{i}$$

例 2-13 某人持有某公司优先股，每年每股股利为2元，若此人想长期持有，在利率为10%的情况下，请对该项股票投资进行估价。

解： 计算出这些股利的现值之和即为该股票的估价。

$$P=\frac{A}{i}=\frac{2}{10\%}=20\ (元)$$

例 2-14 某位慈善家想向学校捐款设置一项永久性奖学金，每年计划颁发100 000美元奖励优秀学生，若年利率为5%，该慈善家应一次性捐款多少美元？

解：

$$P=\frac{A}{i}=\frac{100\,000}{5\%}=2\,000\,000\ (美元)$$

其实，该慈善家每年用来奖励学生的钱（A）都是其本金2 000 000美元产生的利息，只要利率不变，每年都可以有足够的钱来颁发奖学金。如果利率保持上涨趋势，奖学金还可以逐年提高。

利用前面所描述的各种计算资金时间价值的方法，就可以将不同时间的资金统一在同一个时点上进行比较，排除了由于时间的不同而导致的不可比因素。这些方法在投资决策中都有着广泛的应用。

三、贴现率（利率）和期间的推算

（一）贴现率（Discount Rate）的推算

对于一次性收付款项，根据其复利终值（或现值）的计算公式可得贴现率的计算公式为

$$i=\left(\frac{F}{P}\right)^{1/n}-1$$

因此，若已知 F、P、n，不用查表便可直接计算出一次性收付款项的贴现率（利率）i。

永续年金贴现率（利率）i 的计算也很方便。若 P、A 已知，则根据公式 $P=A/i$，即得 i 的

计算公式为

$$i = A/P$$

普通年金贴现率（利率）的推算比较复杂，无法直接套用公式，而必须利用有关的系数表，有时还会牵涉到内插法的运用。下面着重对此加以介绍。

根据普通年金终值 F、年金现值 P 的计算公式可推算出年金终值系数（F/A，i，n）和年金现值系数（P/A，i，n）的算式为

$$(F/A,\ i,\ n) = F/A$$
$$(P/A,\ i,\ n) = P/A$$

根据已知的 F、A 和 n，可求出 F/A 的值。通过查年金终值系数表，有可能在表中找到等于 F/A 的系数值，只要找到该系数所在列的 i 值，即为所求的 i。

同理，根据已知的 P、A 和 n，可求出 P/A 的值。通过查年金现值系数表，可求出 i 值。必要时可采用内插法求得。

下面详细介绍利用年金现值系数表计算 i 的步骤。

（1）计算出 P/A 的值，设其为 $P/A=\alpha$。

（2）查普通年金现值系数表。沿着已知 n 所在的行横向查找，若恰好能找到某一系数值等于 α，则该系数值所在的行相对应的利率便为所求的 i 值。

（3）若无法找到恰好等于 α 的系数值，就应在表中 n 行中找与 α 最接近的两个左右临界系数值，设为 β_1、β_2（$\beta_1 > \alpha > \beta_2$，或 $\beta_1 < \alpha < \beta_2$）。找出 β_1、β_2 所对应的临界利率 i_1、i_2，然后运用内插法进行计算。

（4）在内插法下，假定利率 i 同相关的系数在较小范围内线性相关，因而可根据临界系数 β_1、β_2 和临界利率 i_1、i_2 计算出 i，其公式为

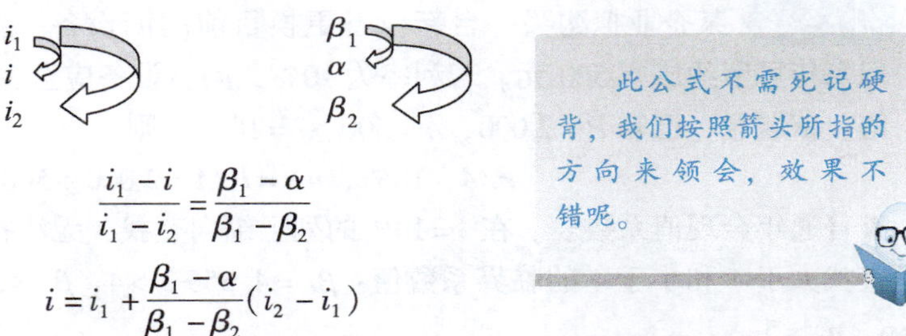

$$\frac{i_1 - i}{i_1 - i_2} = \frac{\beta_1 - \alpha}{\beta_1 - \beta_2}$$

$$i = i_1 + \frac{\beta_1 - \alpha}{\beta_1 - \beta_2}(i_2 - i_1)$$

注意：i 解出来一定是介于 i_1 与 i_2 之间的，即 $i_1 \leqslant i \leqslant i_2$。

例 2-15　某公司于第一年年初借款 20 000 元，每年年末还本付息额均为 4 000 元，连续 9 年还清。问借款利率为多少？

解：根据题意，已知 $P=20\ 000$，$A=4\ 000$，$n=9$，则

$$(P/A,\ i,\ 9) = P/A = 20\ 000 \div 4\ 000 = 5$$

查 $n=9$ 的普通年金现值系数表。在 $n=9$ 这行中无法找到恰好为 $\alpha(\alpha=5)$ 的系数值，于是在该行中找大于 5 和小于 5 的临界系数值，分别为：$\beta_1 = 5.131\ 7 > 5$，$\beta_2 = 4.946\ 4 < 5$。同时找出临界利率为 $i_1 = 13\%$，$i_2 = 14\%$。则：

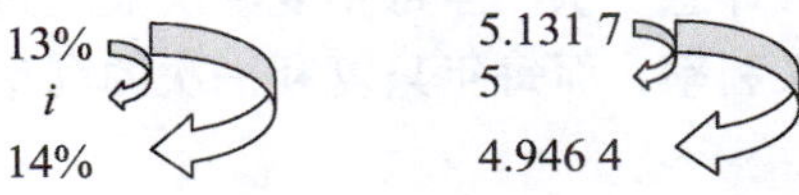

$$\frac{13\% - i}{13\% - 14\%} = \frac{5.1317 - 5}{5.1317 - 4.9464}$$

解方程得

$$i = 13\% + \frac{5.1317 - 5}{5.1317 - 4.9164} \times (14\% - 13\%) = 13.71\%$$

对于一次性收付款项，若应用查表法求 i，可先计算出 F/P 的值，设其为 α，然后查复利终值系数表；或先计算出 P/F 的值，设其为 α，然后查复利现值系数表。

对于即付年金利率 i 的推算，同样可遵照上述方法。先求出 F/A 的值，令 $\alpha = (F/A) + 1$，然后沿（$n+1$）所在的行横向在普通年金终值系数表中查找，若恰好找到等于 α，则该系数值所在列所对应的利率便为所求的 i，否则便查找临界系数值和对应的临界利率，应用内插法求出利率 i。

（二）期间（Number of Period）的推算

期间 n 的推算，其原理和步骤同贴现率（利率）i 的推算相类似。现以普通年金为例，说明在 P、A 和 i 已知情况下，推算期间 n 的基本步骤。

（1）计算出 P/A 的值，设其为 α。

（2）查普通年金现值系数表。沿着已知 i 所在的列纵向查找，若能找到恰好等于 α 的系数值，则该系数所在行的 n 值即为所求的期间值。

（3）若找不到恰好为 α 的系数值，则在该列查找最为接近 α 值的上、下临界系数 β_1、β_2 以及对应的临界期间 n_1、n_2，然后应用内插法求 n，公式为

$$n = n_1 + \frac{\beta_1 - \alpha}{\beta_1 - \beta_2}(n_2 - n_1)$$

例 2-16 某企业拟购买一台新设备更换目前的旧设备。新设备价格较旧设备高出 2 000 元，但每年可节约成本 500 元。若利率为 10%，问新设备应至少使用多少年对企业而言才有利？

解：依题意，已知 $P = 2\,000$，$A = 500$，$i = 10\%$，则

$$(P/A, 10\%, n) = P/A = 2\,000 \div 500 = 4$$

查普通年金现值系数表。在 $i = 10\%$ 的列上纵向查找，无法找到恰好为 $\alpha(\alpha = 4)$ 的系数值，于是查找大于 4 和小于 4 的临界系数值：$\beta_1 = 4.3553 > 4$，$\beta_2 = 3.7908 < 4$，对应的临界期间为 $n_1 = 6$，$n_2 = 5$。

$$n = n_1 + \frac{\beta_1 - \alpha}{\beta_1 - \beta_2}(n_2 - n_1) = 6 + \frac{4.3553 - 4}{4.3553 - 3.7908} \times (5 - 6)$$

$$= 5.4\text{（年）}$$

（三）名义利率（Nominal Interest Rate）与实际利率（Effective Interest Rate）的换算

上面讨论的有关计算均假定利率为年利率，每年复利一次。但实际上，复利的计息期间不一定是一年，有可能是季度、月份或日。例如，某些债券半年计息一次，有的抵押贷款每月计息一次，银行之间拆借资金均为每天计息一次。当每年复利次数超过一次时，这样的年利率叫作名义利率，而每年只复利一次的利率才是实际利率。

> 到银行贷款时，千万要注意名义利率与实际利率的区别！

对于一年内多次复利的情况，可采取两种方法计算时间价值。

第一种方法是按如下公式将名义利率调整为实际利率，然后按实际利率计算时间价值。

$$i=(1+r/m)^{m}-1$$

式中 i——实际利率；

r——名义利率；

m——每年复利次数。

例 2-17 某企业于年初向银行贷款 10 万元，期限 10 年，到期一次还本付息。该银行年贷款利率为 10%，但是银行要求每半年计息一次。请问，到第 10 年年末，该企业需还款多少元?

解：依题意，$P=10$，$r=10\%$，$m=2$，$n=10$

$$i=(1+r/m)^{m}-1=(1+10\%\div 2)^{2}-1=10.25\%$$

$$F=P(1+i)^{n}=10\times(1+10.25\%)^{10}=26.53\text{（万元）}$$

该企业贷款的实际利率为每年 10.25%，因此企业于第 10 年年末需还款 26.53 万元。

这种方法的缺点是调整后的实际利率往往带有小数点，不利于查表。

第二种方法是不计算实际利率，而是相应调整有关指标，选择每半年为一期，总共有 $m\times n=20$ 期，利率变为与期数相对应的每半年利率 $r/m=10\%\div 2=5\%$。

例 2-18 利用例 2-17 的有关数据，用第二种方法计算终值。可看作：利率为 5%，期数为 20 期，现值为 10 万元，求终值。

解：

$$\begin{aligned}F&=P(1+r/m)^{mn}=10\times(1+10\%\div 2)^{2\times 10}\\&=10\times(F/P,5\%,20)=26.53\text{（万元）}\end{aligned}$$

第二节 风险价值

财务活动经常是在有风险的情况下进行的。承担风险，就要求得到相应的额外收益。投资者由于承担风险进行投资而要求的超过资金时间价值的额外收益，就成为投资的风险价值，也称为风险收益或风险报酬。企业理财时，必须研究风险，计量风险并设法控制风险，以求最大限度地扩大企业财富。

一、风险的概念

风险（Risk）是指某一行动的结果具有多样性。在风险存在的情况下，人们只能事先估计到采取某种行动可能导致的结果，以及每种结果出现的可能性，而行动的真正结果究竟会怎样，不能事先确定。例如，我们在预计一个投资项目的报酬时，不可能十分精确，也没有百分之百的把握，而可能发生人们预想不到并且无法控制的变化，这就是风险。

与风险相联系的另一个概念是不确定性，即人们事先只知道采取某种行动可能形成的各种结果，但不知道它们出现的概率，或者两者都不知道，而只能做些粗略的估计。例如，企业试制一种新产品，事先只能肯定该种产品试制成功或失败两种可能，但不会知道这两种结果出现的可能性的大小。又如购买股票，投资者事实上不可能事先确定可能达到的报酬率及其出现的概率大小。经营决策一般都是在不确定的情况下做出的。西方国家的企业通常对风险和不确定性这两个概念不加以区分，把不确定视同风险而加以计量，以便进行定量分析。在实务中，当说到风险时，可能指的是确切意义上的风险，但更可能指的是不确定性，对两者不做区分。

从财务管理的角度看，风险就是企业在各项财务活动过程中，由于各种难以预料或无法控制的因素作用，使企业的实际收益与预计收益发生背离的可能性。由于人们普遍具有风险反感心理，因而一提到风险，多数都将其错误地理解为与损失是同一概念。事实上，风险不仅能带来超出预期的损失，呈现其不利的一面，而且还可能带来超出预期的收益，呈现其有利的一面。

二、风险的类别

按投资主体的不同，风险可分为市场风险和公司特有风险两类。

1. 市场风险（Market Risk）

市场风险是指那些影响所有企业的风险，如战争、自然灾害、经济衰退、通货膨胀等。这类风险涉及所有企业，不能通过多角化投资来分散，因此，又称为不可分散风险（Undiversifiable Risk）或系统风险（Systematic Risk）。例如亚洲金融危机中，在东南亚的一些国家，不论个别公司经营状况的好坏，几乎所有公司的股票都受到了影响。又如，一个人投资股票，不论买哪一种股票，他都要承担市场风险。

2. 公司特有风险（Unique Risk of Company）

公司特有风险是指发生于个别企业的特有事项造成的风险，如新产品开发失败、法律诉讼、失去销售市场等。这类事件是随机发生的，可以通过多角化投资来分散。这类风险也称可分散风险（Diversifiable Risk）或非系统风险（Nonsystematic Risk）。例如，一个人投资股票时，买几种不同的股票，比只买一种股票风险小。公司特有风险按其形成原因的不同，又可分为经营风险和财务风险两类。

（1）经营风险（Operating Risk）。经营风险是指因生产经营方面的原因给企业盈利带来的不确定性。企业生产经营的许多方面都会受到来源于企业外部和内部的诸多因素的影响，具有很大的不确定性。例如：由于原材料供应地的政治情况变动、运输路线改变、原材料价格变动等因素带来的供应方面的风险；由于产品生产方向错误，生产质量不合格，新产品、新技术开发试验不成功，生产组织不合理等因素带来的生产方面的风险；由于出现新的竞争对手，消费者爱好发生变化等因素带来的销售方面的风险。所有这些生产经营方面的不确定性，都会引起企业收益的不确定性。

（2）财务风险（Financial Risk）。财务风险又称筹资风险，是指由于举债而给企业财务成果带来的不确定性。企业适度举债经营，会提高自有资金的盈利能力；但借入资金需要还本付息，加大了企业的风险，若企业经营不善，会使财务状况恶化，丧失支付能力，出现无法按期还本付息甚至招致破产的危险。财务风险与债务有关，一个没有举债的企业不可能发生财务风险。

三、风险报酬

上节讲述的资金时间价值是在假定无通货膨胀、无风险的情况下资金的增值。在多数情况下人们的投资都是有风险的。但是几乎没有人因为存在风险而不去投资，有风险就意味着投资可能成功，也可能失败。人们就会期望获得比没有风险的投资更高的回报。如果能得到高回报，人们就会冒风险去投资。诱导投资者进行风险投资的，是超过时间价值的那部分额外报酬，即风险报酬。

风险报酬（Return of Risk）是指投资者因冒风险进行投资而要求的超过资金时间价值的那部分额外报酬。风险报酬的表现形式有风险报酬额和风险报酬率，我们常用相对数——风险报酬率来表示风险报酬。

一般来讲，投资者进行一项投资所获得的报酬，由三部分组成：资金时间价值、通货膨胀贴水、风险报酬，即

$$投资利润率 = 资金时间价值 + 通货膨胀率 + 风险报酬率$$

其中资金时间价值和通货膨胀率合起来可称为无风险报酬率。上式也可写为

$$投资利润率\ K = 无风险报酬率\ R_F + 风险报酬率\ R_R$$

假如，资金时间价值为10%，某项投资期望报酬率为15%，在不考虑通货膨胀的情况下，该项投资的风险报酬率便是5%。

四、风险衡量

风险客观存在，广泛影响着企业的财务和经营活动，因此，正视风险并将风险程度予以量化，进行较为准确的衡量，就成为企业财务管理中的一项重要工作。但由于风险本身不易计量，要计算在一定风险条件下的投资收益，通常要用到概率论的方法，与概率分布、期望值、离散程度等相联系。

（一）概率分布（Probability）

在现实生活中，某一事件在完全相同的条件下可能发生也可能不发生，既可能出现这种结果也有可能出现那种结果，我们称这类事件为随机事件。概率就是用百分数或小数来表示随机事件发生可能性及出现某种结果可能性大小的数值。

x_i表示随机事件的第 i 种结果，P_i表示出现该种结果的相应概率。

若 x_i肯定出现，则 $P_i = 1$；若 x_i肯定不出现，则 $P_i = 0$。因此，概率必须符合下列两个要求：

（1）所有的概率都必须在0和1之间，即 $0 \leqslant P_i \leqslant 1$。

（2）所有可能结果的概率之和等于1，即 $\sum_{i=1}^{n} P_i = 1$。n 表示可能出现的结果的个数。

例2-19 某企业欲投资100万元开发新产品，有A、B两个方案可供选择。根据市场预测，估计投资后的经营状况可能出现“良好”“一般”“较差”三种情况。如果把所有可能的事件或结果都列示出来，且每一事件都给予一种概率，把它们列示在一起，便构成了概率的分布。A、B方案投资后可能获得的年收益及其概率资料见表2-1。

表2-1 A、B方案经营状况及概率分布表 （单位：万元）

经营状况	A方案年收益 x_i	B方案年收益 x_i	概率 P_i
良好	200	350	0.2
一般	100	100	0.5
较差	50	-50	0.3
合计			1

（二）期望值（Expected Value）

期望值是一个概率分布中的所有可能结果，以各自相应的概率为权数计算的加权平均值，是加权平均的中心值，通常用符号$\overline{E}$表示，其计算公式为

$$\overline{E} = \sum_{i=1}^{n} x_i P_i$$

例 2-20 根据表 2-1 中有关数据，计算新产品投产后预计收益的期望值。

解：

$$\overline{E}_A = 200 \times 0.2 + 100 \times 0.5 + 50 \times 0.3 = 105 \text{（万元）}$$

$$\overline{E}_B = 350 \times 0.2 + 100 \times 0.5 - 50 \times 0.3 = 105 \text{（万元）}$$

两种方案的收益期望值相同，哪种投资方案的风险程度小些呢？投资的风险程度同收益的概率分布有着密切联系。概率分布越集中，实际可能的结果就越接近预期收益；反之，概率分布越分散，投资的风险程度就越大。我们可以通过计算离散程度来衡量方案风险的大小。

（三）离散程度

反映随机变量离散程度的指标主要有标准离差、标准离差率。一般说来，离散程度越大，风险越大；离散程度越小，风险越小。

1. 标准离差（Standard Deviation）

标准离差是各种可能的收益值偏离期望收益值的综合差异，用来反映离散程度。其计算公式为

$$\sigma = \sqrt{\sum_{i=1}^{n} (x_i - \overline{E})^2 \times P_i}$$

例 2-21 根据例 2-20 中的有关数据，计算 A、B 两方案预计年收益与期望年收益的标准离差。

解：

$$\sigma_A = \sqrt{(200-105)^2 \times 0.2 + (100-105)^2 \times 0.5 + (50-105)^2 \times 0.3} = 52.20$$

$$\sigma_B = \sqrt{(350-105)^2 \times 0.2 + (100-105)^2 \times 0.5 + (-50-105)^2 \times 0.3} = 138.65$$

从计算结果可以看出，A 方案的标准离差为 52.20，B 方案的标准离差为 138.65，在期望值均为 105 万元的情况下，A 方案的标准离差较小，意味着风险也较小，B 方案的标准离差较大，则风险较大。

2. 标准离差率（Rate of Standard Deviation）

标准离差率是标准离差同期望值之比，通常用符号 V 表示，其计算公式为

$$V = \frac{\sigma}{\overline{E}}$$

标准离差率是一个相对指标，它以相对数反映决策方案的风险程度。标准离差作为绝对数，只适用于期望值相同的决策方案风险程度的比较，对于期望值不同的决策方案，评价和比较其各自的风险程度只能借助于标准离差率这一相对指标。在期望值不同的情况下，标准离差率越大，风险越大；反之，标准离差率越小，风险越小。

例 2-22 根据例 2-21 中有关数据，计算 A、B 方案预计年收益的标准离差率。

解：

$$V_A = \frac{52.2}{105} = 0.50$$

$$V_B = \frac{138.65}{105} = 1.32$$

由计算可知，B 方案的风险大，而 A 方案风险较小。

本章小结

1. 资金时间价值是没有风险和没有通货膨胀条件下的社会平均投资利润率；它是资金参与再生产，在使用过程中的增值；资金时间价值的大小与时间成正比。资金时间价值有单利和复利两种计算方法。单利计算是利息的计算以本金为基础，复利计算是利息以上期期末的本利和为基础。

2. 单利计算的终值 $F_n = P(1 + i \times n)$，复利计算的终值 $F_n = P(1 + i)^n$。

3. 年金是指一定时期内每隔相同时间发生相同数额的系列收付款项。

年金的特点：①等额性；②连续性；③均匀性。

年金的种类：①普通年金；②预付年金；③递延年金；④永续年金。

4. 普通年金终值计算公式：$F = A\dfrac{(1+i)^n - 1}{i} = A(F/A,\ i,\ n)$

普通年金现值计算公式：$P = A\dfrac{1-(1+i)^{-n}}{i} = A(P/A,\ i,\ n)$

5. 名义利率与实际利率的换算公式：$i = (1 + r/m)^m - 1$

6. 风险是指某一行动的结果具有多样性。风险报酬是指投资者因冒风险进行投资而要求的超过资金时间价值的那部分额外报酬。

7. 风险按投资主体的不同，可分为市场风险和公司特有风险两类。其中，公司特有风险按其形成原因的不同，可分为经营风险和财务风险两类。

8. 风险的衡量：离散程度越大，风险越大；离散程度越小，风险越小。

当两种方案收益期望值相同时，计算标准离差（σ）衡量风险的大小。

当两种方案收益期望值不相同时，计算标准离差率（V）衡量风险的大小。

复习思考题

1. 什么是资金时间价值？怎样理解资金时间价值？
2. 举例说明单利计算与复利计算的特点和区别。
3. 什么是年金？它有几种表现形式？
4. 如何进行年金终值和年金现值的计算？
5. 想一想，在同等条件下，相同期数的预付年金和普通年金，它们的终值或现值孰大孰小？
6. 什么是风险？风险的种类有哪些？如何对其进行衡量？
7. 股票投资风险比国债大，但仍然有人愿意购买，这是为什么？
8. 简述风险和报酬的关系。

本章习题

一、单项选择题

1. 下列不属于市场风险的是（　　）。
A. 战争　　B. 产品成本上升　　C. 经济衰退　　D. 高利率
2. 某项存款年利率为6%，每半年复利一次，其实际利率为（　　）。
A. 12.36%　　B. 6.09%　　C. 6%　　D. 6.6%
3. 投资者因冒风险而进行投资，所获得超过资金时间价值的那部分额外报酬称为（　　）。
A. 无风险报酬　　B. 风险报酬　　C. 平均报酬　　D. 投资报酬
4. 一定时期内每期期初等额收付的系列款项称为（　　）。
A. 永续年金　　B. 预付年金　　C. 普通年金　　D. 递延年金
5. 甲、乙两投资方案的期望值不同，甲投资方案的标准离差率为10%，乙投资方案的标准离差率为8%，则下列判断正确的是（　　）。
A. 甲方案比乙方案风险大　　B. 甲方案比乙方案风险小
C. 甲、乙两方案风险相同　　D. 无法判断
6. 在计算预付年金时，应采用（　　）。
A. $F=A(F/A,\ i,\ n)$　　B. $F=A[(F/A,\ i,\ n+1)-1]$
C. $F=A[(F/A,\ i,\ n-1)+1]$　　D. $F=A(F/A,\ i,\ n+1)(1+i)$
7. 年金终值的逆运算是（　　）。
A. 年偿债基金的计算　　B. 年金现值的计算
C. 等额资本年回收额的计算　　D. 复利终值的计算
8. 比较期望报酬率不同的两个方案的风险程度应采用（　　）来衡量。
A. 标准离差　　B. 标准离差率　　C. 概率　　D. 风险报酬率
9. 将100元钱存入银行，利率为10%，计算5年后的终值时应用（　　）。
A. 复利终值系数　　B. 复利现值系数　　C. 年金终值系数　　D. 年金现值系数
10. 分期付款购物，每年年初付款500元，一共付5年，如果年利率为10%，相当于现在一次性付款（　　）。
A. 1 895.5元　　B. 2 085元　　C. 1 677.5元　　D. 1 585元

二、多项选择题

1. 考虑风险因素后，影响投资利润率变动的因素有（　　）。
A. 通货膨胀率　　B. 资金时间价值　　C. 投资年限　　D. 风险报酬率
2. 风险按形成的原因可以分为（　　）。
A. 财务风险　　B. 市场风险　　C. 经营风险　　D. 公司特有风险
3. 企业因借款而增加的风险称为（　　）。
A. 经营风险　　B. 财务风险　　C. 市场风险　　D. 筹资风险
4. 按投资主体不同，风险可以分为（　　）。
A. 市场风险　　B. 公司特有风险　　C. 财务风险　　D. 经营风险
5. 可以用来衡量风险大小的指标有（　　）。
A. 无风险报酬率　　B. 期望值　　C. 标准离差　　D. 标准离差率

6. 下列项目中，属于年金的是（　　）。
   A. 定期发放的固定养老金　　B. 每年的固定工资
   C. 按直线法计算的折旧额　　D. 每年的固定租金
7. 下列各项中，互为逆运算的是（　　）。
   A. 年金终值与年金现值　　B. 年金终值与年偿债基金
   C. 年金现值与年等额资本回收额　　D. 复利终值与复利现值
8. 年金具有（　　）等特点。
   A. 等额性　　B. 时间间隔相等　　C. 连续发生　　D. A、B、C 必须同时具备
9. 风险报酬包括（　　）。
   A. 纯利率　　B. 通货膨胀补偿　　C. 违约风险报酬　　D. 流动性风险报酬
   E. 期限风险报酬
10. 关于风险报酬，下列表述中正确的有（　　）。
   A. 风险报酬有风险报酬额和风险报酬率两种表示方法
   B. 风险越大，获得的风险报酬应该越高
   C. 风险报酬额是指投资者因冒风险进行投资所获得的超过资金时间价值的那部分额外报酬
   D. 风险报酬率是风险报酬额与原投资额的比率
   E. 在财务管理中，风险报酬通常用相对数即风险报酬率来加以计量

三、判断题

1.（　　）在利率和计息期数相同的条件下，复利现值系数与复利终值系数互为倒数。
2.（　　）在本金和利率相同的情况下，若只有一个计息期，单利终值与复利终值是相同的。
3.（　　）经营风险所有企业都存在，而财务风险只有借入债务资金的企业才有。
4.（　　）普通年金现值系数加 1 等于同期、同利率的预付年金现值系数。
5.（　　）资金时间价值是由时间创造的，因此，所有的资金都有时间价值。
6.（　　）在两个方案对比时，标准离差越小，说明风险越小。
7.（　　）在通常情况下，资金时间价值是在既没有风险也没有通货膨胀条件下的社会平均投资利润率。
8.（　　）风险意识较强，经营较稳健的决策者往往把风险报酬系数定得低些，以便回避风险。
9.（　　）若 A 投资方案的标准离差率为 5.67%，B 投资方案的标准离差率为 3.46%，则可以判断 B 投资方案的风险一定比 A 投资方案的风险小。
10.（　　）在名义利率相同的情况下，1 年内复利计息次数越多，实际利率越低。

四、计算题

1. 若银行存款利率为 10%，每年复利 1 次，现在需一次存入多少钱才能在 5 年后得到 20 000 元？
2. 某企业于年初向银行借款 50 万元购买设备，从第 1 年年末开始每年等额还款 1 次，分 5 年还清，银行借款年利率为 12%。试计算每年应还款多少钱？
3. 小李每年年初存入银行 5 000 元，若银行存款利率为 9%，小李在第 10 年年末可以取出本利和共多少钱？
4. 如果年利率为 10%，每年复利 1 次，3 年后需要 100 000 元购买一辆汽车，从现在起每年年初应等额存入多少金额的款项？
5. 某人向银行贷款 20 000 元，银行贷款年利率为 12%，贷款期限为 5 年。要求计算：
   (1) 若每年复利 1 次，5 年后需要归还的本利和为多少？

（2）若每季度复利1次，5年后需要归还的本利和为多少？

（3）若每季度复利1次，企业贷款的实际利率为多少？

6. 某企业向银行借入一笔款项，银行贷款的年利率为10%，每年复利计息一次。银行规定前10年不用还本付息，但第11至第20年每年年末需偿还本息5 000元。要求：用两种方法计算这笔借款的现值。

7. 某公司拟购置一台设备，有两个方案可供选择：

方案一：从现在起，每年年初支付10万元，连续支付10次，共100万元。

方案二：从第5年开始，每年年末支付20万元，连续支付5次，共100万元。

假定该公司的资金成本率为10%。要求：计算以上两个方案的现值，并为该公司做出选择。

8. 职工小张家庭年收入78 000元，现有储蓄10万元，他每年只能用其中50%支付房款。如果他想购买一套商品房，总计房款50万元，首付20%，年利率6%，银行提供20年按揭贷款，试问小张是否有能力购买此套住房。（提示：期限为20年，年利率为6%的年金现值系数为11.469 9）

9. 甲公司分别在2018年和2019年年初对C设备投资60 000元，该项目2020年年初完工投产；2020年、2021年、2022年年末预期收益为50 000元；银行存款利率为8%。要求：

（1）计算2020年年初（即2019年年末）投资额的终值。

（2）计算2020年年初（即2019年年末）各年预期收益的现值。

（3）此项投资是否有利可图？

10. 某企业在第1年年初向银行借入100万元，银行规定第1至第10年每年年末等额偿还13.8万元。请计算这笔借款的利率为多少。

11. 某公司准备投资开发新产品，现有三个方案可供选择。根据市场预测，三种不同市场状况的预计年净收益见表2－2。要求：计算投资开发各种新产品的风险大小。

表2－2 某公司预测资料

市场状况	发生概率	预计年净收益（万元）		
		A产品	B产品	C产品
繁荣	0.3	600	500	600
一般	0.5	300	400	400
衰退	0.2	100	200	300

五、案例分析题

1989年，罗莎琳德·珊琪菲尔德（Rosalind Setchfield）赢得了一项总价值超过130万美元的大奖。这样，在以后的20年中，每年她都会收到65 276.79美元的分期付款。6年后的1995年，珊琪菲尔德女士接到了位于佛罗里达州西部棕榈市的西格资产理财公司（Singer Asset Finance Company，以下简称西格公司）的一位销售人员打来的电话，称该公司愿意立即付给她140 000美元以获得今后9年其博彩奖金的一半款项（也就是，现在的140 000美元交换以后9年共293 745.56美元（65 276.79÷2×9）的分期付款）。西格公司是一个奖金经纪公司，其职员的主要工作就是跟踪类似珊琪菲尔德女士这样博彩大奖的获得者，西格公司将它们收购的这种获得未来现金流的权利再转售给一些机构投资者。本案例中，西格公司已谈好将它领取今后9年珊琪菲尔德一半资金的权利以196 000美元的价格卖给了金融升级服务集团。如果珊琪菲尔德答应公司的报价，西格公司马上就能赚取56 000美元。最终珊琪菲尔德接受报价，交易达成。要求：

（1）分析西格公司为何能安排这笔交易并立即获得56 000美元的利润。

（2）如果利率为5%，珊琪菲尔德女士未来9年的现金流量相当于1995年的多少钱？

（3）金融升级服务集团公司能否得到好处？它的投资利润率为多少？

案例分析提示：

（1）不同时点的现金流量价值不同，这是由资金时间价值决定的。在这个案例中，西格公司利用人们对资金时间价值不了解以及对货币的偏好获取了可观收益。它用低价140 000美元买进珊琪菲尔德女士未来9年的一笔现金流量，马上转手以196 000美元的高价卖出，成功赚取差价56 000美元。由于珊琪菲尔德女士获得这笔现金流量属于“天上掉馅饼”，成本几乎为0，她喜欢尽快拥有大笔现金，“落袋为安”，所以她乐意以很低的价格将现金流量卖出，使得西格公司赚钱不费吹灰之力。

（2）如果利率为5%，珊琪菲尔德女士未来9年的钱折现到1995年的价值为

$$32\,638.40 \times (P/A,\ 5\%,\ 9) = 32\,638.40 \times 7.107\,8 = 231\,987.22 \text{（美元）}$$

（3）金融升级服务集团以196 000美元的价格得到9期每期为32 638.40美元的普通年金，即

$$196\,000 = 32\,638.40 \times (P/A,\ i,\ 9)$$

那么

$$(P/A,\ i,\ 9) = 6.005\,2$$

查表可知

$$(P/A,\ 8\%,\ 9) = 6.246\,9$$

$$(P/A,\ 9\%,\ 9) = 5.995\,2$$

通过内插法，可求得其投资利润率 $i = 8.96\%$。

第三章　资金筹集

通过本章的学习，理解筹资的分类、筹资的基本原则；掌握资金需要量的预测方法——销售百分比法；了解银行借款的信用条件及借款的程序；了解股票、债券的发行条件；掌握各种筹资方式的优缺点；掌握债券、股票发行价格的计算方法；掌握融资租赁租金的计算方法；掌握放弃现金折扣成本的计算方法。

熟知各种筹资方式的利弊，并能为某个企业选择合适的筹资方式。

引　言　如果你想开办一家企业，资金是你首要考虑的问题。通过哪些方式可以筹集到足够的资金？这些方式对企业来说有何利弊？企业发行股票或债券需要具备哪些条件？股票和债券的发行价格如何确定？本章为你一一讲解。

第一节 企业筹资概述

一、企业筹资概念

企业筹资（Financing）又称企业融资，是指企业根据其生产经营活动对资金的要求，通过金融机构和金融市场，采取适当的方式，获取所需资金的一种行为。资金是企业生存和发展的必要条件，筹集资金是企业再生产顺利进行的保证。筹资工作的好坏，直接影响企业效益的好坏，进而影响企业收益分配。因此，筹资管理在企业财务管理中处于极其重要的地位。

金钱不是万能的，但企业没有资金则万万不能。资金是企业的血液，企业开张、经营都离不开它。筹资活动就是为企业筹集所需资金，它是财务活动的起点。

二、企业筹资的分类

（一）根据企业所筹资金的权益性质分为权益资金和负债资金

企业的资金有两个来源：一个是由企业所有者提供的资金，称为权益资金或自有资金（Own Funds）；另一个是由企业债权人提供的资金，称为负债资金或借入资金（Borrowed Funds）。企业所有的资金由权益资金和负债资金两部分组成，在会计上，表现为：资产 = 负债 + 所有者权益。

（二）根据企业所筹资金的期限分为长期资金和短期资金

长期资金（Long－term Funds）是指使用期限在一年以上的资金，它是企业长期、持续、稳定地进行生产经营的前提和保证。长期资金主要通过吸收直接投资、发行股票、发行长期债券、长期银行借款和融资租赁等形式来筹集。短期资金（Short－term Funds）是指使用期限在一年以内的资金，它主要用以满足企业流动资产周转中对资金的需求。短期资金主要通过短期借款和商业信用等方式来筹集。

（三）根据资金的取得方式分为内部融资和外部融资

内部融资（Inner－source Financing）是指从企业内部筹集的资金，它主要表现为内源性的资本积累，如企业留存收益和折旧。外部融资（Out－source Financing）是指从企业外部市场取得的资金，如发行公司股票、公司债券和银行借款等。一般来说，企业在内部融资不能满足需要时，才会考虑外部融资。

（四）根据筹资活动是否通过金融机构分为直接融资和间接融资

直接融资（Direct Financing）是指不经过金融机构而实现资金从盈余部门直接向资金短缺部门的转移。而间接融资（Indirect Financing）则是借助金融机构充当信用媒介来实现资金从盈余部门向短缺部门之间的流动。两者最大区别就在于直接融资中资金短缺方不必通过金融机构而直接从资金的盈余方获得资金，资金供需双方之间起纽带作用的是金融市场而不是中介机构。

企业直接融资是指企业不经过银行或非银行金融机构，通过发行股票和债券等方式所进行的筹资活动。企业间接融资是指企业借助于银行、非银行等金融机构进行的融资，其主要形式为银行借款、非银行金融机构借款和融资租赁等。间接融资是目前我国企业最为重要的融资方式。两种融资过程如图3-1、图3-2所示。

资金盈余部门 —购买股票、债券等→ 金融市场 —供给资金→ 资金短缺部门

图3-1　直接融资过程

资金盈余部门 —存款→ 金融机构（如商业银行） —贷款→ 资金短缺部门

图3-2　间接融资过程

三、企业筹资的基本原则

采取一定的筹资方式，有效地组织资金供应，是企业一项重要而复杂的工作。为此，企业筹集资金应遵循以下基本原则：

（一）规模适度

筹资的数量应当合理，不管采取什么方式筹资，都必须预先合理确定资金的需要量，根据需要筹资。防止因筹资不足而影响生产经营的正常开展，同时也避免因筹资过量而降低筹资效益。

> 筹资并不是越多越好，因为企业要为所筹资金支付成本；筹资也不是越少越好，因为资金不足，会使企业举步维艰。因此，把握筹资规模是有的放矢地开展筹资活动的第一步。

（二）时机得当

筹资的时间应当及时，避免因筹资过早而造成使用前的闲置，或因筹资时间滞后而贻误有利的投资时机。

（三）讲求效益

不同来源的资金成本各不相同，取得资金的难易也有差别。筹集资金应从资金需要的实际情况出发，采用合适的方式操作，力求以最小的代价取得生产经营所需的资金。

（四）结构合理

企业在筹资时，必须使企业的权益资金与负债资金保持合理的结构关系，防止因负债过多而增加企业财务风险，或者因没有充分利用负债经营，而使权益资本的收益水平降低。（第四章将专门介绍）

（五）依法筹措

企业在筹资过程中，必须接受国家有关法律法规及政策的指导，依法筹资，履行约定的责任，维护投资者的利益。

四、资金需要量的预测

企业在筹资之前，应当采用一定的方法预测资金需要量，确定合理的筹资规模。只有这样，才能使筹集来的资金既保证生产经营的需要，又不会有太多的闲置。

> 注意：不同企业资产、负债中各项目与销售收入的关联情况不一定相同，应当考察企业本身的历史情况来确定敏感项目或非敏感项目。

资金需要量的预测方法有定性预测法和定量预测法。定性预测法是依靠预测者个人的经验和判断能力，对未来时期资金需要量进行估计和推算的方法，这种方法带有一定的主观性，对预测者本人的要求较高。定量分析法是以历史资料为依据，采用数学模型对未来资金需要量进行预测的方法，这种方法具有一定的科学性。常用的定量分析法有高低点法、直线回归法和销售收入百分比法。这里着重给大家介绍销售百分比法。

销售百分比法（Percentage of Sale Method）是指根据资金各个项目与销售规模之间的依存关系，并假定这些关系在未来时期将保持不变，然后，根据计划期销售规模的增长情况来预测需要相应追加多少资金的一种方法。其分析步骤如下：

（1）分析销售规模与资产负债表上各项目的关系，区分受销售规模影响的敏感项目和不受销售规模影响的非敏感项目。

一般来说，企业销售规模的变化会引起有关资产、负债及所有者权益项目发生相应变化，但并不是所有项目都会发生变化。进行筹资预测时，先要分析研究资产负债表各个项目与销售规模之间的依存关系。有些项目，会随销售规模的增长而相应地增长，并与销售规模保持固定比率关系，我们把这些项目称为敏感项目。一般认为资产类中的货币资金、应收账款和存货等项目，负债类中的应付账款、应交税费等项目是敏感项目。以货币资金为例，假设2019年货币资金为40 000万元，此时销售收入总额为2 000 000万元，货币资金与销售收入的比值为2%；若2020年销售收入增长20%，为2 400 000万元，受销售规模影响，货币资金的需要量也会相应增长20%，达48 000万元，此时，货币资金与销售收入的比值仍为2%。

我们把那些不随销售规模变化而变化的项目，称为非敏感项目。也就是说，在企业销售规模发生变化时，非敏感项目不受影响而保持不变，在进行筹资预测时，可以不考虑这些项目。一般认为固定资产、短期借款、应付票据、长期负债及所有者权益（不包括留存收益）等项目，是非敏感项目。例如，2018年普通股股本为800 000万元，2020年虽然销售收入总额增长了，但2020年的普通股股本不会受其影响而仍然保持不变，为800 000万元。

这里要特别注意的是，如果固定资产的生产能力已达到饱和状态，则要随销售额的增长而增添设备，此时，应将固定资产列为敏感项目。

（2）确定筹资敏感项目与销售收入的百分比。需要说明的是，在进行筹资预测时，我们假定敏感项目会随销售规模的增长而成正比例增长，即它与销售额的百分比是固定不变的。例如，2019年敏感项目——货币资金与销售额的百分比为2%，2020年销售规模增长20%后，货币资金与销售额的百分比仍然是2%。

（3）确定企业外部融资金额。计算公式为

$$F=(A-L)-R$$

式中 F——企业外部融资金额；

A——销售规模增加引起的资产增加额；

L——销售规模增加引起的负债增加额；

R——预计年度的留存收益。

现举例说明：

例 3-1 某企业在 2019 年度的销售收入为 2 000 000 万元，净利润 160 000 万元，发放股利 112 000 万元。该企业现有的固定资产生产能力尚未达到饱和，预计 2020 年销售收入增加 20%，不需增加固定资产投资，2020 年销售收入净利率和股利支付率与上年相同。该企业 2019 年年末资产负债表（简表）见表 3-1。

表 3-1　资产负债表（简表）

2019 年 12 月 31 日　　单位：万元

资　产	金　额	负债及所有者权益	金　额
货币资金	40 000	短期借款	40 000
应收账款	340 000	应付账款	200 000
存货	400 000	应交税费	100 000
固定资产	600 000	长期负债	400 000
无形资产	220 000	普通股股本	800 000
		留存收益	60 000
资产合计	1 600 000	负债及所有者权益合计	1 600 000

要求：根据资料预测该公司 2020 年需要从外部筹资的数额。

解：首先，根据 2019 年年末资产负债表各项目与销售规模之间的依存关系，编制该年度销售百分比，见表 3-2。即将敏感项目分别除以基期的销售收入总额，计算出百分比。

表 3-2　资产负债表（按销售百分比形式反映）

2019 年 12 月 31 日

资　产	百分比	负债及权益	百分比
货币资金	2%	短期借款	不影响
应收账款	17%	应付账款	10%
存货	20%	应交税费	5%
固定资产	不影响	长期负债	不影响
无形资产	不影响	普通股股本	不影响
		留存收益	需计算
资产合计	39%	负债及权益合计	15%

其次，确定需要增加的资金。表 3-2 计算表明，销售收入资产百分比为 39%，也就是说每增加 100 元销售收入，需增加资金占用 39 元；销售收入负债百分比为 15%，也就是说，每增加 100 元销售收入，会自动增加资金来源 15 元；两者之差为 24%，意味着每增加 100 元销售收入，需追加资金 24 元。2020 年销售收入预计要增加 2 000 000 × 20% = 400 000（万元），则需增加资金 400 000 × 24% = 96 000（万元）。

计算公式为

需追加资金 = 销售规模增加引起的资产增加额 − 销售规模增加引起的负债增加额

=销售增长额×(销售收入资产百分比-销售收入负债百分比)
=2 000 000×20%×(39%-15%)
=400 000×24%=96 000(万元)

为了计算简便，不需要用每项敏感项目分别除以销售收入计算百分比，我们可以变换一下公式：

需追加资金=基期销售收入×销售增长率×[(资产敏感项目基期金额-负债敏感项目基期金额)÷基期销售收入]
=销售增长率×(资产敏感项目基期金额-负债敏感项目基期金额)
=20%×[(40 000+340 000+400 000)-(200 000+100 000)]
=96 000(万元)

最后，确定企业外部融资金额。上述96 000万元的资金缺口首先应通过企业内部筹资解决一部分，即利用企业2020年的留存收益，不够的部分才向外部融资。

预计2020年留存收益=预计销售收入总额×预计销售收入净利率×(1-股利支付率)
=2 000 000×(1+20%)×(160 000÷2 000 000×100%)×(1-112 000÷160 000×100%)
=2 400 000×8%×(1-70%)
=57 600(万元)

企业外部筹资额=需追加的资金-预计留存收益(内部融资)
=96 000-57 600
=38 400(万元)

第二节 权益资金的筹集

企业的资金由权益资金(Equity Funds)和负债资金(Liability Funds)两部分组成，而权益资金(或自有资金)是企业最基本的资金来源。它包括所有者投入企业的资本金及企业在经营过程中形成的积累，如实收资本(股本)、盈余公积、资本公积和未分配利润等。企业权益资金的筹集主要通过吸收直接投资(Absorbing Direct Investment)、发行股票(Issuing Stocks)和利用留存收益(Using Retained Earnings)等方式进行。

一、吸收直接投资

(一)吸收直接投资的概念

吸收直接投资是指企业以协议、合同等形式吸收国家、其他企业、个人和外商等直接投入资金，形成企业资本金的一种筹资方式。它不以股票为媒介，是非股份制企业筹集权益资金的筹资方式。我国许多企业都是非股份制企业，它们主要运用这种方式吸收资本。

从出资者的出资形式看，吸收直接投资有以下两种形式：

1. 吸收现金投资

吸收现金投资是吸收直接投资最主要的形式。企业有了现金，就可以购置资产、支付费用，在使用上具有最大的灵活性。因此，各国法律法规均规定，企业在筹建时现金必须在出资中占一定的比例。

2. 吸收非现金投资

非现金投资包括两类：一是实物资产投资，即投资者以房屋、建筑物、设备等固定资产和材料、商品等流动资产作价出资；二是无形资产投资，即投资者以专利权、商标权、非专有技术、土地使用权等无形资产投资。与现金出资方式比较，非现金出资可以直接形成企业经营所需资产，有利于企业缩短经营筹备期，提高效率。但是，非现金投资的价值难以确定，为避免利益冲突，要求投资双方协商作价或按双方认可的中介评估机构评估作价。

（二）吸收直接投资的管理

企业吸收直接投资，一般要做到以下几点：

（1）合理确定吸收直接投资的总量。企业在吸收投资时必须注意资金的规模与生产经营相适应，从总量上协调筹资规模与投资规模的关系。

（2）正确选择出资方式，做好资产的评估作价工作。企业确定合理的资金需要量后，还要与投资者协商出资方式，如：现金出资与非现金出资的比例，实物资产出资与无形资产出资的结构等，以保证各种出资方式间的合理搭配，提高企业的营运能力，同时要做好实物资产与无形资产的价值评估工作。

（3）签署投资协议，明确产权关系。由于投资者投资的数额不同，从而享有的权益也不同，因此，企业在吸收直接投资时必须与各投资者签署具有法律效力的投资合同或协议，以明确各投资者间的产权关系。

（4）执行投资协议。出资各方有权参与对企业的经营管理，并按投资合同或协议的有关条款享有利润分配的权利和承担相应的责任。企业应切实执行投资合同或协议，保障企业和投资者双方的利益。

（三）吸收直接投资的优缺点

1. 吸收直接投资的优点

（1）筹资方式简便、快捷。与发行股票等筹资方式相比，吸收直接投资履行的法律程序相对简单，不需要经过审批等中间环节，投资双方协商一致即可完成。

（2）吸收直接投资所筹资本属于权益资本，与债务资本相比，能提高企业资信程度和举债能力，减少财务风险，增强企业信誉。

（3）有利于尽快形成生产力。吸收直接投资不仅可以筹集现金，而且可以直接获取投资者的先进设备和技术，从而能尽快形成企业的生产能力。

2. 吸收直接投资的缺点

（1）吸收直接投资所筹资金是权益资金，与债务资金相比，投资者的分红不能像债务利息那样在所得税前扣减，没有避税效应，因而资金成本相对较高。（第四章将专门介绍）

（2）如果吸收的是非现金投资，存在资产不易作价的问题。

（3）由于没有以证券为媒介，在产权关系不明确时容易产生纠纷，也不便于产权的转移。

（4）容易分散企业的控制权。如果有新的直接投资者加入，会造成企业原有投资者控制权的减弱和分散。

二、发行股票

（一）股票的概念及特征

1. 股票的概念

股票（Stocks）是股份有限公司为筹措自有资本而发行的有价证券，是持股人拥有公司股份的书面凭证。股票持有者是公司的股东（Stockholders），股东作为出资人按投入公司的资本额享有资产收益、参与公司重大决策和选择管理者等权利，并以其所持股份为限对公司承担责任。发行股票是股份有限公司筹集自有资本的基本方式。

2. 股票的特征

股票作为一种有价证券具有以下特征：

（1）股票是一种具有法律效力的有价证券。股票须经证券管理机构签章核准之后才能发行。

（2）股票可以在证券市场流通，具有流通性和变现性。

（3）股东与股票的权利不可分离，股票转让就意味着股东权利的转移。

（4）股票不是债权债务凭证，而是财产所有权凭证，股票的持有者就是公司的所有者。持有的股票数量越多，股东享有的权利越大。

（二）股票的种类

根据股东所承担的权利和义务的不同，公司的股票可以分为普通股与优先股两类。

1. 普通股（Common Stock）

普通股是股份有限公司发行的具有管理权而股利不固定的股票。普通股是股份有限公司股票的主要存在形式。

（1）普通股的特点。

1）普通股股东享有对公司的经营管理权。由于公司普通股股东众多且分散，每个股东不可能直接参与企业的经营管理，股东只能通过间接途径参与企业的经营管理。具体体现在：普通股股东通过在股东大会上投票选举并任命董事会成员，让他们代表自己行使对公司的控制和管理，这种方式是间接管理方式。

2）普通股股东享有公司的利润分配权。公司收益在支付了债权人利息与优先股股利后，剩下的可以作为普通股股利进行分配。

3）普通股股东享有优先认股权。公司在发行新股时，普通股股东有权优先认购，以保证他们在公司总份额中所占的原有比例。股东认购新股时的价格通常比股票的市场价格要低，如果股东不愿认购，可将认股权转让给他人，或在市场上出售。

4）普通股股东享有公司剩余财产分配权。在公司破产清算时，财产的变价收入在清偿债务、分配给优先股股东后，剩余的应分配给普通股股东。

5）普通股股东享有股票转让权。普通股股东不必经过公司或其他股东的同意而合法转让其手中的股票。

（2）普通股的种类。

1）按股票是否记名分为记名股票和无记名股票。

记名股票是在票面上记载股东姓名或名称的股票。记名股票转让时，必须办理过户手续，由当事人盖章方能生效。我国《公司法》规定，向发起人、国家授权投资机构、法人发行的股票，应为记名股票。

无记名股票是票面上不记载股东姓名或名称的股票。无记名股票转让比较自由，只需买卖双方认可，无须办理过户手续。

2）按票面是否标明金额分为面值股票和无面值股票。

面值股票是公司发行的票面标有金额的股票；无面值股票是不在票面上标明金额，只载明所占公司股本总额的比例或股份数的股票。目前，我国《公司法》规定不允许发行无面值股票，股票必须标明票面金额，并且其发行价不得低于票面金额。

3）按发行对象和上市地点，目前我国股票可分为A股、B股、H股和N股等。

A股是以人民币标明票面金额，并以人民币认购，在中华人民共和国境内上市交易的股票。B股是以人民币标明票面金额，以外币认购，在中华人民共和国境内上市交易的股票。H股是以外币标明票面金额，以外币认购，在香港上市交易的股票。N股是以外币标明票面金额，以外币认购，在美国纽约上市交易的股票。

（3）普通股融资的优缺点。

1）普通股融资的优点：

① 获得稳定的资金来源。由于股票具有永久性，无到期日，无须归还，公司通过股票融资，便可获得相当稳定的资金来源，不像债券融资要还本付息，资金最终要流出企业。这对保证公司对资本的最低需要、维持公司长期稳定发展极为有利。普通股融资的风险较小。

② 公司没有固定的股利负担。普通股股利的分配完全取决于公司的财务状况，公司没有支付股利的法定义务。比起优先股和企业债券来说，没有到期必须支付股利和利息的风险，所以筹资压力相对较小。

③ 普通股是权益资金，它反映了公司的实力，为债权人提供了保障，增强了公司的举债能力。

2）普通股融资的缺点：

① 资金成本较高。普通股的股利从税后利润中支付，不像债券利息可从税前扣减，因而不具有抵税作用。此外，普通股的发行费用一般也高于其他证券，普通股期望得到的报酬率高，因而资金成本相对较高。

② 增发新股可能会分散和降低老股东的控制权，同时，新股分享公司利润，降低了普通股每股净收益，可能导致股价下跌。

2. 优先股（Preference Stock）

优先股是股份有限公司发行的具有一定优先权、股利固定的股票，它是介于普通股与债券之间的一种有价证券。优先股没有到期日，股利要从税后利润中支付，从这些方面看，优先股与普通股是相似的；但另一方面，优先股有固定的股利率，在分配股利时，优先股先于普通股分到股利；在公司清算时，优先股先于普通股但后于债权人获得清偿。优先股股东不享有公司的经营管理权，从这方面看，其性质与债券相同。

（1）优先股的分类。

1）累积优先股（Cumulative Preference Stock）和非累积优先股（Non-cumulative Preference Stock）。

累积优先股是指欠发的股利可以累积到以后年度一起发放的优先股。公司只有在发放完积欠的全部优先股股利后，才能发放普通股股利。

例3-2 某公司有累积优先股1 000股，年股利额为10元/股，假设该公司还有两年未发股利，今年宣布发放股利50 000元，则该公司累积优先股股利和普通股股利分别为多少？

解：

$$累积优先股股利 = 10 \times 3 \times 1\,000 = 30\,000\ (元)$$

$$普通股股利 = 50\,000 - 30\,000 = 20\,000\ (元)$$

非累积优先股指欠发的股利不再补发的优先股。如果公司某年因故无法支付优先股股利，今后公司盈利时，也只需付清当年的优先股股利后就可以发放普通股股利，以前积欠的优先股股利不再补发。例3-2中非累积优先股股利为10 000元，普通股股利为40 000元。非累积优先股对投资者来说极为不利，故一般不发行此种优先股。

2）参与优先股（Participating Preference Stock）和不参与优先股（Non-Participating Preference Stock）。

参与优先股是指优先股股东不仅能取得固定股利，还能与普通股一同参加利润分配的股票。不参与优先股是指不能参加剩余利润分配，只能取得固定股利的优先股。

3）可收回优先股（Redeemable Preference Stock）和不可收回优先股（Non-redeemable Preference Stock）。

可收回优先股是指企业按照发行时的规定可在将来某一时期按规定的价格收回的优先股。不可收回优先股是指企业未规定到一定时期要收回的优先股。

优先股的回收对于发行公司有一定的好处：首先，赋予公司筹资的灵活性，尤其是在市场平均利率趋于下降时，收回原先发行的优先股，再以较低的利率重新筹资，可降低公司的资金成本；其次，可摆脱原先发行契约中某些过于苛刻的限制；最后，可调整资本结构，增加财务杠杆效应。

4）可转换优先股（Convertible Preference Stock）和不可转换优先股（Non-convertible Preference Stock）。

可转换优先股是指在发行契约中规定可以在既定条件下转换为普通股的优先股。不可转换优先股是指不能转换为普通股的优先股。

发行可转换优先股是一种极易成功的筹资方式，因为它赋予投资者获利的机会，并具有灵活性。当股票市价达到转换价格时，是否转换完全取决于投资者的意愿，使投资者可以在普通股市价上涨，收益超过优先股时成为普通股股东，也可选择保留优先股股东的地位和权利。对于发行公司来说，可以以较低的利率筹资，节省普通股发行费用，又可在适当的时候增加普通股股本，为增加负债奠定基础。

（2）优先股融资的优缺点。

1）优先股融资的优点：

① 与普通股相比，优先股的发行并不增加能够参与公司经营管理的股东人数，不会导致原有普通股股东控制公司的权利分散。

② 与债券相比，优先股股息可以拖欠，在公司资金周转困难时，不会进一步加剧公司的财务负担。

③ 具有财务杠杆作用，从而有利于增加普通股的收益。当公司利润增大时，每元利润所负担的固定股息比较少，这就使每股普通股获得的额外利润增多。（第四章将专门介绍）

④ 筹集的资金是权益资金，可以降低公司负债比例，增强公司举债能力。

2）优先股融资的缺点：

① 资金成本较高。优先股仍属于企业的主权资本，其股息必须从税后净利润中支付，不似

债务利息可作为成本冲减企业税前利润，得不到节税的好处，因而筹资成本较高。

② 由于优先股在股利分配、资产清算等方面具有优先权，使普通股股东在公司经营不佳时的收益受到影响，增大了普通股股东的风险。

（三）股票的发行与上市

1. 股票的发行（Stock Issuing）

股份有限公司在设立时要发行股票，此外，在公司设立后，为扩大经营规模，改善资本结构，也会增资发行新股。公司股票的发行是否成功，最终取决于能否将股票全部销售出去，及时获得资金。股份有限公司发行股票的方式有公开发行和不公开发行。

（1）公开发行。公开发行是指股份有限公司公开向社会公众发行股票。公开发行股票可以采用自销方式和承销方式两种。

自销方式是指股份有限公司不通过中介机构，而是自己直接将股票销售给认购者。这种销售方式可以节省发行费用，但往往筹资时间长，发行公司要承担较大的风险。

承销方式是指股份有限公司委托证券经营机构销售其发行的股票。我国《公司法》规定股份有限公司向社会公开发行股票必须与依法设立的证券经营机构签订承销协议，由证券经营机构承销。

股票承销分为包销和代销两种。包销是根据承销协议规定的价格，由证券经营机构一次全部购进股份有限公司公开募集的全部股份，然后以较高的价格出售给社会上的认购者。对于股票股份有限公司来说，包销可及时获得资金，免于承担发行风险，但发行成本较高。代销是指股票股份有限公司委托证券经营机构代理发行公司股票，并收取一定的手续费，证券经营机构不承担发行风险。

（2）不公开发行。不公开发行是指企业不公开对外发行股票，只向少数特定的对象直接发行，不需经中介机构承销。我国股份有限公司采取发起设立方式和以不向社会公开募集的方式发行新股的做法属于不公开发行。这种发行方式的弹性较大，发行成本较低，但股票流动性差。

2. 股票的上市（Stock Listing）

股票上市是指股份有限公司公开发行的股票经批准在证券交易所进行挂牌交易。经批准在交易所上市交易的股票则称为上市股票，其股份有限公司称为上市公司。

（1）股票上市的意义。股票上市作为一种有效的筹资方式，对公司的成长起着重要的作用，但股票上市也会给企业带来一些负面的影响。

1）股票上市的有利方面主要表现在：

① 提高公司股票的流动性和变现性，便于投资者认购、交易。

② 促进公司股权社会化，防止股权过度集中。

③ 利用股票市价客观评估公司价值。

④ 能提高公司的知名度，扩大销售。

⑤ 便于确定公司增发新股的发行价格。

2）股票上市的不利方面主要表现在：

① 股票上市后，必须按规定定期向外界公布各种信息，使公司暴露了许多“隐私”。

② 上市前后要支付较多的审查、评估、报告等费用，加大了公司的负担。

③ 股市的人为波动可能会歪曲公司的实际情况，损害公司的声誉。

④ 可能分散公司的控制权。

因此，有些公司即使符合上市条件，也宁愿放弃上市机会。

(2) 股票发行定价。股票发行定价是公司上市发行面临的最大财务决策。从规范的市场运作来看，股票发行定价首先需要测定股票的内在投资价值及价格底限，其次才是根据供求关系来决定其发行价格。现介绍确定股票内在投资价值的几种方法。

1) 未来收益现值法。该方法也称现金流量贴现法，即股票价值等于预期未来可收到的全部现金性股息的现值之和。这种方法适用于对公司未来收益能做出准确判断的条件下。

2) 每股净资产法。每股净资产是公司的账面总资产扣除优先股和负债后与发行在外的普通股股数的比值。每股净资产是新股发行价格定价的基本依据。其计算公式为

$$\text{每股净资产}=\frac{\text{账面总资产}-\text{账面负债额}}{\text{发行在外平均股数}}$$

3) 清算价值法。每股清算价值是公司资产的实际清算价值扣除负债后与发行在外的普通股股数的比值。每股清算价值是每股股票的最低价值，是公司股票发行的底价。其计算公式为

$$\text{每股清算价值}=\frac{\text{总资产的实际清算价值}-\text{全部负债}}{\text{发行在外平均股数}}$$

4) 市盈率法。市盈率（Price-Earning Ratio）是指股票的每股市价与每股净收益的比率，反映投资者愿意以大于每股净收益若干倍的价格来购买股票。上市公司一般根据同行业的参考市盈率，结合公司的盈利预测来确定公司的股票投资价值。目前，我国上市公司多采用此法定价。其计算公式为

$$\text{股票价值}=\text{参考市盈率}\times\text{预测每股净收益}$$

例 3-3 某公司预测每股收益为 2 元，经统计，公司同行业的股票平均市盈率为 10 倍，则该公司的股票价值为多少？

解：

$$\text{股票价值}=2\times10=20\text{（元）}$$

目前，国际上广泛采用的证券发行推广方式是路演（Roadshow），即市场询价方式。这种方式包括两个步骤：第一，根据新股的价值（一般用现金流量贴现法确定）、股票发行时的大盘走势、流通盘大小、公司所处行业股票的市场表现等因素确定新股的发行价格区间。第二，主承销商协同发行人向投资者介绍和推介该股票，并向投资者发送预定邀请文件，征集在各个价位的需求量，通过反馈回来的投资者的预定股份单进行统计，主承销商和发行人对最初的发行价格进行修正，最后确定新股发行价格。

股票发行定价是一项非常复杂的财务决策。国外投资银行界曾有一个故事，某家著名的投资银行，在业界已树立了很高的市场定价方面的声誉，但在其上市进行股票定价时，却低估了自身价值的40%。由此可见，即使是最精明的投资银行，也难逃定价风险的厄运。

三、利用留存收益

留存收益（Earnings Retained）也是权益资金的一种，它是由公司税后利润形成的收益，主要包括盈余公积、未分配利润等。留存收益是公司内部的资金来源，可视为股东对公司的追加投资。利用留存收益筹资属于公司内部筹资方式，它不需进行筹资活动，也无筹资费用发生，主动简便，不仅能节约筹资成本，还可以提高公司信誉；同发行新股或举借债务相比，还具有隐蔽性好的优点。

第三节 债务资金的筹集

一、银行借款

银行借款（Bank Loan）是指企业根据借款合同向银行或非银行金融机构借入的需要还本付息的款项。

（一）银行借款的种类

（1）按借款期限长短分为短期借款和长期借款。

（2）按借款担保条件分为信用借款、抵押借款和担保借款。

1）信用借款是仅凭借款人的信用，无须抵押品或担保人从银行取得的借款。

2）抵押借款是以特定的抵押品为担保取得的借款。短期借款中抵押品通常是应收账款、存货等易于变现的流动资产；长期借款中抵押品通常是房屋、建筑物、机器设备等实物资产，也可以是股票、债券等有价证券。

3）担保借款是指银行在借款时，不需要物资作为担保，而要求有信誉较好的个人或大企业作为担保人取得的借款。

（3）按借款用途不同分为基本建设借款、专项借款、流动资金借款。

（4）按提供借款的机构不同分为政策性银行借款和商业性银行借款。

（二）银行借款的程序

（1）企业申请。企业提出的借款申请，一般应写明借款原因、借款金额、用款时间与计划、借款抵押品、担保单位和还款日期等。

（2）银行审批。银行一般要对借款人的信用及借款的合法性、安全性和盈利性等情况进行调查和评估，并核实抵押物、保证人情况后才决定是否发放贷款。

（3）签订借款合同。正式的借款合同明确规定贷款的数额、利率、期限、保证条款、违约责任及一些限制性条款。

（4）企业取得借款。

（5）企业归还借款本息。如因故不能按期归还，应在借款到期之前的3～5天内，提出展期申请，由银行审定是否给予展期。

（三）银行借款的信用条件

按照国际惯例，企业取得借款须附加一些信用条件，主要有：

1. 补偿性余额（Compensatory Balance）

补偿性余额是银行要求企业将借款额的10%～20%留存银行，以降低银行贷款风险。对于企业来说，企业支付的实际利率高于名义利率。企业借款实际利率的计算公式为

$$\text{企业借款实际利率} = \frac{\text{利率}}{1-\text{补偿性余额比例}} \times 100\%$$

例 3-4 某企业按年利率10%从银行借款100万元，银行要求维持贷款额的20%作为补偿性余额，请计算该笔借款的实际利率。

解：

$$企业借款实际利率=\frac{10\%}{1-20\%}\times100\%=12.5\%$$

2. 信用额度

信用额度（Line of Credit）是借款企业与银行间正式或非正式协议规定的企业借款的最高限额。通常在信用额度内，企业可随时按需要向银行申请借款，但在非正式协议下，银行并不承担按最高借款限额保证贷款的法律义务。

3. 周转信贷协定

周转信贷协定（Revolving Credit Agreement）是银行具有法律义务地承诺提供不超过某一最高限额的贷款协定。在协定的有效期内，只要企业的借款总额未超过最高限额，银行必须满足企业任何时候提出的借款要求，但企业要对贷款限额的未使用部分付给银行一笔承诺费用（Commitment Fee），承诺费率通常是未使用资金的0.125%～0.5%。

例 3-5 大华公司与银行商定2020年周转信贷额为3000万元，承诺费率为0.4%，该公司当年已使用银行的信贷资金为2000万元，请计算大华公司应向银行支付多少承诺费。

解：

$$\begin{aligned}企业应付承诺费用&=未使用的贷款余额\times规定的承诺费率\\&=(3000-2000)\times0.4\%=4\ (万元)\end{aligned}$$

（四）银行借款利息的支付方式

按照国际通行做法，借款利息支付方式有收款法、贴现法和加息法。

1. 收款法

收款法也称利随本清，是指利息于借款到期时与本金一起支付，即到期一次还本付息。目前，我国大部分银行都是采用此方法收取利息。采用这种方法，借款的名义利率（亦即约定利率）等于实际利率（亦即有效利率）。

2. 贴现法

贴现法是指银行向企业发放贷款时，先从本金中扣除利息部分，到期时企业只需支付借款本金的一种计息方法。采用这种方法，企业可利用的贷款只有本金扣除利息后的剩余部分，其实际利率高于名义利率。贴现法贷款实际利率的计算公式为

$$\begin{aligned}贴现法贷款实际利率&=\frac{借款金额\times名义利率}{借款金额\times(1-名义利率)}\times100\%\\&=\frac{名义利率}{(1-名义利率)}\times100\%\end{aligned}$$

例 3-6 某企业从银行取得借款200万元，期限为1年，名义利率为10%，按照贴现法支付利息。请计算该项贷款的实际利率。

解：

$$\begin{aligned}贴现法贷款实际利率&=\frac{名义利率}{(1-名义利率)}\times100\%\\&=\frac{10\%}{(1-10\%)}\times100\%\\&=11.11\%\end{aligned}$$

3. 加息法

加息法是指银行发放分期等额偿还贷款时采用的利息收取方法。在加息法下，银行先根据

名义利率计算出贷款的本息和，要求企业在贷款期内分期等额偿还本息和的金额。在这种偿还方式下，借款企业实际上只使用了本金的半数，企业所负担的实际利率是名义利率的2倍。加息法贷款实际利率的计算公式为

$$加息法贷款实际利率 = \frac{借款金额 \times 利息率}{借款金额 \div 2} \times 100\%$$

例3-7 某企业从银行取得借款200万元，期限为1年，名义利率为8%，分12个月等额偿还本息。请该项贷款的实际利率。

解：

$$加息法贷款实际利率 = \frac{200 \times 8\%}{200 \div 2} \times 100\% = 16\%$$

（五）银行借款的优缺点

1. 银行借款的优点

（1）筹资速度快。与发行证券相比，银行借款所需时间短，程序简单，可以快速获得现金，满足生产经营的需要。

（2）筹资成本低。与发行债券相比，无须支付发行费用；与发行股票相比，借款利息可在所得税前扣除。

（3）借款弹性大。企业可以直接与银行接触，协商借款金额、期限和利率，如还款有困难，还可设法取得银行谅解而延期归还。

（4）可以取得财务杠杆利益。借款利息负担固定，在公司投资效益良好的情况下，普通股股东会由于财务杠杆作用获得更多的利益。（第四章将专门介绍）

2. 银行借款的缺点

（1）筹资数量有限。一般不如发行证券那样一次可筹集到大量资金。

（2）借款合同限制条件多。

（3）筹资风险高。与权益资金相比，有固定的利息负担和固定的还款期限。

二、发行债券

债券（Bonds）是债务人为筹集债务资金而发行的、约定在一定期限内向债权人还本付息的有价证券。

（一）债券的种类（Type of Bonds）

（1）按发行的主体分为政府债券、金融债券和公司债券。

（2）按有无担保分为信用债券（Credit Bonds）、抵押债券（Mortgage Bonds）和担保债券（Secured Bonds）。

（3）按偿还期限分为短期债券（偿还期在一年以内）和长期债券（偿还期在一年以上）。

（4）按是否记名分为记名债券和无记名债券。

（5）按计息标准分为固定利率债券和浮动利率债券。

（6）按是否可转换成普通股分为可转换债券（Convertible Bonds）和不可转换债券（Non-convertible Bonds）。其中可转换债券是指在一定时期内，可以按规定的价格或一定的比例，由持有人自由选择转换为公司普通股的债券，又称“潜在的股票”。

（二）债券的发行（Bonds Issuing）

1. 债券发行的条件

我国《证券法》对公司债券发行的条件做了明确的规定：

（1）股份有限公司的净资产额不低于3 000万元，有限责任公司的净资产额不低于6 000万元。

（2）累计债券余额不超过公司净资产的40%。

（3）最近3年平均可分配利润足以支付公司债券1年的利息。

（4）筹集的资金投向符合国家产业政策。

（5）债券的利率不超过国务院限定的利率水平。

（6）国务院规定的其他条件。

2. 债券的基本要素

债券的基本要素包括以下内容：

（1）债券面值（Par Value）。债券面值包括债券的币种和金额。面值的币种可用本国货币，也以是外国货币，债券的票面金额到期必须足额偿还。

（2）债券期限（Maturity Period）。债券期限是指从发行债券日起到偿还债券本息日止的时间。

（3）债券利率（Coupon Rate）。债券上注明的利率一般是年利率，在不计复利的情况下，面值与利率相乘可得出年利息。

（4）债券的偿还方式（Method of Repay）。债券的偿还方式有“分期付息，到期还本”和“到期一次还本付息”等方式。

（5）债券的发行价格（Issue Price）。债券的发行价格一般有三种：一是平价（或等价）（Par Value），即发行价格等于票面金额；二是溢价（Premium Price），即发行价格高于票面金额；三是折价（Discount Price），即发行价格低于票面金额。

债券价格之所以偏离面值，是因为债券票面利率与市场平均利率水平不一致：若债券票面利率大于市场平均利率，则债券溢价发行，溢价是由于票面利率高于市场平均利率而应对每期支付给债券持有人的利息的扣减；若债券票面利率小于市场平均利率，则债券折价发行，折价是由于债券票面利率小于市场平均利率而对每期支付给债券持有人的利息的补偿；若债券票面利率等于市场平均利率，则债券平价发行。

债券的发行价格可按第二章所学资金时间价值原理计算。

例3-8 某公司发行面额为1 000元的债券，票面利率为8%，债券发行期限为5年，每年年末付息，到期还本。请分别计算市场平均利率为6%、8%、10%时的债券发行价格。

解：

1）当市场平均利率为6%时：

$$\begin{aligned}\text{债券发行价格} &= 1\,000\times 8\%\times(P/A,\ 6\%,\ 5)+1\,000\times(P/F,\ 6\%,\ 5)\\ &= 80\times 4.212\,4+1\,000\times 0.747\,3\\ &= 1\,084.29\ (\text{元})\end{aligned}$$

此为溢价发行，企业按此价格发行债券可以让投资者获得6%的报酬率（复利计息）。

2）当市场平均利率为8%时：

$$\text{债券发行价格} = 1\,000\times 8\%\times(P/A,\ 8\%,\ 5)+1\,000\times(P/F,\ 8\%,\ 5)$$

$$=80\times 3.9927+1000\times 0.6806$$
$$=1000.02\ (元)$$

此为平价发行，企业按此价格发行债券可以让投资者获得8%的报酬率（复利计息）。

3）当市场平均利率为10%时：

$$债券发行价格=1000\times 8\%\times (P/A, 10\%, 5)+1000\times (P/F, 10\%, 5)$$
$$=80\times 3.7908+1000\times 0.6209$$
$$=924.16\ (元)$$

此为折价发行，企业按此价格发行债券可以让投资者获得10%的报酬率（复利计息）。

需要提醒注意的是，在折现时，要使用市场平均利率（即投资者期望报酬率）作为贴现率；在计算每期利息时，要使用票面利率计算（即每期利息80 = 1 000 ×8%）。以上计算出来的债券价格，对于债券购买者来说，其实际获得的报酬率就是市场平均利率。

例3-9 某公司发行面额为1 000元的债券，票面利率为8%，债券发行期限为5年，单利计息，到期一次还本付息。请分别计算市场平均利率为6%、8%、10%时的债券发行价格。

解：

1）当市场平均利率为6%时：

$$债券发行价格=1000\times (1+8\%\times 5)\times (P/F, 6\%, 5)$$
$$=1400\times 0.7473$$
$$=1046.22\ (元)$$

此为溢价发行，意味着投资者花1 046.22元购买此债券，可以获得6%的报酬率（复利计息）。

2）当市场平均利率为8%时：

$$债券发行价格=1000\times (1+8\%\times 5)\times (P/F, 8\%, 5)$$
$$=1400\times 0.6806$$
$$=952.84\ (元)$$

此为折价发行，意味着投资者花952.84元购买此债券，可以获得8%的报酬率（复利计息）。

3）当市场平均利率为10%时：

$$债券发行价格=1000\times (1+8\%\times 5)\times (P/F, 10\%, 5)$$
$$=1400\times 0.6209$$
$$=869.26\ (元)$$

此为折价发行，意味着投资者花869.26元购买此债券，可以获得10%的报酬率（复利计息）。

（三）债券筹资的优缺点

1. 债券筹资的优点

（1）资金成本低。债券利息作为财务费用在税前扣除，而权益资金的红利需由税后利润发放，债务资金具有税收挡板作用，因而资金成本较低。

（2）可以保持控制权。债券持有人无权参与公司的经营管理，能保证公司原有股东对公司的控制权。

（3）可以发挥财务杠杠作用。由于债券利息负担固定，在公司投资效益良好的情况下，普

通股股东会由于财务杠杆作用获得更多的利益。(第四章将专门介绍)

2. 债券筹资的缺点

(1) 财务风险高。债券具有法定的还本付息义务，在公司经营不景气时，由于向债券持有人还本付息而给公司带来更大的财务困难，有时甚至导致公司破产。

(2) 筹资额有限。我国《证券法》规定，公司发行债券累计余额不得超过净资产的40%。

(3) 限制条款多。由此会影响公司的筹资能力和财务应有的灵活性。

三、融资租赁

租赁（Lease）是指出租人在收取一定报酬的条件下，授予承租人在约定的期限内占有和使用财产权利的一种契约性行为。

(一) 租赁的种类

租赁的种类很多，目前我国主要有经营租赁和融资租赁两种，本书主要介绍融资租赁。

1. 经营租赁（Operating Lease）

经营租赁又称营业租赁或服务租赁，是出租人提供租赁设备，并提供设备维修和人员培训等服务性业务的租赁形式。从租赁期限看，它属于短期租赁，承租人目的不在于通过租赁而融资，而在于通过租入设备，取得短期内资产的使用权和享受出租人提供的专门技术服务。

2. 融资租赁（Financing Lease）

融资租赁又叫财务租赁，是企业根据自身设备投资的需要向租赁公司提出设备租赁的要求，租赁公司负责融资并采购相应的设备，然后交付承租公司使用的信用业务。它是通过融物来达到融资的目的，是现代租赁的主要形式。

(二) 融资租赁与经营租赁的比较

融资租赁与经营租赁的区别体现出融资租赁的特点：

> 固定资产是通过使用而不是拥有创造利润的，聪明的企业家绝不会将大量的资金沉淀到固定资产上去。采用融资租赁，既可以融物，又可以融资，对中小企业融资具有独特优势。

1. 租赁的目的不同

融资租赁完全是由于生产经营必需，但资金来源不足，通过租赁方式取得新设备的使用；经营租赁一般不完全是由于资金不足，而主要是为了短期或临时需要而租用，自己没有购买必要。

2. 租赁期限不同

融资租赁的租赁期限一般是租赁资产使用寿命期绝大部分(50%以上)；而经营租赁的租赁期限一般低于租赁资产的使用寿命很多。

3. 承担的风险不同

在融资租赁租约期间，任何一方不得单方面撤销合同，只有当租赁资产毁坏或被证明已经失去使用效力的情况下，才能经双方协商后中止租约；在经营租赁租约期内，承租人和出租人随时可能解除租约。

4. 提供的服务不同

融资租赁的出租人不负担租赁资产的维修及保养费；而经营租赁的出租人需要负担租赁资产的维修及保养费。

5. 租金构成不同

融资租赁的租金（Rent）包括该项租赁资产的全部价值、利息及应得的利润；经营租赁的租金主要是设备的折旧和应得的利润。

6. 承租人的账务处理不同

融资租赁的资产一般在承租人的资产负债表上反映，租入时，借记“固定资产——融资租赁固定资产”，贷记“长期应付款——应付融资租赁费”。经营租赁的资产一般不在承租人的账簿上反映，只需在备查账簿中登记，属于表外融资。

7. 租赁期满后的处理不同

融资租赁期满后，可选择留购、续租或退还；经营租赁到期后，设备一般退还给出租人。

（三）融资租赁的形式

1. 直接租赁（Direct Lease）

直接租赁是指承租人直接向出租人租入所需资产，并支付租金。在直接租赁方式下，出租人主要是制造厂商和租赁公司。直接租赁是融资租赁的典型形式。

2. 杠杆租赁（Leveraged Lease）

杠杆租赁是融资租赁的一种特殊形式。杠杆租赁包括三方当事人：承租人、出租人、资金出借人（即借款人）。出租人只需提供租赁设备的小部分资金，通常为设备价值的20%～40%，其余部分由资金出借人提供。在杠杆租赁方式下，出租人既向承租人收取租金，又向借款人支付利息，租金收益往往大于利息成本，其间的差额就是出租人的杠杆收益。杠杆租赁一般适用于金额较大的设备项目。

3. 售后回租（Sale and Lease Back）

售后回租是承租人先把其拥有主权的资产出售给出租人，然后再将该项资产租回使用的租赁。这种租赁方式既使承租人通过出售资产获得一笔资金，用于生产所需，又使承租人通过回租而保留了企业对该项资产的使用权。

（四）融资租赁租金的确定

1. 租金的构成

从出租人角度，为购置设备发生的设备价款、向承租人提供租赁时发生的间接费用以及出租人希望获得的业务利润，都应该通过租金收入得到补偿或获得。因此，租金的构成包括以下几方面：

（1）租赁设备的购置成本，包括设备买价、运杂费和途中保险费。

（2）预计设备的残值。若残值归出租人所有，应作为租金构成的减项。

（3）利息，即出租人为承租人购置设备而融资应计的利息。

（4）租赁手续费，即出租人办理租赁业务的营业费用以及应得到的利润。

2. 租金的确定

在我国租赁实务中，租金一般采用平均分摊法与等额年金法来确定。

（1）平均分摊法。它是指按事先确定的利率和手续费率计算租赁期间的利息和手续费总额，然后连同设备成本按支付次数进行平均分摊。这种方法不考虑资金时间价值因素，计算简单。其计算公式为

$$每次支付租金 = \frac{(设备成本 - 预计残值) + 租期内利息 + 租赁手续费}{租期内租金支付次数}$$

例3-10 某企业向租赁公司租入一套设备，设备原价1 000万元，租期6年，预计残值为设备的0.5%（残值归出租人所有），年利率为10%，租赁手续费为设备价值的5%。租金每年年末支付一次。要求：计算该企业每年应付租金的数额。

解：

$$租期内利息 = 1\,000 \times (1 + 10\%)^6 - 1\,000 = 771.56（万元）$$

$$租期内手续费 = 1\,000 \times 5\% = 50（万元）$$

$$每年支付租金 = \frac{1\,000 \times (1 - 0.5\%) + 771.56 + 50}{6} = 302.76（万元）$$

（2）等额年金法。它是将利率与手续费综合成贴现率，运用年金现值方法计算确定每年应付租金的方法。用这种方法计算出来的每期租金包含租赁手续费在内。

例3-11 承例3-10。计算在下列四种情况下该企业每次应付租金的数额。

1）残值归出租人所有，租金每年年末支付一次。

2）残值归出租人所有，租金每年年初支付一次。

3）残值归承租人所有，租金每年年末支付一次。

4）残值归承租人所有，租金每年年初支付一次。

解：

1）由于残值归出租人所有，应作为租金构成的减项扣除，扣除时要将其折现；由于租金每年年末支付一次，即租金A是普通年金，根据题意，列出等式：

$$A(P/A,\ 15\%,\ 6) = 1\,000 - 5 \times (P/F,\ 15\%,\ 6)$$

即

$$A = \frac{1\,000 - 5 \times (P/F,\ 15\%,\ 6)}{(P/A,\ 15\%,\ 6)} = \frac{1\,000 - 5 \times 0.432\,3}{3.784\,5} = 263.66（万元）$$

2）残值归出租人所有，需从租金里扣减；每年年初支付一次租金，租金A是即付年金，依据题意，列出等式：

$$A(P/A,\ 15\%,\ 6)(1 + 15\%) = 1\,000 - 5 \times (P/F,\ 15\%,\ 6)$$

即

$$A = 263.66 \div (1 + 15\%) = 229.27（万元）$$

本题即付年金只需在上一问普通年金的基础上除以1.15即可。

3）由于残值归承租人所有，不需从租金里扣减，每年年末支付一次租金，租金A是普通年金，依据题意，列出等式：

$$A(P/A,\ 15\%,\ 6) = 1\,000$$

即

$$A = 264.24（万元）$$

4）由于残值归承租人所有，不需从租金里扣减，每年年初支付一次租金，租金A是即付年金，依据题意，列出等式：

$$A(P/A,\ 15\%,\ 6)(1 + 15\%) = 1\,000$$

即

$$A = 264.24 \div (1 + 15\%) = 229.77（万元）$$

想一想，哪种计算方法更加公平合理，对承租企业有利？

以上计算的各期租金都包含租赁手续费在内。如果租赁手续费是在租赁开始时一次付清，各期租金就不再包含租赁手续费，那么在计算各期租金时，贴现率不能再包含租赁手续费在内，而直接使用利率10%作为贴现率。假设例3-10残值归出租人所有，租赁手续费50万元在租赁开始时一次付清，租金每年年末支付一次，依据题意，则列出等式：

$$A(P/A,\ 10\%,\ 6)=1\ 000-5\times(P/F,\ 10\%,\ 6)$$

即
$$A=\frac{1\ 000-5\times(P/F,\ 10\%,\ 6)}{(P/A,\ 10\%,\ 6)}=\frac{1\ 000-5\times0.564\ 5}{4.355\ 3}=228.96\ （万元）$$

（五）融资租赁的优缺点

1. 融资租赁的优点

（1）融资租赁不需支付大笔资金，即可取得生产经营所需的设备，尤其适合那些资金不足，举债困难的企业。

（2）融资租赁期限一般达到设备寿命的一半以上，若从银行贷款购买设备，其贷款期限通常比该设备使用寿命短得多，因而融资租赁可以减少企业还款压力，缓解企业资金周转紧张状况。

（3）在通货膨胀情况下，承租人用贬值的货币去支付设备价款，可以避免通货膨胀的不利影响。

2. 融资租赁的缺点

（1）融资租赁契约期限较长，具有不可取消性，若无故毁约或不履行合约，则要承担较重处罚。

（2）融资租赁租金比举债利息高，企业财务负担重。

四、商业信用

利用商业信用是最简单、最方便的短期负债融资方式，但应适度掌握，以防失控。若滥用，将影响公司信誉，最终会失去商业信用，导致公司经营陷入困境。

商业信用（Trade Credit）是企业在商品购销活动过程中因延期付款或预收货款而形成的借贷关系，它是企业之间的直接信用行为，通过“先取货，后付款”或“先收款，后发货”，形成一种自然性融资。企业之间商业信用的形式很多，有应付账款、应付票据和预收账款等。

（一）应付账款（Accounts Payable）

应付账款是由赊销商品形成的欠款，是建立在卖方对买方信任的基础上的一种付款形式。在这种形式下，有时卖方为促使买方及时支付货款，会给予买方一定的现金折扣，如：“2/10，*n*/30”，即如果企业在10天内付款，可以享受2%的现金折扣，若在11～30天内付款，企业要付全款。在提供现金折扣的赊销方式下，如果买方在现金折扣期内付款，就不会发生商业信用筹资机会成本。但若买方放弃了现金折扣，则会发生商业信用筹资机会成本。可按下列公式计算：

$$商业信用筹资机会成本=\frac{现金折扣率\times360}{(1-现金折扣率)\times(信用期-现金折扣期)}$$

例3－12 某企业按（2/10，*n*/30）的条件购入100万元货物。如果企业在10天内付款，只需付98万元，不会发生商业信用筹资机会成本；若企业放弃在10天内付款，而选择在第30天付款（理性的财务人员不会在第11至第29天付款），则会比在第10天多付2%的货款。也就是说仅仅过了20天，就多支付了2万元货款，我们可以把这2万元视为20天时间期限的利息成本。2万元除以第10天应支付的98万元，所得比率2.04%（2/98×100%）就是20天期限的利息率，按此计算，年利率（一年按360天计算）应为36.72%（=2.04%÷20×360）。即企业放弃现金折扣的机会成本（一般按年计算）为36.72%。

$$企业放弃现金折扣的机会成本 = \frac{100\times2\%\times360}{100\times(1-2\%)\times(30-10)}$$

$$= \frac{2\%\times360}{(1-2\%)\times(30-10)}$$

$$=36.73\%$$

企业如果能以低于放弃现金折扣机会成本的利率借入资金，便应在现金折扣期内用借入的资金支付货款，享受现金折扣。如例3-12，若银行短期借款年利率为12%，小于放弃现金折扣机会成本36.73%，则买方应利用便宜的银行借款在折扣期限内偿还应付账款，因为借款20天的利息为0.65万元（98×12%÷360×20），花0.65万元省下2万元是划算的；若银行短期借款年利率为38%，大于放弃现金折扣机会成本36.73%，则企业应放弃现金折扣。

企业如果在折扣期限内将应付账款用于短期投资，所得的投资收益高于放弃现金折扣的机会成本，则应放弃现金折扣而去追求更高的收益。当然，即使企业放弃现金折扣，也应将付款日推迟到信用期限的最后一天，以降低放弃现金折扣的成本。

此外，企业在生产经营活动中往往还形成一些应付费用，如应付工资、应付利息、应交税费等。这些项目也是“收益在先，支付在后”，因此也属于“自然性融资”的范畴。

（二）应付票据（Notes Payable）

应付票据是指企业根据购销合同进行延期付款的商品交易时，对应付债务所开出的票据。与应付账款比较，应付票据可以起到约期结算、防止拖欠的作用。应付票据主要是商业汇票，是一种期票，时间期限一般为1~6个月，对于付款人来说，它是一种短期融资方式。

（三）预收账款（Advances From Customers）

预收账款是指销货单位按照合同和协议规定，在发出商品之前向购货单位预先收取部分或全部货物价款的信用行为。它等于向购货单位先借入一笔款项，然后用商品归还。在这种商业信用形式下，销货单位出售的商品通常是紧缺商品或生产周期长、售价高的商品，如电梯、轮船等。

（四）商业信用筹资的优缺点

1. 商业信用筹资的优点

（1）筹资便利。商业信用是在商品买卖中自然发生的，企业无须做特殊的筹资安排，就可得到一笔资金。

（2）限制条件少。与银行借款相比，无须担保或抵押，选择余地大。

（3）筹资成本低。大多数商业信用都是由卖方免费无偿提供的，与其他筹资方式相比成本较低。

2. 商业信用筹资的缺点

（1）期限短。一般的信用期限都在1~6个月，资金不能长期占有，属于短期筹资方式。

（2）风险大。由于各种应付款项目经常发生、次数频繁，企业必须随时安排资金的调度，以免由于不能按期支付，丧失企业信用。

本章小结

1. 企业筹集资金是资金运动的起点，筹资工作的质量，直接影响企业效益的好坏，进而影响企业收益分配。

2. 筹资的数量应当合理，不管采取什么方式筹资，都必须预先合理确定资金的需要量，根据需要筹资。企业可用销售百分比法预测资金需要量。

3. 企业的资金由权益资金和负债资金两部分组成。

4. 企业权益资金的筹集可通过吸收直接投资、发行股票、利用留存收益等方式筹集。

5. 股票按股东权利和义务的不同，可分为普通股和优先股。股票发行有平价发行、溢价发行和折价发行。我国目前不允许折价发行股票。

6. 企业负债资金的筹集可通过向银行借款、发行债券、融资租赁、利用商业信用等方式筹集。

7. 债券的发行有平价发行、溢价发行和折价发行。我国目前不允许折价发行债券。

8. 融资租赁租金的计算有平均分摊法和等额年金法等。

9. 商业信用是一种自然性融资，主要有应付账款、应付票据和预收账款等形式。

10. 在有现金折扣的赊销方式下，若买方在现金折扣期内付款，就不会发生商业信用筹资机会成本；但若买方放弃了现金折扣，则会发生商业信用筹资机会成本，亦即放弃现金折扣的成本。

11. 学习完权益资金和负债资金的筹集之后，对两者的差异进行归纳，见表3-3。

表3-3 权益资金和负债资金筹集的主要差异

特　征	权益资金筹集	负债资金筹集
主要筹资方式	吸收直接投资、发行股票、利用留存收益等方式	银行借款、发行债券、融资租赁、利用商业信用等方式
主要筹资成本	支付股利	支付利息
税收地位	股利不属于企业费用，企业必须先缴纳企业所得税，然后支付股利给股东。股东还要为此缴纳个人所得税	利息属于企业的财务费用，在企业计算应纳所得税时，可以扣除这部分费用
控制权	有企业表决权	无企业表决权，但可以根据契约行使控制权
筹资期限	永久使用，无到期日	约定了固定到期日
违约风险	不用还本，企业也不会因没有支付股利而破产	企业具有法定还本付息义务，否则将给企业带来更大的财务困难，甚至导致企业破产
清偿权	在财务困境或企业破产时有最后财产清偿权	在财务困境或企业破产时有优先财产清偿权

复习思考题

1. 企业筹资种类有哪些？
2. 企业筹资的基本原则有哪些？
3. 什么是销售百分比法？如何用销售百分比法预测资金的需要量？
4. 企业筹集权益资金有哪些方式？企业筹集负债资金有哪些方式？这些筹资方式各有什么优缺点？
5. 如何确定股票的发行价格？
6. 如何确定债券的发行价格？
7. 融资租赁的租金如何计算？
8. 放弃现金折扣的机会成本如何计算？

本章习题

一、单项选择题

1. 大群公司为股份有限公司，该公司2020年净资产额为4 000万元，2019年该公司已发行400万元债券，则该公司2020年最多可再发行（　　）万元债券。

A. 1 600　　B. 1 200　　C. 2 000　　D. 400

2. 南沙公司需借入200 000元资金，银行要求将贷款数额的15%作为补偿性余额，则该公司应向银行申请（　　）元的贷款。

A. 230 000　　B. 170 000　　C. 235 294. 12　　D. 250 000

3. 佳和公司拟发行3年期债券进行筹资，债券票面金额为1 000元，票面利率为10%，每年付息一次，当时的市场利率为8%，则该公司债券的发行价格为（　　）元。

A. 990　　B. 1 000　　C. 950　　D. 1 051. 51

4. 某债券面值为1 000元，票面利率为10%，期限为5年，每年支付一次利息。若市场平均利率为10%，则其发行时的价格应（　　）。

A. 等于1 000元　　B. 低于1 000元　　C. 高于1 000元　　D. 无法计算

5. 宏光公司按年利率10%从银行借入200万元，银行要求保留15%的补偿性余额，该项借款的实际利率为（　　）。

A. 15%　　B. 10%　　C. 11. 76%　　D. 8. 50%

6. 相对于股票筹资而言，银行借款筹资的缺点是（　　）。

A. 筹资速度慢　　B. 筹资成本高　　C. 限制条款多　　D. 财务风险小

7. 长期借款筹资与长期债券筹资相比，其特点是（　　）。

A. 利息能节税　　B. 筹资弹性大　　C. 筹资费用大　　D. 债务利息高

8. 下列筹资方式按一般情况而言，企业所承担的财务风险由大到小排列为（　　）。

A. 融资租赁、发行股票、发行债券　　B. 融资租赁、发行债券、发行股票
C. 发行债券、融资租赁、发行股票　　D. 发行债券、发行股票、融资租赁

9. 出租人既出租某项资产，又以该项资产为担保借入资金的租赁方式是（　　）。
A. 经营租赁　B. 售后回租　C. 杠杆租赁　D. 直接租赁

10. 下列各项中，不属于融资租赁租金构成项目的是（　　）。
A. 租赁设备的价款　　B. 租赁期间利息
C. 租赁手续费　　D. 租赁设备维护费

11. 下列各项目中，不属于“自然性筹资”的是（　　）。
A. 应付工资　B. 应付账款　C. 短期借款　D. 应交税金

12. 下列不属于商业信用筹资的优点的是（　　）。
A. 需要担保　　B. 有一定的弹性
C. 筹资方便　　D. 不需要办理复杂的手续

二、多项选择题

1. 属于普通股筹资特点的有（　　）。
A. 没有固定的利息负担　　B. 筹资数量有限
C. 筹资成本较高　　D. 能增强公司信誉

2. 影响债券发行价格的因素包括（　　）。
A. 债券面额　B. 票面利率　C. 市场利率　D. 债券期限

3. 补偿性余额的约束使借款企业（　　）。
A. 减少了可用现金　　B. 减少了应付利息
C. 提高了筹资成本　　D. 增加了应付利息

4. 可以作为银行借款抵押品的有（　　）。
A. 存货　B. 应收账款　C. 应收票据　D. 应付账款

5. 在短期借款的利息计算和偿还方法中，企业实际负担利率高于名义利率的有（　　）。
A. 利随本清法付息　　B. 贴现法付息
C. 贷款期内定期等额偿还贷款　　D. 到期一次偿还贷款本息

6. 吸收直接投资是企业直接吸收国家、法人、个人投入资金的一种筹资方式。这种筹资方式的不利之处有（　　）。
A. 加大财务风险　　B. 筹资数额少
C. 资金成本较高　　D. 容易分散企业控制权

7. 杠杆租赁涉及的当事人有（　　）。
A. 出租人　B. 承租人　C. 设备出售人　D. 资金出借人

8. 下列属于自然性融资的项目包括（　　）。
A. 应付账款　B. 应付工资　C. 应交税费　D. 留存收益

9. 能够分散企业控制权的筹资方式有（　　）。
A. 吸收直接投资　B. 发行普通股　C. 发行优先股　D. 发行债券

三、判断题

1.（　　）由于银行借款的利息是固定的，所以相对而言，这一筹资方式的弹性较小。
2.（　　）放弃现金折扣的机会成本与现金折扣率、折扣期呈反方向变化，而与信用期呈同方

向变化。

3. (　　) 可转换债券是指持有人可自由地选择转换为优先股的债券。
4. (　　) 在债券面值与票面利率一定的情况下，市场利率越高，则债券的发行价格越低。
5. (　　) 融资租赁实际上就是由租赁公司筹资购物，由承租企业租入并支付租金。
6. (　　) 如果没有现金折扣，或企业不放弃现金折扣，则利用商业信用筹资没有机会成本。
7. (　　) 股票的价格是指股票票面表示的金额。
8. (　　) 经营租赁和融资租赁都能起到长期融资的作用。
9. (　　) 所有者权益是企业可以使用的资本，因此所有者权益就是资本金。
10. (　　) 吸收直接投资是非股份制企业筹集权益资金最重要的方式。

四、计算题

1. 大华公司2020年12月31日的资产负债表见表3-4。

表3-4　资产负债表（简表）

2020年12月31日　　　　单位：万元

资　产	金　额	负债及所有者权益	金　额
库存现金	1 000	应交税费	2 500
应收账款	14 000	应付账款	6 500
存货	15 000	短期借款	6 000
固定资产	20 000	公司债券	10 000
		实收资本	20 000
		留存收益	5 000
合计	50 000	合计	50 000

该公司2020年的销售收入为50 000万元，现在还有剩余生产能力，即增加收入不需增加固定资产投资。假定销售净利率为15%，如果2021年的销售收入为60 000万元，公司的股利支付率为60%，则公司的资金是否足够？需要从外部筹集多少资金？

2. 某企业采用融资租赁方式于2020年年初租入设备一台，价格为400 000元，租期为5年，租期内年利率为10%，残值归承租人所有。要求：
（1）计算采用每年年末支付租金的方式的应付租金。
（2）计算采用每年年初支付租金的方式的应付租金。
（3）试说明二者的关系。
3. 星光公司发行3年期的债券，面值为1 000万元，每年年末付息一次，票面利率为8%。要求：
（1）当市场利率为8%时，计算其发行价格。
（2）当市场利率为7%时，计算其发行价格。
（3）当市场利率为9%时，计算其发行价格。
4. 悦和公司拟发行5年期公司债券，每份债券面值25万元，票面利率12%，每半年付息一次，如果此时市场利率为10%，则债券的发行价格应为多少？
5. 胜利科技公司2018年1月1日平价发行面值为1 000元，利率为10%，期限为5年，每年年末付息到期还本的债券，当时市场利率为10%，2年后，市场利率上升至12%，假定现在是2021年1月1日，则该债券的市场价值为多少？

五、案例分析题

正兴公司经常向宏利公司购买原材料，宏利公司开出的付款条件为“2/10，n/40”。某天，正兴公司的财务经理王兵查阅公司关于此项业务的会计账目，惊讶地发现，会计人员对此项交易的处理方式是，一般在收到货物后第 15 天支付货款。当王兵询问会计为什么不取得现金折扣时，负责该项交易的会计不假思索地回答道：“这一交易的资金成本仅为 2%，而银行贷款成本为 12%，因此根本没有必要接受现金折扣。”针对这一案例对如下问题进行分析并回答：

（1）会计人员在财务概念上混淆了什么？

（2）会计人员丧失现金折扣的实际成本有多大？

（3）如果正兴公司无法获得银行贷款来享有现金折扣，而被迫使用商业信用资金（即推迟付款），为降低年利息成本，你认为什么时候付款较为恰当？

案例分析提示：

（1）会计人员混淆了资金 5 天的使用成本与 1 年的使用成本。必须将时间长度转化一致，这两种成本才具有可比性。

（2）在第 10 天只需支付货款 98%A（假设货款为 A），而在第 15 天就需付货款 100%A，多付的 2%A 与本金 98%A 的比率就是 5 天时间的成本，折算为年成本为 146.94%：即 $(2\%/98\%)\times[360/(15-10)]\times100\%=146.94\%$。

（3）假如公司必须使用推迟付款方式，则应在购货后第 40 天付款，而非在第 15 天付款，这样年利息成本可下降至 24.49%：即 $(2\%/98\%)\times[360/(40-10)]\times100\%=24.49\%$。如果超过 40 天付款，企业则会丧失商业信用。

第四章　资金成本和资本结构

通过本章的学习，掌握个别资金成本和综合资金成本的计算；了解边际资金成本的概念和计算；理解经营杠杆效应、财务杠杆效应及复合杠杆效应；掌握经营杠杆系数、财务杠杆系数、复合杠杆系数的概念及计算；掌握资本结构的概念；掌握比较资金成本法、无差别点分析法；了解杠杆与风险的关系；了解影响资本结构的因素等。

能够准确计算某个企业的综合资金成本和三种杠杆系数，分析该企业的资本结构是否合理。

引　言　资金不似阳光、空气，可以尽情享受，资金是一种稀缺资源，使用资金是要付出一定代价的，我们需要学会计算各种来源的资金成本。另外，我们知道“四两拨千斤”“借鸡下蛋”这些俗语，其实财务管理里也存在这样的现象，学习了财务管理的杠杆效应后，就会明白其中的奥妙了。

第一节 资金成本

一、资金成本的概念

资金成本（Cost of Capital）也称资本成本，是指企业为筹集和使用资金而付出的代价。这种代价包括筹资费用和用资费用两部分。

（一）筹资费用

筹资费用是指企业在资金筹措过程中所花费的各项开支，包括：向银行支付的借款手续费；发行股票和债券所支付的印刷费、发行手续费、律师费、广告费等与证券发行有关的费用等。筹资费用与用资费用不同，它一般是在筹措资金时一次性支付，在用资过程中不再发生，通常作为实际筹集资金的减项扣除。

（二）用资费用

用资费用是指企业因占用资金而支付的代价，如向股东支付的股利、向债权人支付的利息等，它是资金成本的主要内容，在用资过程中一般要经常性、定期性地支付。

资金成本可以用绝对数表示，也可以用相对数表示，但在财务管理中，一般用相对数表示，即表示为用资费用与实际筹资总额（筹资总额扣除筹资费用后的差额）的比率。在不考虑所得税的情况下，其计算公式为

$$\begin{aligned}\text{资金成本（率）} &= \text{每年的用资费用} \div \text{实际筹资总额} \\ &= \text{每年的用资费用} \div (\text{筹资总额} - \text{筹资费用}) \times 100\%\end{aligned}$$

二、资金成本的作用

资金成本是企业财务管理中的重要概念，在筹资决策、投资决策和评价企业经济效益时具有重要作用。

（1）资金成本是企业选择资金来源、拟订筹资方案的重要依据。不同的资金来源具有不同的成本。为了以较少的支出取得企业所需资金，就必须分析各种资金成本的高低，以便做出最优的筹资决策。

（2）资金成本是评价企业投资项目是否可行的一个重要标准。企业进行投资时，投资项目的报酬率必须高于资金成本，投资项目在经济上才可行；反之，如果投资项目的报酬率低于资金成本，该投资项目便无利可图。

（3）资金成本可作为衡量企业经营成果的尺度。企业的经营利润率应高于其资金成本，否则，说明该企业经营不佳，效益低下。

三、个别资金成本

个别资金成本是指各种筹资方式的成本。其中主要包括银行借款资金成本、债券资金成本、优先股资金成本、普通股资金成本、留存收益资金成本，前两者可统称负债资金成本，后三者统称权益资金成本。

（一）银行借款资金成本

由于银行借款的利息可以作为企业财务费用在缴纳企业所得税前扣除，因此企业实际负担的利息为：利息×(1－所得税税率)。其资金成本计算公式为

$$K_1 = \frac{I_1(1-t)}{P_1(1-f_1)} \times 100\%$$

$$= \frac{i_1(1-t)}{1-f_1} \times 100\%$$

式中 K_1——银行借款资金成本；

I_1——银行借款年利息；

P_1——银行借款筹资总额；

t——所得税税率；

f_1——银行借款筹资费率；

i_1——银行借款年利率。

例 4－1 某企业从银行借入一笔长期借款，借款年利率为 8%，借款手续费率为 0.2%，所得税税率为 25%。请计算该银行借款的资金成本。

解： 该银行借款的资金成本 $= \frac{8\% \times (1-25\%)}{1-0.2\%} \times 100\% = 6.01\%$

银行借款的筹资费用较小，有时可以忽略不计。上例可直接写成：$8\% \times (1-25\%) \times 100\% = 6\%$。

（二）债券资金成本

债券利息与银行借款利息一样，可以在税前扣除，减轻企业的利息负担，但债券的筹资费用一般较高，这类费用主要包括申请发行债券的手续费、债券注册费、印刷费、上市费以及推销费用等，在计算时不能忽略不计。同时债券的发行价格与其面值可能存在差异，在计算时要按预计的发行价格确定其筹资总额。债券资金成本的计算公式为

$$K_2 = \frac{I_2(1-t)}{P_2(1-f_2)} \times 100\%$$

$$= \frac{B\,i_2(1-t)}{P_2(1-f_2)} \times 100\%$$

式中 K_2——债券资金成本；

I_2——债券年利息；

P_2——债券筹资总额；

t——所得税税率；

f_2——债券筹资费率；

B——债券面值总额；

i_2——债券年利率。

例4-2 某公司发行一笔期限为5年的债券，债券面值为1 000万元，票面利率为10%，每年年末付一次利息。该债券溢价发行，实际发行价格为面值的110%，筹资费率为5%，所得税税率为25%。请计算该债券的资金成本。

解：

$$\text{该债券的资金成本}=\frac{1\,000\times10\%\times(1-25\%)}{1\,000\times110\%\times(1-5\%)}\times100\%=7.18\%$$

与银行借款相比，由于债券利率一般高于银行借款利率，债券发行费用高于银行借款筹资费用，因此债券资金成本相对要高于银行借款资金成本。

（三）优先股资金成本

企业发行优先股，要支付筹资费用，还要定期支付股利。但股利与银行借款和债券的利息不同，股利在税后支付，不具有节税作用。优先股资金成本的计算公式为

$$K_3=\frac{D}{P_3(1-f_3)}\times100\%$$

式中 K_3——优先股资金成本；
D——优先股年股利额；
P_3——优先股筹资总额；
f_3——优先股筹资费率。

例4-3 某股份有限公司以200万元的价格溢价发行面值100万元的优先股股票，筹资费率为5%，每年支付15%的股利，该公司所得税税率为25%。请计算该优先股的资金成本。

解：

$$\text{该优先股的资金成本}=\frac{100\times15\%}{200\times(1-5\%)}\times100\%=7.89\%$$

企业破产时，优先股的求偿权位于债券持有人之后，优先股的风险大于债券持有人的风险，这就使得优先股的股利率一般要大于债券的利率。另外，优先股的股利在税后支付，不能减少企业的所得税，所以，优先股的资金成本明显高于债券的资金成本。

（四）普通股资金成本

普通股资金成本的确定，与优先股基本相同。但普通股的股利是不固定的，通常是逐年增长的。如果每年以固定比率 G 增长，则普通股资金成本的计算公式为

$$K_4=\frac{D_1}{P_4(1-f_4)}\times100\%+G$$

式中 K_4——普通股资金成本；
D_1——预期第1年普通股股利；
P_4——普通股筹资总额；
f_4——普通股筹资费率；
G——普通股年股利增长率。

例4-4 某股份有限公司以300万元等价发行100万股的普通股股票，筹资费率为5%，该公司上年年末发放股利40万元，以后每年股利增长6%，该公司所得税税率为25%。请计算该普通股的资金成本。

解： 该公司去年年末股利为40万元，$D_0=40$，那么预期第1年普通股股利 $D_1=40$ 万元 $\times(1+6\%)$。

$$\text{普通股的资金成本}=\frac{40\times(1+6\%)}{300\times(1-5\%)}\times100\%+6\%=20.88\%$$

在一个企业里，普通股股东所承担的风险最大，所要求的报酬也应是最高的。因此，普通股资金成本也是最高的。

（五）留存收益资金成本

从表面上看，企业使用留存收益似乎不花费什么成本，实则不然。因为留存收益是投资者留在企业内的资金，投资者之所以愿意把资金留在企业中进行再投资，总是要求有适当的报酬，否则投资者将把资金投到别处去获得利润。因此，留存收益的资金成本是投资者放弃其他投资机会而应得的报酬，是一种机会成本。股份有限公司留存收益可视为普通股股东对企业的再投资，其资金成本的确定方法应与普通股相似，所不同的是留存收益无须发生筹资费用。因而，其计算公式可表示为

$$K_5 = \frac{D_1}{P_4} \times 100\% + G$$

式中　K_5——留存收益资金成本，其余同普通股。

例 4－5 某股份有限公司留存收益为 120 万元，该公司去年年末发放股利 40 万元，以后每年股利增长 6%，该公司所得税税率为 25%。请计算该留存收益的资金成本。

解：　　该留存收益的资金成本 $= \frac{40 \times (1 + 6\%)}{300} \times 100\% + 6\% = 20.13\%$

注意：留存收益是属于普通股股东所有的资金，其资金成本可以参考普通股资金成本的数据，只不过不考虑筹资费用。

一般而言，企业各种筹资方式的资金成本从高到低排序依次为普通股、留存收益、优先股、企业债券、长期银行借款。

四、综合资金成本

在实际工作中，企业不可能只使用某种单一的筹资方式，往往需要通过多种方式筹集所需资金。为进行筹资，就要计算确定企业不同筹资方式总的平均资金成本，即综合资金成本。它是以各种资金所占的比重为权数，对个别资金成本进行加权平均确定的，所以又称加权平均资金成本（Weighted Average Cost of Capital，简写为 WACC）。其计算公式为

$$K_w = \sum_{j-1}^{n} K_j W_j$$

式中　K_w——综合资金成本(加权平均资金成本)；

K_j——第 j 种资金的资金成本；

W_j——第 j 种资金占全部资金的比重。

例 4－6 某企业共有资金 1 000 万元，其中长期债券为 400 万元，优先股为 100 万元，普通股为 300 万元，留存收益为 200 万元。各种资金来源的资金成本分别为：7%、10%、14%、12%。请计算该企业综合资金成本。

解：　　$K_w = 7\% \times 40\% + 10\% \times 10\% + 14\% \times 30\% + 12\% \times 20\% = 10.4\%$

例 4－7 某企业资金结构及个别资金成本资料见表 4－1，请计算该企业加权平均资金成本。

表4-1 某企业资金成本资料

资本结构	金额（万元）	相关资料
长期借款	200	年利率8%，借款手续费不计
长期债券	400	平价发行，年利率9%，筹资费率4%
普通股股本	800	每股面值10元，共计80万股，按面值发行，本年每股股利1元，普通股股利年增长率为5%，筹资费率为4%
留存收益	600	股利政策与普通股相同
合计	2 000	

注：企业所得税税率为25%。

解：个别资金成本计算见表4-2。

表4-2 个别资金成本计算

资金来源	账面金额	权数	个别资金成本
长期借款	200	10%	8%×(1-25%)=6.00%
长期债券	400	20%	9%×(1-25%)÷(1-4%)=7.03%
普通股股本	800	40%	1÷[10×(1-4%)]+5%=15.42%
留存收益	600	30%	1÷10+5%=15.00%
合计	2 000	100%	

$$\text{该企业综合资金成本} = 6.00\% \times 10\% + 7.03\% \times 20\% + 15.42\% \times 40\% + 15.00\% \times 30\% = 12.67\%$$

第二节 杠杆效应

一、杠杆效应的含义

杠杆效应是物理学中的概念。阿基米德说过："给我一个支点，我可以翘起整个地球。"我们常把用较小的力量移动较重物体的现象称为杠杆效应。在财务管理中，有时存在这样的现象：当某一财务变量以较小幅度变动时，会引起另一相关变量以较大的幅度变动，我们把这种放大的现象也称为杠杆效应。财务管理中的杠杆效应有三种形式，即经营杠杆效应、财务杠杆效应和复合杠杆效应。

二、成本习性、边际贡献与息税前利润的概念及其计算

（一）成本习性的概念及其计算

成本习性是指成本总额的变动与业务量总数之间的依存关系。这种依存关系是客观存在的，

有一定的规律性。按照成本习性对成本进行分类，可分为固定成本、变动成本和混合成本三类。

（1）固定成本。这是指其总额在一定时期和一定业务量范围内不随业务量发生任何变动的成本。企业里按直线法计提的折旧费、保险费、管理人员工资、办公费等，都属于固定成本。虽然固定成本的总额在一定时期和一定业务量范围内保持不变，但是单位固定成本则随产销量的增加而逐渐变小。

（2）变动成本。这是指在相关范围内其总额随业务量成正比例变动的成本。企业里的直接材料、直接人工等都属于变动成本。虽然变动成本总额随业务量变化，但单位变动成本一般是固定不变的。

（3）混合成本。有些成本虽然也是随业务量的变动而变动，但不成同比例变动，不能简单地归入变动成本或固定成本，这类成本称为混合成本。混合成本可按照一定方法最终分解为固定成本和变动成本。

（4）总成本习性模型。总成本习性模型可用公式表示为

$$y = a + bx$$

式中 y——总成本；

a——固定成本；

b——单位变动成本；

x——产销量。

（二）边际贡献的概念及其计算

边际贡献（Marginal Contribution）是指销售收入减去变动成本以后的差额。其计算公式为

$$M = px - bx = (p - b)x = mx$$

式中 M——边际贡献；

p——产品单位售价；

b——单位变动成本；

x——产销量；

m——单位边际贡献。

（三）息税前利润的概念及其计算

息税前利润（Earnings Before Interest and Tax，缩写为 EBIT）是指企业支付利息和缴纳所得税之前的利润。其计算公式为

$$\text{EBIT} = px - bx - a$$

式中 EBIT——息税前利润。

三、经营杠杆效应

（一）经营杠杆效应的概念

在销售单价和单位变动成本不变的情况下，产销量的增加虽然不会改变固定成本总额，但会降低单位固定成本，从而提高单位利润，使息税前利润的增长率大于产销量的增长率。反之，产销量的减少会提高单位固定成本，降低单位利润，使息税前利润下降率也大于产销量下降率。如果不存在固定成本，所有成本都是变动的，那么边际贡献就是息税前利润，这时息税前利润变动率就同产销量变动率完全一致。我们把这种由于固定成本的存在而导致息税前利润变动率

大于产销量变动率的现象，称为经营杠杆效应（Operating Leverage Effect）。固定成本的存在是产生经营杠杆效应的根本原因，我们常把固定成本称为经营杠杆。

（二）经营杠杆效应的计量

只要企业存在固定成本，就存在经营杠杆效应的作用。但不同企业或同一企业不同产销量基础上的经营杠杆效应的大小是不完全一致的，为此，需要对经营杠杆效应进行计量。对经营杠杆效应进行计量最常用的指标是经营杠杆系数（也称经营杠杆率或经营杠杆度）。经营杠杆系数（Degree of Operating Leverage，缩写为 DOL）是指息税前利润变动率相当于产销量变动率的倍数。其计算公式有两个：

$$\mathrm{DOL}=\frac{\Delta \mathrm{EBIT}/\mathrm{EBIT}}{\Delta(px)/px}=\frac{\Delta \mathrm{EBIT}/\mathrm{EBIT}}{\Delta x/x} \tag{1}$$

即
$$经营杠杆系数=\frac{息税前利润变动率}{产销业务量（额）变动率}$$

由于 $\Delta\mathrm{EBIT}=\Delta x\times m$，可以推算出：

$$\mathrm{DOL}=\frac{M}{\mathrm{EBIT}} \tag{2}$$

即
$$报告期经营杠杆系数=\frac{基期边际贡献}{基期息税前利润}$$

式中 DOL ——报告期经营杠杆系数；
EBIT ——基期息税前利润；
M ——基期边际贡献；
m ——单位边际贡献；
px ——基期销售收入；
x ——基期产销量；
Δx ——产销量的变动数；
$\Delta(px)$——销售收入的变动额；
ΔEBIT ——息税前利润的变动额。

例4-8 甲公司有关资料见表4-3，试计算该企业2020年的经营杠杆系数。

表4-3 甲公司有关经营资料 （金额单位：元）

项目	2019	2020	变动额	变动率
单价	10	10	0	0
销售量（件）	1 000	1 200	200	20%
单位变动成本	6	6	0	0
销售额	10 000	12 000	2 000	20%
变动成本	6 000	7 200	1 200	20%
边际贡献	4 000	4 800	800	20%
固定成本	2 000	2 000	0	0
息税前利润	2 000	2 800	800	40%

解：根据公式（1）计算2020年甲公司的经营杠杆系数为

$$\mathrm{DOL}=\frac{800\div 2\,000}{2\,000\div 10\,000}=\frac{40\%}{20\%}=2$$

或根据公式（2）计算2020年甲公司的经营杠杆系数为

$$DOL=\frac{4\ 000}{2\ 000}=2$$

甲公司的经营杠杆系数为2，其经济含义为：由于甲公司基期存在固定成本，如果甲公司报告期销售量（或销售额）增长（或下降）1倍，则其息税前利润会相应增长（或下降）2倍。以此类推，如果甲公司报告期销售量（或销售额）增长（或下降）10%，则其息税前利润会相应增长（或下降）10% 的2倍，即20%。

（三）经营杠杆系数与经营风险的关系

经营杠杆是把双刃剑。当企业产销量增加时，息税前利润将以DOL倍数的幅度增加，为企业带来经营杠杆正效应；反之，当企业产销量减少时，息税前利润将以DOL倍数的幅度减少，给企业带来经营杠杆负效应。经营杠杆系数越大，企业利润变动越激烈，企业的经营风险就越大。可见，企业经营风险的大小和经营杠杆系数有重要关系。一般来说，在其他因素不变的情况下，固定成本越高，经营杠杆系数越大，经营风险越大。

例4-9 甲、乙两公司2020年生产同一种产品20 000件，有关资料见表4-4，请计算甲、乙两公司的经营风险。

表4-4　产品成本资料　　（单位：元）

项　目	甲公司	乙公司
产品单价	10	10
单位变动成本	5	4
固定成本总额	20 000	40 000

解：甲公司2021年经营杠杆系数为

$$DOL_{甲}=\frac{20\ 000\times(10-5)}{20\ 000\times(10-5)-20\ 000}=1.25$$

乙公司2021年经营杠杆系数为

$$DOL_{乙}=\frac{20\ 000\times(10-4)}{20\ 000\times(10-4)-40\ 000}=1.5$$

由以上计算可知，甲、乙两公司2020年的销售量（20 000件）和息税前利润（80 000元）都相同，如果2021年甲、乙两公司的销量均上升50%，即销量为30 000件时，甲公司的息税前利润会增长62.5%（50%×1.25，即销量变动率的DOL倍），达到130 000元［80 000×(1+62.5%)］，乙公司的息税前利润会增长75%（50%×1.5，即销量变动率的DOL倍），达到140 000元［80 000×(1+75%)］。乙公司息税前利润变动的幅度比甲公司息税前利润变动的幅度更大，这主要是由于两个公司的经营杠杆系数不同造成的。当然，若2020年两公司的销量均下降相同幅度，乙公司息税前利润下降的幅度也会比甲公司更大。

四、财务杠杆效应

（一）财务杠杆效应的概念

不论企业营业利润多少，债务的利息和优先股的股利通常都是固定的。当息税前利润增大时，每1元普通股盈余所负担的固定财务费用（本章“固定财务费用”特指债务利息和优先股股利，与财务会计课本中“财务费用”不是同一概念）就会相对减少，这能给普通股股东带来更多的盈余；反之减少更多的盈余。我们把这种由于固定财务费用的存在而导致普通股每股盈余（Earnings Per Share，缩写为 EPS，也称普通股每股收益、每股税后利润、每股净利）变动率大于息税前利润变动率的现象，称为财务杠杆效应（Financial Leverage Effect）。固定财务费用的存在是产生财务杠杆效应的根本原因，我们常把固定财务费用称为财务杠杆。

（二）财务杠杆效应的计量

只要在企业的筹资方式中有固定支出的债务利息和优先股股利，就会存在财务杠杆效应。但不同企业财务杠杆的作用程度是不完全一致的，为此，需要对财务杠杆效应进行计量。对财务杠杆效应进行计量的最常用的指标是财务杠杆系数。财务杠杆系数（Degree of Financial Leverage，缩写为 DFL）是指普通股每股税后利润的变动率相当于息税前利润变动率的倍数。其计算公式有两个：

$$\mathrm{DFL}=\frac{\Delta \mathrm{EPS}/\mathrm{EPS}}{\Delta \mathrm{EBIT}/\mathrm{EBIT}} \tag{1}$$

即
$$\text{财务杠杆系数}=\frac{\text{普通股每股税后利润变动率}}{\text{息税前利润变动率}}$$

由于：$\Delta \mathrm{EPS}=\Delta \mathrm{EBIT}(1-T)/N$，可以推算出

$$\mathrm{DFL}=\frac{\mathrm{EBIT}}{\mathrm{EBIT}-I-D/(1-T)} \tag{2}$$

即
$$\text{财务杠杆系数}=\frac{\text{基期息税前利润}}{\text{基期息税前利润}-\text{基期利息}-\text{基期税前优先股股利}}$$

式中 DFL——报告期财务杠杆系数；

EPS——基期普通股每股税后利润；

ΔEPS——普通股每股税后利润变动额；

EBIT——基期息税前利润；

I——基期利息；

D——基期优先股股利；

T——所得税税率；

N——发行在外的普通股股数。

企业若无优先股，公式可简化为

$$\mathrm{DFL}=\frac{\mathrm{EBIT}}{\mathrm{EBIT}-I}$$

例4-10 甲、乙公司2020年有关资料见表4-5。请计算甲、乙公司2021年的财务杠杆系数。

表4-5 甲、乙公司2020年情况 （单位：万元）

项　目	甲公司	乙公司
普通股	1 000（500万股）	500（250万股）
债券（利率10%）	0	500
资金总额	1 000	1 000
息税前利润	200	200

（续）

项　目	甲公司	乙公司
减：利息	0	50（=500×10%）
税前利润	200	150
减：所得税（假设税率为25%）	50	37.5
税后利润	150	112.5
普通股每股税后利润EPS（元/股）	0.30（=150/500）	0.45（=112.5/250）
净资产收益率ROE	15%（=150/1 000）	22.5%（=112.5/500）

解： 甲公司2021年的财务杠杆系数为

$$DFL=200/(200-0)=1$$

乙公司2021年的财务杠杆系数为

$$DFL=200/(200-50)=1.33$$

通过计算可知，甲公司没有负债，未使用财务杠杆，其财务杠杆系数为1，说明甲公司EBIT的变动率与EPS的变动率一致；乙公司有负债，使用了财务杠杆，其财务杠杆系数为1.33，说明乙公司2021年EPS的变动幅度将是EBIT变动幅度的1.33倍。假使2021年甲、乙两公司的EBIT都增长20%，甲公司的EPS会增加相同比率20%，达到0.36元/股［=0.30×(1+20%)］，乙公司的EPS会增加26.6%（=20%×1.33），即20%的1.33倍，达到0.57元/股［=0.45×(1+26.6%)］，给普通股股东带来更多的利益，见表4-6。因此当企业息税前利润较多，增长幅度较大时，应适当地利用负债资金，使普通股每股税后利润的增长幅度大于息税前利润的增长幅度，发挥财务杠杆的正效应，使普通股股东受益。

表4-6　甲、乙公司2021年情况　（单位：万元）

项　目	甲公司	乙公司
普通股	1 000（500万股）	500（250万股）
债券（利率10%）	0	500
资金总额	1 000	1 000
息税前利润（增长20%）	240［=200×(1+20%)］	240［=200×(1+20%)］
减：利息	0	50（=500×10%）
税前利润（EBIT）	240（=240-0）	190（=240-50）
减：所得税（假设税率为25%）	60（=240×25%）	47.5（=190×25%）
税后利润	180（=240-60）	142.5（=190-47.5）
普通股每股税后利润(元/股)	0.36（=180/500）	0.57（=142.5/250）
普通股每股税后利润增长率	20%［=(0.36-0.30)/0.30］	26.67%［=(0.57-0.45)/0.45］
净资产收益率（ROE）	18%（=180/1 000）	28.5%（=142.5/500）
净资产收益率增长率	20%［=(18%-15%)/15%］	26.67%［=(28.5%-22.5%)/22.5%］

这里补充说明一下，财务杠杆系数还可表示为净资产收益率（Return on Equity，缩写为ROE）的变动率相当于息税前利润变动率的倍数。因为针对非公司制企业而言，需要用净资产

收益率来代替普通股每股税后利润。

我们从另一个角度来看财务杠杆效应。表4－5中，甲、乙两公司资金总额（1 000万元）和息税前利润（200万元）分别相等，总资产息税前利润率都为20%，说明两公司手头上拥有的钱和赚钱的能力是一样的。但是甲公司的净资产收益率（15%）低于乙公司净资产收益率（22.5%），这是由于乙公司使用了债务资金，其债务资金的利率10%低于公司投资利润率（即息税前利润与总资产的比率）20%。乙公司利用债务资金500万元创造100万元（＝500×20%）的EBIT，但是它只需归还50万元（＝500×10%）的债务利息，另外的50万元EBIT就归普通股股东所有了，使普通股的资本收益率（即净资产收益率）提高。这就是企业利用债务资金“借鸡生蛋”，为普通股股东谋取额外收益的财务手段。当然，如果乙公司债务资金的利率是30%而不是10%，高于公司的投资利润率（20%），那么乙公司利用债务资金500万元创造100万元的EBIT，而它需归还150万元的债务利息，不够的部分只能用普通股资金创造的EBIT来填补，这样反而使普通股的资金收益率下降，见表4－7。

表4－7 甲、乙公司有关财务资料 （单位：万元）

项 目	甲公司	乙公司
普通股	1 000（500万股）	500（250万股）
债券（利率30%）	0	500
资金总额	1 000	1 000
息税前利润	200	200
减：利息	0	150
税前利润	200	50
减：所得税（假设税率25%）	50	12.5
税后利润	150	37.5
普通股每股税后利润（元/股）	0.30（＝150/500）	0.15（＝37.5/250）
净资产收益率	15%（＝150/1 000）	7.5%（＝37.5/500）

（三）财务杠杆系数与财务风险的关系

财务风险是指企业为取得财务杠杆利益而利用负债资金时，增加了破产机会或普通股利润大幅度变动的机会所带来的风险。企业为取得财务杠杆利益，就要增加负债，一旦企业息税前利润下降，企业的每股税后利润就会下降得更快，这是财务杠杆的负效应。从表4－8中可以看出，丙公司没有负债，不存在财务风险；丁公司有负债，当实际息税前利润比计划减少时，就有了比较大的风险。如果企业资不抵债，就有破产的可能。所以说财务杠杆是一把双刃剑，利用得当，会使企业锦上添花；运用不当，会使企业雪上加霜。企业应尽量发挥财务杠杆的正效应，避免财务杠杆负效应的发生。

一般来说，在资金总额、息税前利润相同的情况下，负债比率越高，财务杠杆系数越高，财务风险越大。

表 4-8 丙、丁公司有关财务资料 （单位：万元）

项 目	丙公司	丁公司
普通股股本	1 000	500
债券（年利率 10%）	0	500
资金总额	1 000	1 000
计划息税前利润	140	140
实际息税前利润	30	30
借款利息	0	50
税前利润	30	-20

五、复合杠杆效应

（一）复合杠杆效应的概念

如前所述，由于企业存在固定成本，产生经营杠杆效应，使息税前利润的变动率大于产销量的变动率；同样，由于存在固定财务费用（特指债务利息和优先股股利），产生财务杠杆效应，使企业普通股每股税后利润的变动率大于息税前利润的变动率。如果两种杠杆共同作用，那么产销量稍有变动就会使普通股每股税后利润产生更大的变动。这种由于固定成本和固定财务费用的共同存在而导致的普通股每股税后利润变动率大于产销量变动率的现象，称为复合杠杆效应（Combined Leverage Effect）。固定成本和固定财务费用的共同存在是产生复合杠杆效应的根本原因。

（二）复合杠杆效应的计量

只要企业同时存在固定成本和固定财务费用等支出，就会存在复合杠杆的作用。但不同企业，复合杠杆作用的程度是不完全一致的，为此，需要对复合杠杆效应的程度进行计量。对复合杠杆效应进行计量的最常用指标是复合杠杆系数（也称联合杠杆系数或混合杠杆系数）。复合杠杆系数（Degree of Combined Leverage，缩写为 DCL）是指普通股每股税后利润变动率相当于产销量变动率的倍数。其计算公式为

$$\text{复合杠杆系数}=\frac{\dfrac{\Delta \text{EPS}}{\text{EPS}}}{\dfrac{\Delta x}{x}}=\frac{\text{普通股每股利润变动率}}{\text{产销量变动率}} \tag{1}$$

或

$$\begin{aligned}\text{DCL}&=\frac{\Delta \text{EBIT}/\text{EBIT}}{\Delta x/x}\times\frac{\Delta \text{EPS}/\text{EPS}}{\Delta \text{EBIT}/\text{EBIT}}\\&=\text{经营杠杆系数 DOL}\times\text{财务杠杆系数 DFL}\\&=\frac{M}{\text{EBIT}-I-\dfrac{D}{1-T}}\end{aligned} \tag{2}$$

式中 DCL——报告期复合杠杆系数；
EBIT——基期息税前利润；
EPS——基期普通股每股税后利润；
x——基期产销量；

M ——基期边际贡献；
I ——基期利息；
D ——基期优先股股利；
T ——所得税税率；
$\Delta EBIT$ ——息税前利润的变动额；
ΔEPS ——普通股每股税后利润变动额；
Δx ——产销量的变动数。

例4-11 ABC公司的经营杠杆系数为2，财务杠杆系数为2.5。则该公司的复合杠杆系数为多少？

解：

$$DCL = 2 \times 2.5 = 5$$

此例中复合杠杆系数为5的含义是：当公司销售量（额）增长1倍时，普通股每股盈余将增长5倍；反之，当公司销售量（额）下降1倍时，普通股每股盈余将下降5倍。

（三）复合杠杆系数与企业风险的关系

在复合杠杆的作用下，当企业经济效益好时，普通股每股税后利润会大幅度上升；当企业经济效益差时，普通股每股税后利润会大幅度下降。企业复合杠杆系数越大，普通股每股税后利润的波动幅度越大。由于复合杠杆作用使普通股每股税后利润大幅度波动而造成的风险，称为复合风险。一般来说，在其他因素不变的情况下，复合杠杆系数越大，复合风险越大。

复合杠杆系数的重要意义在于：能够估计出销售量（额）变动对普通股每股税后利润的影响程度；它表明经营杠杆系数与财务杠杆系数的相互关系。一般来说，经营风险高的企业，可以在较低的程度上使用财务杠杆；经营风险低的企业，可以在较高的程度上使用财务杠杆，这有待企业在考虑了有关的具体因素后做出选择。

第三节 资本结构决策

一、资本结构的概念

资本结构（Capital Structure）是指企业各种来源的长期资金的构成及其比例关系。资本结构是否合理会影响企业综合资金成本的高低、财务风险的大小以及投资者的利益等，资本结构决策是筹资决策的核心问题。

二、最佳资本结构决策

（一）最佳资本结构的含义

最佳资本结构是指企业在一定期间内，使企业综合资金成本最低、企业价值最大的资本结构。从理论上讲，最佳资本结构是存在的，但由于企业内部条件和外部条件经常发生变化，寻找最佳资本结构十分困难。下面介绍的两种资本结构的决策方法，可以有效地帮助财务管理人员确定合理的资本结构，但这些方法并不能当作绝对的判别标准，在应用这些方法时，还应考虑影响资本结构的其他相关因素，以便使资本结构趋于最优。

（二）比较资金成本法

比较资金成本法是通过比较各方案的综合平均资金成本，选择综合资金成本最低的方案作为最佳资本结构决策方案的方法。现举例说明如下：

例 4-12 某公司初创时拟筹资 500 万元，现有 A、B 两个筹资方案可供选择，有关资料见表 4-9。请判断该公司应选择哪个筹资方案。

表 4-9　有关筹资方案资料

筹资方式	筹资方案 A		筹资方案 B	
	筹资额（万元）	资金成本（%）	筹资额（万元）	资金成本（%）
长期借款	80	7.0	110	7.5
公司债券	120	8.5	40	8.0
普通股票	300	14.0	350	14.0
合计	500	—	500	—

解：

$$K_{WA}=7.0\%\times80\div500+8.5\%\times120\div500+14.0\%\times300\div500=11.6\%$$

$$K_{WB}=7.5\%\times110\div500-8.0\%\times40\div500+14.0\%\times350\div500=12.1\%$$

A 方案的综合资金成本比 B 方案的低，在其他因素相同的条件下，应选择综合资金成本较低的 A 方案为最佳资本结构方案。

（三）无差别点分析法

无差别点分析法是分析不同资本结构的获利能力的方法。无差别点又称每股利润无差别点，是指使不同资本结构的普通股每股利润相等时的息税前利润点。在此点上，所有资本结构的普通股每股税后利润都相等。从理论上来说，在该点上选择任何筹资方案都能取得相等的每股收益，各方案间无任何差别。

根据每股利润无差别点，可以分析判断在什么样的息税前利润条件下适于采用何种资本结构。一般而言，当筹资方案预计的息税前利润大于无差别点时，债务筹资更有利，表现为债务筹资方案的每股利润较大，此时应选择资本结构中债务比重较高的方案；反之，当筹资方案预计的息税前利润小于无差别点时，债务筹资不利，表现为债务筹资方案的每股利润较小，此时应选择资本结构中债务比重较低的方案，如图 4-1 所示。

例 4-13 某公司年初的资本结构见表 4-10。

表 4-10　某公司年初的资本结构

资金来源	金额（万元）
长期借款（年利率 10%）	200
长期债券（年利率 12%）	300
普通股（5 万股，面值 100 元）	500
合计	1 000

本年度该企业拟考虑增资200万元，有两种筹资方案：

甲方案：发行普通股2万股，面值100元，按面值发行。

乙方案：发行长期债券200万元，年利率13%。

增资后预计年息税前利润可达到120万元，所得税税率为25%。要求采用无差别点分析法，选择最优资本结构方案。

解：

$$EPS_{甲}=\frac{(EBIT-200\times10\%-300\times12\%)\times(1-25\%)}{5+2}$$

$$EPS_{乙}=\frac{(EBIT-200\times10\%-300\times12\%-200\times13\%)\times(1-25\%)}{5}$$

令 $EPS_{甲}=EPS_{乙}$，解得筹资无差别点 EBIT = 147（万元）

这时 $EPS_{甲}=EPS_{乙}=9.75$（元/股）

当 EBIT = 120（万元）时：

$$EPS_{甲}=\frac{(120-200\times10\%-300\times12\%)\times(1-25\%)}{5+2}=6.86\text{（元/股）}$$

$$EPS_{乙}=\frac{(120-200\times10\%-300\times12\%-200\times13\%)\times(1-25\%)}{5}=5.70\text{（元/股）}$$

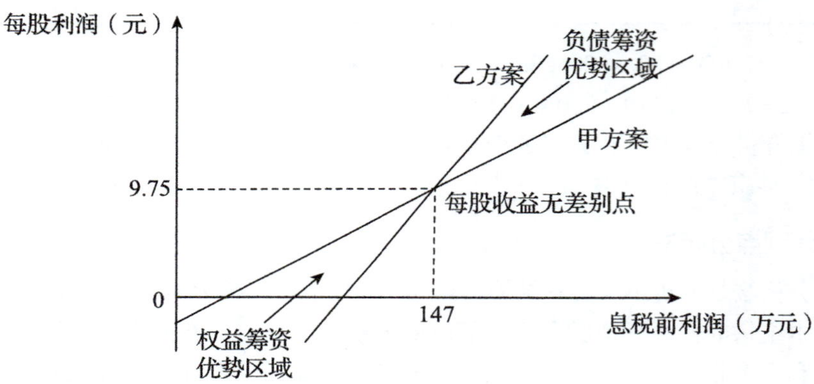

图4-1 无差别点分析

通过计算可知：如果增资后预计年息税前利润可达到147万元（无差别点），则甲、乙两种筹资方案都可使企业的每股利润达到9.75元/股，此时，两种方案无好坏之别。而本题增资后预计息税前利润为120万元，小于147万元，这时，债务筹资不利，表现为乙方案每股利润（5.70元/股）小于甲方案每股利润（6.86元/股），所以应选择甲方案。

（四）影响资本结构的因素

在实际工作中，准确地确定最佳资本结构几乎是不可能的。所以，财务管理人员在使用以上两种分析方法进行定量分析的同时要进行定性分析，即认真考虑影响资本结构的各种因素，并根据这些因素来确定企业合理的资本结构。

1. 企业销售的增长情况

预计未来销售的增长率，决定财务杠杆在多大程度上扩大每股利润，如果企业销售增长率较大，企业使用具有财务费用的债务筹资，会为普通股股东带来更多利益，这一点已在实践中得到证实。

2. 企业管理者的风险态度

如果企业管理者对风险极为厌恶，则企业资本结构中负债的比重相对较小；相反，如果企业管理者以取得高报酬为目的而愿意承担一定的财务风险，则资本结构中负债的比重相对要大。

3. 企业的获利能力

息税前利润是用以还本付息的根本来源。息税前利润越大，投资利润率越大于负债利率，此时利用财务杠杆能取得财务杠杆的正效应，为企业锦上添花；反之，如果投资利润率小于负债利率，则利用财务杠杆只能取得财务杠杆的负效应，使企业雪上加霜。

4. 企业的现金流状况

企业借入资金的利息和本金通常必须以现金支付。企业的现金流入量越大，其举债能力就越强；反之，其举债能力就越弱。

5. 企业的发展速度

企业的发展速度较快，会更多地利用债务资金，反之，会较少地利用债务资金。

6. 银行等金融机构的态度

虽然企业希望通过负债筹资来取得财务杠杆的正效应，但是，银行等金融机构的态度在企业负债筹资中起决定性作用。大部分银行都不希望企业的负债比例太大，如果企业的债务过多，银行可能出于对自身风险的考虑而拒绝贷款。

7. 所得税税率的高低

债务利息在所得税税前支付，具有节税功能。一般认为，企业所得税税率越高，节税功能越强，从而举债好处越多。因此，所得税税率变动对企业资本结构具有某种导向作用。

8. 行业差别

不同行业所处的行业环境各不相同，资金结构有很大的差别。财务经理必须考虑本企业所处的行业，以便考虑最佳资本结构。例如，我国外贸企业的负债率普遍较高，而餐饮业等服务行业的负债率普遍较低等。

9. 资产结构

企业的资产结构不同，其选择的融资方式会不同，故资金结构也会不同。例如：拥有大量固定资产的企业主要通过长期负债和发行股票筹集资金；拥有较多流动资产的企业，则更多依赖流动负债来筹集资金；资产适用于抵押贷款的公司（如房地产公司）举债额较多；以技术研究开发为主的公司负债则很少。

10. 利率水平的变动趋势

利率水平的变动趋势也会影响企业的资金结构，如果公司财务管理人员认为当前利率水平暂时较低，但不久的将来有上升的可能，便会大量发行长期固定利率债券，从而在若干年内把利率固定在较低水平上。

以上因素都可能会影响企业的资金结构，财务人员应在认真分析的基础上，根据经验来确定企业的资金结构；确定资金结构的定量分析法和定性分析法各有优缺点，在实际工作中应结合起来加以运用，以便合理确定资金结构。

本章小结

1. 资金成本是企业为筹集和使用资金而付出的代价，是企业选择资金来源、拟订筹资方案、评价投资项目、衡量经营成果的重要标准。资金成本的计算包括个别资金成本、综合资金成本以及边际资金成本的计算。

2. 经营杠杆效应是指由于固定成本的存在而导致息税前利润变动率大于产销量变动率的现象，固定成本的存在是产生经营杠杆效应的根本原因。衡量经营杠杆效应大小的指标是经营杠杆系数（DOL）。

$$\mathrm{DOL}=\frac{\Delta \mathrm{EBIT}/\mathrm{EBIT}}{\Delta x/x}=\frac{M}{\mathrm{EBIT}}$$

3. 财务杠杆效应是指由于固定财务费用的存在而导致普通股每股税后利润变动率大于息税前利润变动率的现象，固定财务费用的存在是产生财务杠杆效应的根本原因。衡量财务杠杆效应大小的指标是财务杠杆系数（DFL）。

$$\mathrm{DFL}=\frac{\Delta \mathrm{EPS}/\mathrm{EPS}}{\Delta \mathrm{EBIT}/\mathrm{EBIT}}=\frac{\mathrm{EBIT}}{\mathrm{EBIT}-I-\dfrac{D}{1-T}}$$

4. 复合杠杆效应是指由于固定成本和固定财务费用的共同存在而导致的普通股每股税后利润变动率大于产销量变动率的现象，固定成本和固定财务费用的共同存在是产生复合杠杆效应的根本原因。衡量复合杠杆效应大小的指标是复合杠杆系数（DCL）。

$$\mathrm{DCL}=\frac{\dfrac{\Delta \mathrm{EPS}}{\mathrm{EPS}}}{\dfrac{\Delta x}{x}}=\mathrm{DOL}\times\mathrm{DFL}=\frac{M}{\mathrm{EBIT}-I-\dfrac{D}{1-T}}$$

5. 资本结构是指企业各种长期资金的构成比例。确定企业最佳资本结构在实际工作中是一件较为困难的事情，我们可以通过定量分析法（如比较资金成本法、无差别点分析法）结合定性分析法来寻找企业合理的资本结构。

复习思考题

1. 请比较以下筹资方式的资金成本的高低：发行股票、发行债券、长期银行借款和留存收益。并说明为什么。
2. 简述资金成本的作用。
3. 企业如何确定其最佳资本结构？

本章习题

一、单项选择题

1. 下列各项费用中，（　　）属于用资费用。

A. 向股东支付的股利　　B. 借款手续费
C. 股票的发行费　　D. 债券的发行费

2. 成本按其习性可划分为（　　）。

A. 约束成本和酌量成本　　B. 固定成本、变动成本和混合成本
C. 相关成本和无关成本　　D. 付现成本和非付现成本

3. 某企业取得5年长期借款300万元，年利率为10%，每年付息一次，到期一次还本，筹资费用率为0.5%，企业所得税税率为25%，则该项长期借款的资金成本为（　　）。

A. 7.53%　　B. 7.50%　　C. 10%　　D. 7.89%

4. 大得公司按面值发行150万元的优先股，筹资费率为5%，每年支付10%的股利，若该公司的所得税税率为30%，则该优先股的资金成本为（　　）。

A. 7.37%　　B. 10%　　C. 10.53%　　D. 15%

5. 德华公司发行了总面值为2 000万元的债券，票面利率为10%，偿还期限为3年，发行费率为4%，若该公司的所得税税率为30%，该债券的发行价为1 800万元，则该债券的资金成本为（　　）。

A. 7.78%　　B. 8.1%　　C. 7.29%　　D. 8.5%

6. 某企业发行普通股1 000万股，每股面值1元，发行价格为每股5元，筹资费率为4%，每年股利固定为每股0.20元，则该普通股的资金成本为（　　）。

A. 4%　　B. 4.17%　　C. 16.17%　　D. 20%

7. 当财务杠杆系数为1时，下列表述正确的是（　　）。

A. 息税前利润增长率为零　　B. 息税前利润为零
C. 债务利息与优先股股息为零　　D. 固定成本为零

8. 某企业上年的息税前利润为5 000万元，利息为500万元，优先股股利为400万元，本年的息税前利润为6 000万元，利息为500万元，优先股股利为400万元，所得税税率为20%，则该企业本年度财务杠杆系数为（　　）。

A. 1.2　　B. 1.11　　C. 1.22　　D. 1.25

9. 比较资金成本法是根据（　　）来确定资金结构。

A. 加权平均资金成本的高低　　B. 占比重大的个别资金成本的高低
C. 各个别资金成本代数之和的高低　　D. 负债资金各个别资金成本代数之和的高低

10. 某公司的经营杠杆系数为2，财务杠杆系数为3，预计销售将增长10%，在其他条件不变的情况下，每股利润将增长（　　）。

A. 50%　　B. 10%　　C. 30%　　D. 60%

11. 某企业固定成本为20万元，全部资金均为自有资金，其中优先股占15%，则该企业（　　）。

A. 只存在经营杠杆　　B. 只存在财务杠杆
C. 存在经营杠杆、财务杠杆和复合杠杆　　D. 经营杠杆和财务杠杆可以相互抵消

12. 下面与资金结构无关的是（　　）。

A. 企业销售增长情况　　B. 贷款人与信用评级机构
C. 管理人员对风险的态度　　D. 企业的产品在顾客中的声誉

13. 关于复合杠杆系数，下列说法正确的是（　　）。
A. 等于经营杠杆系数和财务杠杆系数之和
B. 该系数等于普通股每股税后利润变动率与息税前利润变动率之间的比率
C. 该系数反映产销量变动对普通股每股税后利润的影响
D. 复合杠杆系数越大，企业风险越小

14. 某公司预计报告期息税前利润增长6%，公司经营杠杆系数为2，财务杠杆系数为3，在其他条件不变的情况下，预期公司营业收入和每股收益的增长率分别是（　　）。
A. 2%，12%　　B. 12%，2%　　C. 3%，18%　　D. 18，3%

15. 当预计的息税前利润大于每股利润无差别点时，运用（　　）筹资较为有利。
A. 负债　　B. 权益　　C. 负债或权益均可　　D. 无法确定

二、多项选择题

1. 影响优先股成本的主要因素有（　　）。
A. 优先股股利　　B. 优先股总额　　C. 优先股筹资费率　　D. 企业所得税税率

2. 负债资金在资金结构中产生的影响是（　　）。
A. 降低企业资金成本　　B. 加大企业财务风险
C. 具有财务杠杆作用　　D. 分散股东控制权

3. 在其他因素不变的情况下，固定成本越高，则（　　）。
A. 经营杠杆系数越小　　B. 经营风险越大
C. 经营杠杆系数越大　　D. 经营风险越小

4. 下列各种筹资活动中，（　　）活动会加大财务杠杆作用。
A. 增加银行借款　　B. 增发公司债券　　C. 增发优先股　　D. 增发普通股

5. 企业使用资金要付出代价，下列选项中，（　　）属于筹资费用。
A. 向股东支付股息　　B. 向银行支付的借款手续费
C. 发行费　　D. 向债权人支付利息

6. 留存收益是归属于股东的税后未分派给股东的股利，可将其看作股东对企业的再投资，其资金成本的特性有（　　）。
A. 是一种机会成本　　B. 不必考虑筹资费用
C. 通常高于普通股资金成本　　D. 通常不必考虑其资金成本
E. 相当于股东进行股票投资所要求的报酬率

7. 关于经营杠杆系数，当息税前利润大于或等于0时，下列说法正确的有（　　）。
A. 在其他因素一定时，固定成本越大，经营杠杆系数越大
B. 在其他因素一定时，固定成本越大，经营杠杆系数越小
C. 当固定成本趋近于0时，经营杠杆系数趋近于1
D. 当固定成本等于边际贡献时，经营杠杆系数趋向于无穷大

8. 下列对财务杠杆的论述，正确的有（　　）。
A. 财务杠杆系数越高，每股利润增长越快
B. 财务杠杆效益是指利用负债筹资给企业自有资金带来的额外收益
C. 财务杠杆系数越大，财务风险越大
D. 财务杠杆系数与财务风险无关

9. 某企业经营杠杆系数为2，财务杠杆系数为3，则下列说法正确的有（　　）。
   A. 如果销售量增加20%，息税前利润将增加20%
   B. 如果息税前利润增加20%，每股利润将增加60%
   C. 如果销售量增加10%，每股利润将增加60%
   D. 如果每股利润增加30%，需销售量增加5%
10. 在相关范围内，会随着产销量的变动而相应变动的项目包括（　　）。
   A. 变动成本　　B. 固定成本　　C. 边际贡献　　D. 经营杠杆系数

三、判断题

1. （　　）当企业的经营杠杆系数等于1时，则企业的固定成本为零，此时企业没有经营。
2. （　　）息税前利润可以用利润总额加上利息费用计算。
3. （　　）经营杠杆可以用边际贡献除以税前利润来计算，它说明了销售变动引起利润变化的幅度。
4. （　　）在计算息税前利润的公式 EBIT = $(p-b)\ x-a$ 中，固定成本和变动成本中都不包含利息费用因素。
5. （　　）在计算普通股成本时，可不必考虑筹资费用和所得税的影响。
6. （　　）资本成本一般用资金成本率表示，它是筹资费用与用资费用之和与筹资总额的百分比。
7. （　　）企业最优资本结构是指在一定条件下使企业负债资本成本最低的资本结构。
8. （　　）发行优先股筹资，既能为企业带来杠杆利益，又具有抵税效应，所以企业在筹资时应优先考虑发行优先股。
9. （　　）在各种资金来源中，凡须支付固定性筹资成本的资金都能产生财务杠杆作用。
10. （　　）由于经营杠杆的作用，当息税前利润下降时，普通股每股盈余会下降得更快。

四、计算题

1. 大庆公司已经筹集资金1 200万元，其中：
   （1）发行长期债券1 000万元，债券票面利率为12%，发行费用为3%，所得税税率25%。
   （2）发行优先股100万元，筹资费率4%，每年支付股利12%。
   （3）发行普通股100万股，每股发行价为1元，筹资费率5%，第1年年末每股发放股利0.12元，预计以后每年增加4%。要求：
   （1）计算该公司的各种个别资金成本。
   （2）计算该公司的综合资金成本。
2. 星星公司年销售净额为280万元，息税前利润为80万元，固定成本为32万元，变动成本率为60%，资本总额为200万元，债务比率为40%，债务利率为12.5%。要求：
   （1）分别计算该公司的经营杠杆系数、财务杠杆系数和复合杠杆系数，并说明它们各自的经济意义。
   （2）如果预测星星公司的销售额将增长10%，计算息税前利润及每股盈余的增长幅度。
3. 民生公司目前发行在外普通股100万股（每股1元），已发行债券400万元，利率为10%。该公司打算为一个新的投资项目融资500万元，预计新项目投产后每年息税前利润增加到200万元。现有两个方案可供选择：
   甲方案：发行年利率为12%的债券500万元；
   乙方案：按每股20元发行新股25万股。

公司适用所得税税率为25%。要求：

（1）计算两个方案的每股利润。

（2）计算两个方案的每股利润无差别点。

（3）计算两个方案的财务杠杆系数。

（4）判断哪个方案更好。

4. 景新公司2020年销售产品10万件，单价50元，单位变动成本30元，固定成本总额100万元。公司负债60万元，年利率为12%，公司每年须支付优先股股利10万元，所得税税率为25%。要求：

（1）计算2020年边际贡献。

（2）计算2020年息税前利润总额。

（3）计算该公司2021年复合杠杆系数。

5. 某公司2020年的净利润为750万元，所得税税率为25%，估计2021年的财务杠杆系数为2，该公司全年固定成本总额为1 500万元。要求：

（1）求2020年的利润总额。

（2）求2020年的利息总额。

（3）求2020年的息税前利润总额。

（4）求2021年的经营杠杆系数。

五、案例题

红旗公司是一家经营机电设备的国有企业，改革开放以来，该企业不断发展壮大，在市场经济的过程中走在前面。为了进一步拓展国际市场，该公司需要在国外建立一个全资子公司。目前母公司的资金来源包括面值为1元的普通股1 000万股和平均利率为10%的负债3 200万元，预计母公司当年能实现息税前利润1 600万元。开办这个全资子公司是为了培养新的利润增长点，该全资子公司需要投资4 000万元。预计该子公司建成投产后会增加销售收入2 000万元，其变动成本为1 100万元，固定成本为500万元。子公司资金来源有三种筹资形式供选择：① 以11%的利率发行债券4 000万元；② 按面值发行股利率为12%的优先股4 000万元；③ 按每股20元价格发行普通股200万股。假定公司所得税税率为30%，在不考虑财务风险的情况下，试分析该公司应选择哪一种筹资方式（要求利用无差别点分析法）。

案例分析提示：

首先，计算债券筹资与普通股筹资的无差别点：

令
$$[(\text{EBIT}-3\,200\times10\%-4\,000\times11\%)\times(1-30\%)]/1\,000$$
$$=[(\text{EBIT}-320)\times(1-30\%)]/1\,200$$

得
$$\text{EBIT}=2\,960\ （万元）$$

其次，计算优先股筹资与普通股筹资的无差别点：

令
$$[(\text{EBIT}-320)\times(1-30\%)-4\,000\times12\%]/1\,000$$
$$=(\text{EBIT}-320)\times(1-30\%)/1\,200$$

得
$$\text{EBIT}=4\,434\ （万元）$$

在不考虑财务风险的情况下，基于以上的计算结果，债券筹资、优先股筹资与普通股筹资的无差别点分别是2 960万元和4 434万元。由于该项目为公司新增400万元的息税前利润（=2 000－1 100－500），加上母公司预计当年实现的息税前利润1 600万元，共计获得息税前利润2 000万元（小于两个无差别点）。在这种情况下，普通股筹资有着更高的每股收益率，所以应该选择发行普通股的方式来筹资。

第五章　流动资产管理

通过本章的学习，了解流动资产的概念及投资特点、流动资产的分类；了解现金管理的目标、现金的持有动机与成本；掌握确定最佳现金持有量的方法；了解现金的日常管理；了解应收账款管理的目标、应收账款的功能与成本；理解信用政策决策；了解应收账款的日常管理；了解存货管理的目标、存货的功能与成本；掌握存货经济批量决策方法；了解存货的日常管理。

能够进行现金最佳持有量、信用政策及存货经济批量的决策；熟悉现金、应收账款及存货的日常管理。

引　言　你出门口袋里习惯带多少钱？多带现金不安全，还会损失一定的利息收入，带少了可能耽误事情。带多少最合适呢？你一定权衡过了。企业也一样，企业的流动资产尤其是现金、存货需要通过权衡利弊后确定一个最佳数量。现在市场竞争激烈，很多企业为了吸引客户采用赊销方式，还给现金折扣。你知道赊销的利弊应如何权衡吗？打折扣对企业是否有利？只有经过计算，我们才心中有数。

第一节 流动资产管理概述

一、流动资产的概念及投资特点

流动资产（Current Assets）是指在一年以内或超过一年的一个营业周期内变现或运用的资产，主要包括现金、交易性金融资产、应收账款、存货等。在资产负债表中，流动资产按照流动性的强弱依次列于左上方。对于一家制造企业来说，其流动资产通常占总资产的一半左右；对于一家销售企业来讲，这一比例可能更高。企业持有一定数量的流动资产是企业进行生产经营活动必不可少的物质条件，但一般认为流动资产的盈利能力比较差。因此，流动资产投资必须保持一个恰当的水平，过高则可能会降低企业的投资回报率，而过低则又可能给企业的生产经营活动带来困难。一般而言，流动资产投资具有以下特点：

（1）流动资产投资周转速度快，变现能力强。投资于流动资产的资金一般在一年或一个营业周期内收回，相对于固定资产来说，其周转速度较快。同时，当企业急需现金时，流动资产的变现能力也比较强。流动资产的变现能力比较强，主要是指两层意思，其一是流动资产很容易变卖或转让；其二是在变卖或转让的过程中，流动资产的价值一般不会遭受较大的损失。

（2）流动资产投资的能力比较弱，投资风险较小。这是相对于固定资产投资而言的，另外，企业在流动资产，如现金和存货保持大量投资，就会减少不能按时偿债和由于存货不足而影响生产经营的可能性，即减少了企业的经营风险。但是，流动资产的增加会降低企业的整体投资效益，所以，流动资产必须保持一个恰当的水平。

（3）流动资产投资的数量波动很大。流动资产投资的数量并非一个常数，随着供产销的变化，其投资的数量时高时低，起伏不定，季节性生产企业在这一点上表现得尤其突出。企业在生产经营过程中的流动资产，可以划分为固定性流动资产和波动性流动资产。固定性流动资产是维持企业正常生产经营活动所必须的流动资产，一般比较稳定；而波动性流动资产是由于临时或季节性原因而投资的流动资产，一般具有很强的波动性。对于流动资产投资管理来说，应该尽可能使流动资产的变动与企业的生产经营的波动保持一致，以满足其需要。

（4）流动资产投资的占用形态经常变动。流动资产在循环周转过程中，经过供产销三个阶段，其占用形态不断变化，即按现金——材料——在产品——产成品——现金的顺序转化。企业营业利润主要是通过流动资产在这种不断循环周转的过程中得以实现的。流动资产管理的重点就是要使这种周转顺利而快速进行。而要保持流动资产周转的顺利进行就必须加强现金管理、应收账款管理和存货管理。

二、流动资产的分类

（1）按资产的占用形态分为现金、交易性金融资产、应收账款、存货等。

（2）按流动性强弱分为速动资产和非速动资产。流动资产项目中的现金、交易性金融资产、应收票据、应收账款等变现能力极强，所以称为速动资产；而存货、待摊费用、一年内到期的长期债权投资等流动资产的流动性相对较弱，所以称为非速动资产。应该注意的是，非速动资产往往占流动资产的一半左右。

（3）按盈利能力分为收益性流动资产和非收益性流动资产。收益性流动资产是指可以直接给企业带来收益的流动资产，如交易性金融资产、银行存款等；非收益性流动资产是指不能直接给企业带来收益的流动资产，如现金、预付账款等。

第二节 现金管理

现金（Cash）分为广义的现金和狭义的现金。狭义的现金是指企业财务部门的库存现金或现钞。广义的现金是指货币资金，包括库存现金、银行存款、银行本票、银行汇票等。此处是指广义的现金，它是流动性最强的流动资产，具有普遍的可接受性。

现金管理的目标是：合理确定现金持有量，使现金收支不但在数量上，而且在时间上相互衔接，在保证企业经营活动所需现金的同时，尽量减少企业闲置现金的数量，提高资金收益率。

一、现金的持有动机和成本

（一）现金的持有动机

企业持有一定数量的现金，主要基于以下三个方面的动机：

1. 交易动机（Transaction Motive）

交易动机是指企业为了满足经常发生的业务需求而持有现金，如购买固定资产和原材料、支付工资、缴纳税款等。企业每天的现金收入和现金支出很少同时等额发生，保留一定的现余额可使企业在现金支出大于现金收入时，不易中断交易。满足交易需要的现金数额受多项因素的影响。正常营业活动产生的现金收入和支出以及它们之间的差额，一般同销售量成正比例变化。一般来说，公用事业企业的现金流量比较容易预测，因为其需求一般比较稳定；而对于高科技企业来说，其现金流量却很难预测。

2. 预防动机（Precautionary Motive）

预防动机是指为了应付意外的现金需求而持有现金。预防动机对企业现金的持有量有很大的影响。例如，航空企业的现金具有较高的不确定性，天气情况、燃油价格、游客的变化等因素使其现金流预测极为困难，所以，航空企业要求的最低现金余额往往较多。一般来说，自然灾害、生产事故、主要顾客未能及时付款等，都会打破企业的现金收支计划，使现金收支失衡。持有较多的现金便可以更好地应付这些意外事件对现金的需要。预防动机所需现金的多少取决于以下三个因素：①现金收支预测的可靠程度；②企业临时筹措现金的能力；③企业愿意承担的风险程度。在实际工作中，企业还可以通过持有一定数量的有价证券来满足预防动机，在正常情况下，有价证券和现金之间的转化非常容易实现。相对于持有现金而言，有价证券这种准现金资产可以获得一个较高的回报率，因此通过投资有价证券来满足预防动机是一种合理的选择。

3. 投机动机（Speculative Motive）

投机动机是指企业为了能趁机利用潜在的获利机会而持有现金。一般来说，这种投资机会具有时间短、收益高的特点。例如，利用原材料价格的波动进行投机，在估计原材料价格将大幅上扬时，大量购进原材料，从而获得价差收益。

（二）现金的成本

现金的成本通常由以下三个部分组成：

1. 持有成本（Holding Cost）

现金的持有成本是指企业因持有现金而放弃的再投资收益和增加的相应的管理费用。现金的再投资收益一般是指将现金投资于有价证券所能获得的收益，是持有现金的机会成本，所以，现金的再投资收益通常称为现金的机会成本。例如，某企业持有现金 100 万元，若投资于证券，可以获得 10% 的收益率，即现金的再投资收益为 10 万元。同时，放弃的再投资收益即机会成本属于变动成本，它与现金的持有量存在正比例关系，即现金持有量越大，机会成本越高；反之，则越少。

持有现金的管理费用是指企业为了对所持有现金进行管理而发生的管理费用，主要包括管理人员的工资及必要的安全设施等。持有现金的管理费用具有固定成本的性质，在一定范围内，它一般与所持有现金的数量没有密切的关系。

2. 转换成本（Switching Cost）

转换成本是指企业用现金购入有价证券以及转让有价证券换取现金时付出的交易费用，即现金与有价证券之间相互转换的成本，如委托买卖佣金、委托手续费、证券过户费、实物交割手续费等。严格地讲，转换成本并不都是固定费用，有的具有变动成本的性质，如委托买卖佣金或手续费，这些费用通常是按照委托成交金额计算的。因此，在证券总额既定的条件下，无论变动次数是多少，所需支付的委托成交费用是相同的。因此，那些依据委托成交金额计算的转换成本与证券转换次数关系不大，属于决策的无关成本，在此不予考虑。这样，与证券变动次数密切相关的转换成本便只包括其中的固定交易费用。这时，转换成本与证券转换次数呈线性关系，即

$$转换成本总额 = 证券转换次数 \times 每次的转换成本$$

证券转换成本与现金持有量的关系是：在现金需要量既定的前提下，每次现金持有量即有价证券变现额的多少，必然对有价证券的变现次数产生影响，即现金持有量越少，进行证券变现的次数就越多，相应的转换成本就越大；反之，现金持有量越多，证券变现的次数就越少，需要的转换成本就越少。因此，现金持有量的不同必然通过证券变现次数多少而对转换成本产生影响。

3. 短缺成本（Shortage Cost）

现金的短缺成本是指在现金持有量不足而又无法及时通过有价证券变现加以补充而给企业造成的损失，包括直接损失和间接损失。直接损失是由于现金的短缺而使企业的生产经营及投资受到影响而造成的损失。例如，由于现金短缺而无法购进急需的原材料，从而使企业的生产经营及投资中断而给企业造成的损失。间接损失是指由于现金的短缺而给企业带来的无形的损失。例如，由于现金短缺而不能按期支付货款或不能按期归还贷款，这将给企业的信用和形象造成损害。

现金的短缺成本随现金持有量的增加而下降，随着现金持有量的减少而上升，即与现金持有量呈负相关。

二、最佳现金持有量的确定

现金是企业主要的支付手段，又是一种非收益性的资产。现金持有不足，则可能影响企业的生产经营，加大企业的财务风险；现金持有过多，则会降低企业的整体盈利水平。因此，企业确定最佳现金持有量具有重要的意义。确定最佳现金持有量的方法很多，下面介绍几种最常用的方法。

（一）成本分析模型

如前所述，现金成本分为持有成本、转换成本、短缺成本三种。成本分析模型是在不考虑现金转换成本的情况下，通过对持有成本和短缺成本进行分析而找出最佳现金持有量的一种方法。由于持有成本分为机会成本和管理费用，所以，成本分析模型是找到机会成本、管理费用和短缺成本所组成的总成本曲线中最低的点所对应的现金持有量，把它作为最佳现金持有量。因为持有现金的机会成本为现金持有量与有价证券收益率之积，所以它与现金持有量成正比；管理费用具有固定成本的属性，不随现金持有量变化；而现金短缺成本与现金持有量成反比例变化。以上关系可用图 5－1 表示。

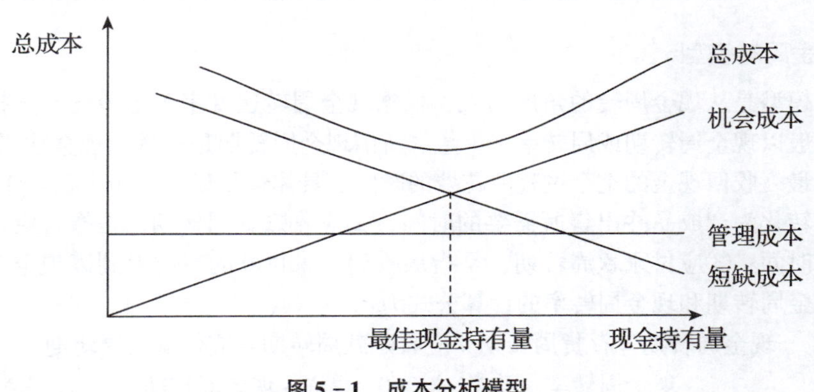

图 5－1　成本分析模型

从图 5－1 中可以看出，总成本曲线呈抛物线形，抛物线的最低点即为总成本的最低点，其所对应的现金持有量便是最佳现金持有量。在实际工作中运用该模型确定最佳现金持有量的具体步骤为：

（1）根据各种可能的现金持有量测算与确定有关成本数值。

（2）根据上一步的结果编制最佳现金持有量的测算表。

（3）从测算表中找出总成本最低时的现金持有量，即最佳现金持有量。

例 5－1　某企业有四种现金持有方案，其相应的成本资料见表 5－1。试判定该企业的最佳现金持有量。

表 5－1　现金持有量及有关成本　（单位：元）

项　目	方　案			
	A	B	C	D
现金持有量	20 000	30 000	40 000	50 000
机会成本率	10%	10%	10%	10%

（续）

项 目	方 案			
	A	B	C	D
管理费用	1 000	1 000	1 000	1 000
短缺成本	6 000	4 000	2 000	1 200

解：根据表 5－1，可编制最佳现金持有量测算表（表 5－2）。比较各方案的总成本可知，C 方案总成本最低，该企业的最佳现金持有量应为 40 000 元。

表 5－2 最佳现金持有量测算表 （单位：元）

方 案	机会成本	管理费用	短缺成本	总成本
A	2 000	1 000	6 000	9 000
B	3 000	1 000	4 000	8 000
C	4 000	1 000	2 000	7 000
D	5 000	1 000	1 200	7 200

（二）现金周转模型

现金周转模型是从现金周转的角度出发，根据现金周转速度来确定最佳现金持有量。现金的周转速度一般以现金周转期或周转率来衡量。所谓现金周转期是指从用现金购买原材料开始，到销售产品并最终收回现金的整个过程所花费的时间。具体包括以下三个方面：①存货周转期，是指将原材料转化为产成品并出售所需要的时间；②应收账款周转期，是指将应收账款转化为现金所需要的时间；③应付账款周转期，是指从收到尚未付款的原材料到以现金支付欠款所需要的时间。现金周转期和现金周转率的计算公式为

$$现金周转期=存货周转期+应收账款周转期-应付账款周转期$$

$$现金周转率（次数）=360（天）\div 现金周转期$$

一般来说，利用现金周转模型确定最佳现金持有量，包括以下三个步骤：①计算现金周转期；②计算现金周转率；③计算最佳现金持有量。其计算公式为

$$最佳现金持有量=\frac{预测期全年现金需要量}{现金周转率}$$

例 5－2 根据测算，某企业预计全年需用现金 1 440 万元，预计的存货周转期为 100 天，应收账款周转期为 50 天，应付账款周转期为 60 天，试计算该企业的最佳现金持有量。

解：

$$现金周转期=100+50-60=90（天）$$

$$现金周转率=360\div 90=4（次）$$

$$最佳现金持有量=1\,440\div 4=360（万元）$$

（三）存货模型

存货模型是 1952 年由美国经济学家威廉·杰克·鲍莫尔（William Jack Baumol）首先提出的，他认为，最佳现金持有量与存货的经济批量问题在许多方面都很相似，因此，可用存货的经济批量模型来确定最佳现金持有量。在存货模式中只考虑现金的机会成本和转换成本，而不考虑现金的管理费用和短缺成本。这是因为：①在一定范围内，现金的管理费用与现金持有量

一般没有关系，所以属于决策无关成本；②由于现金的短缺成本具有不确定性，其成本往往不易计量，所以在此也不予考虑。

如果现金持有量大，则现金的机会成本高，转换成本低；反之，现金持有量小，则现金的机会成本低，转换成本高。最佳现金持有量就是使现金机会成本与转换成本之和最低的现金持有量。

设：T 为特定时期内的现金总需求量；F 为每次转换有价证券的转换成本；Q 为最佳现金持有量；K 为有价证券利率；TC 为现金管理总成本（机会成本与转换成本之和）。

则

$$\text{现金管理总成本} = \text{机会成本} + \text{转换成本}$$

即

$$\mathrm{TC} = (Q/2)K + (T/Q)F$$

对自变量 Q 求导数可知

$$\frac{\mathrm{d(TC)}}{\mathrm{d}Q} = \frac{K}{2} - \frac{TF}{Q^2}$$

令$\frac{\mathrm{d(TC)}}{\mathrm{d}Q}=0$，则$\frac{K}{2}=\frac{TF}{Q^2}$

变化上式，得

$$(Q/2)K = (T/Q)F$$

即当机会成本等于转换成本时，现金管理总成本最低。

从而得

$$Q = \sqrt{\frac{2TF}{K}}$$

有价证券交易次数：

$$\frac{T}{Q} = \sqrt{\frac{TK}{2F}}$$

最低现金管理总成本：

$$\mathrm{TC} = \sqrt{2TFK}$$

例 5－3 某企业预计全年需要现金 100 000 万元，现金与有价证券的转换成本为每次 200 万元，有价证券的利率为 10%。

要求：

(1) 计算最佳现金持有量。

(2) 计算有价证券的交易次数。

(3) 计算有价证券的转换周期。

(4) 计算现金机会成本。

(5) 计算现金转换成本。

(6) 计算最低现金管理总成本。

解：设 Q 为最佳现金持有量

由于：

$$\text{现金管理总成本} = \text{机会成本} + \text{转换成本}$$

则有：

$$\mathrm{TC}(Q) = (Q \div 2) \times 10\% + (100\,000 \div Q) \times 200$$

因为当机会成本等于转换成本时，现金管理总成本最低，所以：

令

$$(Q \div 2) \times 10\% = (100\,000 \div Q) \times 200$$

解方程得最佳现金持有量　　$Q = 20\,000$（万元）

所以：有价证券的交易次数 = 100 000 ÷ Q = 100 000 ÷ 20 000 = 5（次）

有价证券的转换周期 = 360 ÷ 5 = 72（天/次）（即每隔 72 天转换一次）

现金转换成本 =（100 000 ÷ Q）× 200 =（100 000 ÷ 20 000）× 200 = 1 000（万元）

现金机会成本 = $(Q \div 2) \times 10\% = (20\,000 \div 2) \times 10\% = 1000$（万元）

最低现金管理总成本 = $(Q \div 2) \times 10\% + (100\,000 \div Q) \times 200 = 1\,000 + 1\,000 = 2\,000$（万元）

当然，以上计算也可以直接套用公式计算：

最佳现金持有量 $Q = \sqrt{\dfrac{2 \times 100\,000 \times 200}{10\%}} = 20\,000$（万元）

有价证券的交易次数 $= \dfrac{100\,000}{20\,000} = 5$（次）

现金管理总成本 = $(100\,000 \div 20\,000) \times 200 = 1\,000$（万元）

现金机会成本 = $(20\,000 \div 2) \times 10\% = 1\,000$（万元）

最低现金管理总成本 $TC = \sqrt{2 \times 100\,000 \times 200 \times 10\%} = 2\,000$（万元）

三、现金收支管理

现金收支管理的目的在于通过加强现金管理，提高现金的使用效率。

（1）加速现金回收。在不影响企业未来销售的情况下，尽可能地加快现金的回收。如果现金折扣在经济上可行，应尽量运用。

（2）力争现金流量同步。一般来说，对于同一个经济业务，其现金流入与现金流出往往并不同步，但是企业一般同时进行许多经济业务，它们发生的时间有先有后。作为企业的财务管理人员，就应该想方设法使企业的现金流入与现金流出发生的时间趋于一致。这样一来就可以将企业所持有的交易性现金持有量降到最低水平，从而提高企业现金的使用效率。

（3）合理估计现金“浮游量”。企业账簿上的现金余额往往并不能代表企业在银行中的可用现金，实际上，企业在银行里的可用现金，通常要大于企业账簿上的现金余额。企业的银行存款余额同它的账面现金余额之差，就是现金“浮游量”。为了保证企业的安全运转，财务人员必须对这个差异有清楚的了解，以正确判断企业的现金持有情况，避免出现高估或低估企业现金余额的错误。

（4）采用承兑汇票延迟付款。与普通支票不同的是，承兑汇票不是“见票即付”的票据。当汇票被提交给开票方开户银行时，开户行还必须将它交给签发者以获承兑，然后，付款人将一笔相当于汇票金额的资金存入银行，这样就推迟了企业调入现金支付汇票实际所需要的时间。其缺点是银行需要更多的手续处理汇票，因而会收取更高的手续费。

（5）尽量推迟支付应付账款的时间。企业可以在不影响信誉的情况下，尽量推迟应付账款的支付期。例如，如果付款条件是“2/10，n/45”，则企业若想得到现金折扣，就应在发票开出后的第10天付款，否则，就应该在第45天付款。

第三节 应收账款管理

应收账款（Accounts Receivable）是因为企业对外赊销产品、材料、供应劳务等应向对方收取而未收取的款项。企业发生应收账款的原因主要有两种：一是商业竞争，这是发生应收账款的主要原因；二是销售与收款的时间差距。

应注意的是，由竞争引起的应收账款是一种商业信用，而由于销售与收款的时间差造成的应收账款不属于商业信用。制定信用政策时要考虑这一点。

企业提供商业信用，采取赊销方式，会使企业应收账款的数额大量增加，现金的回收期延长，甚至会使企业遭受不能收回应收账款的损失。但赊销又可以扩大销售，增加企业的市场占有率和盈利。

应收账款管理的目标是在发挥应收账款扩大销货功能的同时，尽可能降低应收账款投资的机会成本，减少坏账损失与管理成本，提高应收账款投资的收益率。

为了充分发挥应收账款的作用，必须加强应收账款的管理，其核心是制定适当的信用政策。制定信用政策时，一方面要考虑到有利于扩大销售；另一方面要考虑到有利于降低应收账款占用的资金，缩短应收账款的回收期，防止发生坏账损失。

一、应收账款的功能与成本

（一）应收账款的功能

应收账款的功能是指它在生产经营中的作用，主要有以下两个方面：

1. 促进销售

企业销售产品时可以采用两种基本的方式，即现销与赊销。显然，现销对企业有利，赊销对客户有利。在竞争激烈的市场经济条件下，促销已经成为企业的一项重要工作内容。企业促销的手段虽然多种多样，但在银根紧缩、市场疲软、资金匮乏的情况下，赊销的促销作用是十分明显的，特别是在企业销售新产品、开拓新市场时赊销就更加具有重要的意义。这是因为购货方一方面可以在不付款的情况下得到自己需要的商品，降低了在商品质量、性能等方面存在问题的风险；另一方面，购货方可以在一定时期内减少自己的资金占用。

2. 减少存货

由于赊销具有促销功能，可以加速产品的销售，从而可降低存货中产成品的数额，这有利于缩短产成品的库存时间，降低产成品存货的管理费用、仓储费用和保险费用等各方面的支出。因此，无论是季节性生产企业还是非季节性生产企业，当产成品较多时，一般应采用较优惠的信用条件进行赊销，把存货转化为应收账款，减少产成品存货，节约各种支出。

（二）应收账款的成本

企业持有应收账款，也要付出一定的代价，这种代价即应收账款的成本。其内容包括：

1. 机会成本（Opportunity Cost）

应收账款的机会成本是指将资金用于应收账款而不能进行其他投资所丧失的投资收益。这一成本的大小通常与企业维持赊销业务所需要的资金数量、资金成本有关。其计算公式为

$$\text{应收账款的机会成本} = \text{维持赊销业务所需要的资金} \times \text{资金成本}$$

式中资金成本一般可按有价证券利率计算，维持赊销业务所需要的资金数量可按下列步骤计算：

（1）计算应收账款平均余额，公式为

$$\begin{aligned}\text{应收账款平均余额} &= \text{赊销收入净额} \div 360 \times \text{平均收账天数}\\ &= \text{平均每日赊销额} \times \text{平均收账天数}\end{aligned}$$

（2）计算维持赊销业务所需要的资金，公式为

$$维持赊销业务所需要的资金=应收账款平均余额\times(变动成本\div销售收入)$$
$$=应收账款平均余额\times变动成本率$$

从上述公式中可见，若企业的单位变动成本和固定成本总额保持不变，当赊销业务扩大时，只有变动成本随之增加。

例5-4 若某企业预测的年度赊销收入净额为3 000 000元，应收账款平均收账天数为60天，变动成本率为60%，资金成本为10%。其应收账款的机会成本是多少。

解：

$$应收账款平均余额=3\,000\,000\div360\times60=500\,000（元）$$
$$维持赊销业务所需的资金=500\,000\times60\%=300\,000（元）$$
$$应收账款的机会成本=300\,000\times10\%=30\,000（元）$$

上述计算表明：企业投放300 000元的资金可维持3 000 000元的赊销业务，相当于垫支资金的10倍。这一较高倍数在很大程度上取决于应收账款的收账速度。在正常情况下，应收账款收账天数越少，一定数量资金所维持的赊销额就越大；应收账款收账天数越多，维持的相同赊销额所需要的资金数量就越大。而应收账款的机会成本在很大程度上取决企业维持赊销业务所需要资金的多少。

2. 管理成本（Managerial Cost）

应收账款的管理成本是指企业对应收账款进行管理而耗费的开支，是应收账款成本的重要组成部分，主要包括对客户信用情况调查的费用、收集信息的费用、催收账款的费用和账簿的记录费用等。

3. 坏账成本（Bad Debt Cost）

坏账成本是指由于某种原因导致应收账款不能收回而给企业造成的损失。该成本一般与应收账款的数量成正比，所以，为了减少坏账给企业生产经营活动的稳定性带来不利影响，企业按规定以应收账款余额的一定比例提取坏账准备。坏账的发生对企业是非常不利的，应该尽量防范。所以，防止发生坏账是企业制定信用标准的一项十分重要的工作。

二、信用政策

信用政策（Credit Policy）又称为应收账款政策，是企业财务政策的重要组成部分，应收账款赊销效果的好坏，依赖于企业的信用政策。信用政策包括信用标准、信用条件和收账政策。

（一）信用标准（Credit Standard）

信用标准是客户获得企业的交易信用所具备的条件。如果客户达不到信用标准，便不能享受企业的信用或只能享受较低的信用优惠。

企业在设定某一客户的信用标准时，往往要先了解它赖账的可能性，这可以通过“5C”系统进行评价。

（1）品质（Character）。这是指客户履约或违约的可能性。客户是否愿意按期支付货款，与该客户在以往的交易过程中所表现出来的品质有很大的关系，因此，品质是信用评价体系中首要因素。

（2）偿付能力（Capacity）。这是指客户支付货款的能力。客户支付货款的能力取决于其资产特别是流动资产的数量、质量（变现能力）、流动比率以及现金的持有水平等因素。一般来

说，企业的流动资产数量越多，质量越好，流动比率越高，持有现金越多，其支付货款的能力就越强；反之，就越弱。

（3）资本（Capital）。这是指客户的经济实力和财务状况的优劣。该指标主要是根据有关的财务比率来测定客户净资产的大小及其获利的可能性。

（4）抵押品（Collateral）。抵押品是指客户拒付或无力支付货款时能被用作抵押的资产。当对客户信用状况怀疑时，如果客户能够提供足够的抵押品，就可以向其提供商业信用。这不仅对顺利收回货款有利，而且一旦客户违约，也可以变卖抵押品，挽回经济损失。

（5）经济状况（Conditions）。这是指可能影响客户付款能力的经济环境，包括一般经济发展趋势和某些地区的特殊发展情况。当发现客户的经济状况向不利的方向发展时，向其提供商业信用就应十分谨慎。

（二）信用条件（Credit Terms）

1. 信用条件的构成

信用条件是指企业向对方提供商业信用时要求其支付赊销款项的条件，具体内容由信用期限、折扣期限和现金折扣三部分构成。信用条件的一般形式如“2/10，*n*/30”，意思是：若客户在 10 天内付款，可以享受 2% 的现金折扣；即使客户不享受现金折扣，也必须在 30 天内付款。上述信用条件的信用期限为 30 天，折扣期限为 10 天，现金折扣比率为 2%。信用条件是否优惠对企业的产品销售具有很大的影响。

信用期限是企业允许客户从购货到付清货款的最长时间。一般来说，信用期限越长，对客户的吸引力就会越大，因而可以在一定程度上扩大产品的销售量。但是应该注意到，过长的信用期限可能会给企业带来以下问题：①会使应收账款的平均收账期限延长，占用在应收账款上的资金也就会增加，进而使企业应收账款资金占用的机会成本增加。②会增加企业的坏账损失和收账费用，因为赊销的时间越长，发生坏账的可能性就越大，收回账款的费用也会相应增加。因此，企业在做信用期限决策时，应该视延长信用期限增加的边际收入是否大于增加的边际成本而定。

为了缩短客户的实际付款时间，加速资金的周转，同时减少坏账损失，企业常常给客户提供一个折扣期限。客户若在折扣期限内付款，则企业可以按销售收入的一定比率给予其现金折扣。现金折扣实际上是产品售价的扣减，企业提供一个什么样的折扣期限和现金折扣，应该看提供现金折扣后所得收益是否大于现金折扣的成本。

除上述信用条件外，企业还可以采取阶段性的现金折扣期与不同的现金折扣率。例如：“2/10，1/20，*n*/30”，意思是：在 10 天内付款，给予 2% 的现金折扣；在 11 至 20 天内付款，给予 1% 的现金折扣；在 21 至 30 天内付款，不给予现金折扣，超过 30 天为延期付款，客户将丧失商业信誉。

2. 信用条件的选择

信用条件的选择与信用标准的选择相似，即比较不同的信用条件的销售收入及相关成本，最后计算出各自的收益，并选择净收益最大的信用条件。

例 5-5 某企业采用赊销方式销售 A 产品，该产品的销售单价为 20 元，单位产品的变动成本为 15 元，固定成本总额为 400 000 元，当该企业没有对客户提供现金折扣时，该产品的年销售量为 100 000 件，应收账款的平均回收期为 45 天，坏账损失率为 2%，为了增加销售，同时加速应收账款的收回，企业考虑给客户提供“2/10，*n*/60”的信用条件。估计采用这一新的信用条件后，销售量将增加20%，有70%的客户将在折扣期内付款，坏账损失率将降为1%，另外，应收账款的资金成本为20%，该企业的生产能力有剩余。试选择对企业最有利的信用条件。

解：采用现金折扣后，增加销售收入为：2 400 000 − 33 600 − 2 000 000 = 366 400（元）

采用现金折扣后，增加变动成本为：1 800 000 − 1 500 000 = 300 000（元）

采用现金折扣后，减少机会成本为：37 500 − 25 000 = 12 500（元）

采用现金折扣后，减少坏账成本为：40 000 − 24 000 = 16 000（元）

采用现金折扣后，增加净收益为：366 400 − 300 000 + 12 500 + 16 000 = 94 900（元）

新旧信用条件对比见表5-3。

表5-3 信用条件对比表 （单位：元）

项 目	采用旧的信用条件	采用新的信用条件
销售收入	2 000 000①	2 400 000⑥
现金折扣	—	33 600⑦
变动成本	1 500 000②	1 800 000
信用成本前边际收益	500 000	566 400⑧
应收账款的机会成本	37 500③	25 000⑨
应收账款的坏账成本	40 000④	24 000⑩
信用成本后收益	422 500⑤	517 400⑪

① 20 × 100 000 = 2 000 000（元）

② 15 × 100 000 = 1 500 000（元）

③ 2 000 000 ÷ 360 × 45 × 75% × 20% = 37 500（元）（此处75%为变动成本率）

④ 2 000 000 × 2% = 40 000（元）

⑤ 500 000 − 37 500 − 40 000 = 422 500（元）

⑥ 20 × 100 000 × (1 + 20%) = 2 400 000（元）

⑦ 2 400 000 × 70% × 2% = 33 600（元）

⑧ 2 400 000 − 33 600 − 1 800 000 = 566 400（元）

⑨ 2 400 000 ÷ 360 × (10 × 70% + 60 × 30%) × 75% × 20% = 25 000（元）

⑩ 2 400 000 × 1% = 24 000（元）

⑪ 566 400 − 25 000 − 24 000 = 517 400（元）

通过表5-3可知，采用新的信用条件，信用成本后收益将增加94 900元（= 517 400 − 422 500），所以应采用新的信用条件。

（三）收账政策（Collection Policy）

收账政策是指客户超过信用期限而仍未付款时企业采取的收账策略。收账政策主要包括监督应收账款的回收情况、建立应收账款坏账准备制度、制定适当的收账政策。

1. 监督应收账款的回收情况

企业已发生的应收账款时间有长有短，有的甚至已超过了信用期。一般来说，应收账款被拖欠的时间越长，催收的难度就越大，成为坏账的可能性也就越高，所以，将应收账款按账龄分类，尤其是按被拖欠的时间分类，密切关注应收账款的收回情况，是加强应收账款管理的重要环节。

应收账款账龄分析，即应收账款账龄结构分析。所谓应收账款的结构，是指各类不同账龄的应收账款余额占应收账款总体余额的百分比。在应收账款的账龄结构中，可以清楚地看出企业应收账款的分布和被拖欠情况，便于企业加强对应收账款的管理。

例 5－6 某企业应收账款账龄结构见表 5－4。

表 5－4　应收账款账龄结构表

应收账款账龄	金额（万元）	比重（%）
信用期内	600	60
逾期半年内	200	20
逾期半年至一年	100	10
逾期一年至两年	50	5
逾期两年至三年	40	4
逾期三年以上	10	1
应收账款总计	1 000	100

表 5－4 表明，该企业应收账款总额为 1 000 万元，其中在信用期内的有 600 万元，占 60%；逾期半年内的有 200 万元，占 20%；逾期半年至一年的有 100 万元，占 10%；逾期一年至两年的有 50 万元，占 5%；逾期两年至三年的有 40 万元，占 4%；逾期三年以上的有 10 万元，占 1%。从总体上看，该企业逾期的应收账款为 400 万元，占 40%，比重较大，所以应引起财务管理人员的高度重视。

企业应收账款的账龄结构确定以后，如果发现逾期的应收账款比重较大，首先，应分析产生这种情况的原因，如果属于企业信用政策的问题，应立即进行信用政策的调整；其次应具体分析拖欠客户的情况，搞清楚这些客户发生拖欠的原因是什么，拖欠的时间有多长，拖欠的金额有多少；最后，针对不同的情况采取不同的收账方法，制定出经济可行的收账方案。同时，对尚未过期的应收账款也不应放松管理和账龄分析，防止发生新的逾期拖欠。

2. 建立应收账款坏账准备制度

只要有应收账款就有发生坏账的可能性。按照权责发生制原则和谨慎性原则的要求，必须对坏账发生的可能性预先进行估计，并计提相应的坏账准备。坏账准备的计提比例与应收账款的账龄存在着密切的关系。按《企业会计制度》规定，应收账款坏账准备的具体计提比例可以由企业根据自己的实际情况和以往的经验加以确定。

例 5－7 根据例 5－6 的资料，若该企业已制定如下的应收账款坏账准备提取比例：①在信用期内，按其余额的 5% 计提；②逾期不超过半年，按其余额的 10% 计提；③逾期半年至一年，按其余额的 15% 计提；④逾期一年至两年，按其余额的 20% 计提；⑤逾期两年至三年，按其余额的 30% 计提；⑥逾期三年以上，按其余额的 50% 计提。则该企业应计提的坏账准备是多少。

解： 应计提的坏账准备 $=600\times5\%+200\times10\%+100\times15\%+50\times20\%+40\times30\%+10\times50\%=92$（万元）

应收账款计提坏账准备后，坏账不一定会发生，一般来讲，企业的应收账款符合下列条件之一的，应确认为坏账：①债务人破产或死亡，以其破产财产或遗产清偿后，仍然不能收回的应收款项；②债务人逾期未履行其偿债义务，并且有足够的证据表明无法收回或收回的可能性极小。但是，对已经确认为坏账的应收账款并不意味着企业已经放弃了对它的追索权，一旦情况发生变化，债务人具有了偿债能力，企业就应该积极追偿。

3. 制定适当的收账政策

市场经济是法治经济，履约付款是每个企业义不容辞的法定责任和义务，作为债权方企业也有要求债务方企业偿付账款的法定权利。但是，这并不意味着一旦发生拖欠或拒付账款的情况就去付诸法律，这是因为：①每个客户拖欠或拒付的原因是不同的，如有的企业只是一时资金周转不灵所致，这时如果通过法律途径追讨账款，即使收回了账款，也会失去一个较好的合作伙伴，得不偿失；②通过法律途径往往会花费相当高的诉讼费，而且诉讼的时间也可能会很长，会耗掉大量的精力，最终的结果也难以预料；③如果对方严重资不抵债并且已经破产，也无法采取法律手段。

因此，当企业账款被拖欠或拒付时，首先应该分析其原因。如果是由于企业的信用标准及信用审批制度存在问题，则应立即加以改进，防止此类情况的再次发生；如果是信息收集有误或对方的最近信息收集不全而导致对对方的信用等级评定有问题，则应重新收集有关最新信息并重新评定其信用等级。

对于逾期时间较短的拖欠，不必过多地去打扰客户，以免将来失去这一市场；对逾期时间稍长的客户，可措辞婉转地写信催收；对逾期时间较长的客户，以频繁的信件催款并电话催询；对逾期时间很长的客户，可在催款时措辞严厉，必要时考虑通过法律途径解决问题。

无论采取何种方式催收账款，都需要付出一定的代价，即收账费用。一般而言，收账费用支出越多，收账措施越有力，可收回的账款越多，坏账损失越小，但它们之间并不一定存在线性关系。在制定收账政策时，应权衡增加收账费用与减少应收账款机会成本和坏账损失之间的得失。

第四节 存货管理

存货（Inventory）是指企业在生产经营过程中为了生产或销售而储备的物资。为生产而储备的存货主要包括企业的原材料、辅助材料、包装物、低值易耗品等；为销售而储备的存货主要包括库存商品、产成品等。存货在流动资产中所占的比重较大，因此存货管理水平的高低，对企业生产经营的顺利与否具有直接的影响。

> 存货管理的目标是：如何在存货功能（收益）与成本之间进行利弊权衡，在充分发挥存货功能的同时降低成本、增加收益、实现它们的最佳组合。

对于一般的企业（尤其是制造业、商业企业等）来说，持有一定数量的存货是十分必要的。一方面，一定数量的存货有利于保障企业生产经营的顺利进行；另一方面，可以使企业的生产和销售具有较大的机动性，适应市场的突然变化，以免失去商机。但是，存货的增加必然要占用更多的资金，使企业付出较多的持有成本。

一、存货的功能与成本

（一）存货的功能

存货的功能是指存货在企业生产经营过程中所具有的作用，主要表现在以下几个方面：

1. 防止停工待料

企业主要是通过产品或商品的不断流转而获得利润的，如果这种流转过程不顺畅，那么就会给企业造成经济损失。对于生产企业来说，如果原材料存货不足，必然会造成生产中断，停工待料；对于商业企业来说，如果畅销商品库存不足，必然会失去销售良机。而对于生产或销售具有季节性的企业，一定数量的存货就具有更加重要的意义。虽然随着自动化程度的提高，有些企业正在推行准时制，提出了“零存货”的口号，但从目前的情况看，要真正做到这一点并非易事，有些行业甚至不可能做到“零存货”。因此，适量的存货能有效防止停工待料事件的发生，维持生产的连续性。

2. 适应市场的变化

企业面对的市场是千变万化的，市场对企业生产产品的需求量一般来说是不稳定的。一定数量的存货储备能够增加企业在生产和销售方面的机动性和适应市场变化的能力。企业有了足够的库存，当市场的需求量突然增加时，就能及时地满足市场的变化。另外，当发生通货膨胀时，适当地储备一定数量的存货，能使企业获得物价上涨的好处。

3. 降低进货成本

一般来说，企业采购时，进货的总成本与采购物资的单位售价及采购的次数有密切的关系。许多企业为了鼓励客户购买其产品，往往给购货方提供较优厚的商业折扣，即当客户的采购量达到一定数量时，便可以在价格上给予相应的价格折扣。所以，企业采取大批量的集中进货，就可以降低单位物资的买价。同时，由于采购总量一定，采购批量较大时，采购次数就会减少，从而可以降低采购费用的支出。

4. 维持均衡生产

许多产品的市场需求具有季节性，如空调、电冰箱、羽绒服等产品，企业的生产安排一般可以随着市场的变化而做相应的调整，但是，这些产品的生产并不能完全按市场需求的季节性来安排，否则，就会造成生产的不均衡，忙时超负荷运转，闲时生产得不到充分利用。这样不仅会导致生产成本的提高，而且对企业的生产设备、生产人员也是十分不利的。因此，对这些产品的生产既要考虑到季节性的变动，又要考虑到生产的均衡性，在销售淡季适当增加产品库存。

（二）存货的成本

虽然存货具有以上许多功能，企业持有存货必不可少，但是，并不是说存货越多越好，因为持有存货会因此而发生各项支出，这就是存货成本。它包括以下几个方面：

1. 进货成本（Purchasing Cost）

进货成本是指企业取得存货时的成本费用支出，主要由存货的进价成本和进货费用两个方面构成。

进价成本又叫购置成本，它在数量上等于采购单价与采购数量的乘积。在一定时期进货总量既定的条件下，无论采购次数如何变动，存货进价成本通常是保持相对稳定的，因而属于决策无关成本。

进货费用又称订货成本，是指企业为组织进货而支付的有关费用，如办公费、差旅费、通信费、运输费、检验费，入库搬运费等。进货费用有一部分与订货次数有关，如差旅费、邮资费、电信费等费用与进货次数成正比例变动，属于决策相关成本；另一部分则与订货次数无关，如专设采购机构的基本开支等，属于决策无关成本。

2. 储存成本（Storing Cost）

储存成本是指企业为持有存货而发生的成本费用支出，主要包括存货资金的机会成本或占用费、仓储费用、保险费用、存货库存损耗等。其中，存货资金的机会成本主要是指以现金购买存货而失去的其他投资机会可能带来的投资收益，一般可以用证券收益来衡量；存货资金占用费一般是指以贷款购买存货的利息成本。

储存成本中，有一部分与存货的储存数量有密切关系，如存货资金的机会成本或占用费、保险费用、存货库存损耗等，称之为变动储存成本，属于决策相关成本；另外一部分则与存货的储存数量没有密切的关系，如仓库折旧费用、仓库职工的固定工资等，称之为固定储存成本，属于决策无关成本。

3. 缺货成本（Shortage Cost）

缺货成本是指因存货不足而给企业造成的损失，主要包括由于原材料供应中断造成的停工待料损失、产品供应中断导致延误发货的信誉损失以及丧失市场机会的有形与无形损失等。缺货成本因其计量十分困难常常不予考虑，但如果缺货成本能够准确计量的话，也可以在存货决策中考虑缺货成本。

二、存货决策

（一）存货经济批量决策

存货的经济批量（Economic Order Quantity）是指能够使一定时期存货的总成本达到最低的采购数量。存货的总成本由进货成本、储存成本、缺货成本构成。在这些成本中只有变动成本才是经济批量决策时的相关成本，包括变动进货成本、变动储存成本以及允许缺货成本。

不同的成本项目与进货批量有着不同的变动关系。订购的批量大，储存的存货就多，储存成本就高；同时，采购次数就少，进货费用和缺货成本就少；订购的批量小，储存的存货就少，储存成本就低，同时，采购次数就多，进货费用和缺货成本就多。经济批量决策就是要权衡这些成本和费用，使得它们的总和最低。

为了将问题简化，在进行经济批量决策是时，常常做如下假设：

（1）企业一定时期的进货总量可以较为准确地预测。

（2）存货的耗用或销售比较均衡。

（3）存货的价格稳定，且不考虑商业折扣。

（4）进货日期完全由企业自行决定，并且采购不需要时间。

（5）仓储条件及所需现金不受限制。

（6）不允许出现缺货。

（7）所需存货市场供应充足，并能集中到货。

在满足以上假设的前提下，存货的买价和短缺成本都不是决策的相关成本，此时，经济批量考虑的仅仅是使变动进货费用（简称进货费用）与变动储存成本（简称储存成本）之和最低。存货总成本的计算公式为

存货总成本 = 进货费用 + 储存成本

$$= \frac{\text{存货全年进货总量}}{\text{每次进货批量}} \times \text{平均每次进货费用} + \frac{\text{每次进货批量}}{2} \times \text{单位存货年储存成本}$$

假设：Q 为存货的经济批量；A 为某种存货的全年需要量；B 为平均每次进货费用；C 为单位存货年储存成本，P 为进货单价，TC 为存货总成本，则

$$\mathrm{TC} = (A/Q)B + (Q/2)C$$

对自变量 Q 求导数，可得

$$\frac{\mathrm{d(TC)}}{\mathrm{d}Q} = \frac{AB}{Q^2} - \frac{C}{2}$$

令$\frac{\mathrm{d(TC)}}{\mathrm{d}Q} = 0$，则$\frac{AB}{Q^2} = \frac{C}{2}$

变化上式，得

$$(A/Q)B = (Q/2)C$$

即当进货费用等于储存成本时，存货总成本最低。

解方程得

存货的经济批量（Q）$= \sqrt{2AB/C}$

经济批量的存货总成本（TC）$= \sqrt{2ABC}$

最佳进货次数（N）$= A/Q = \sqrt{AC/2B}$

经济批量的资金平均占用额（W）$= \frac{QP}{2}$

例 5-8 某企业每年耗用甲材料 14 400 千克，该材料的单位采购价格为 10 元，每千克材料年储存成本平均为 2 元，平均每次进货费用为 400 元。试进行经济批量决策。

解：

$$Q = \sqrt{\frac{2 \times 14\,400 \times 400}{2}} = 2\,400 \text{（千克）}$$

$$\mathrm{TC} = \sqrt{2 \times 14\,400 \times 400 \times 2} = 4\,800 \text{（元）}$$

$$N = \frac{A}{Q} = 14\,400 \div 2\,400 = 6 \text{（次）}$$

$$W = \frac{QP}{2} = 2\,400 \times 10 \div 2 = 12\,000 \text{（元）}$$

可见，该材料的最佳经济批量为 2 400 千克。

以上经济批量决策是在许多假设的前提下做出的，通常称为基本经济批量决策。但是，在实际中，常常不能满足以上全部假设条件，从而需要对上述决策方法进行修正，下面考虑放松部分假设条件情况下的经济批量决策问题。

（二）存在商业折扣情况下的经济批量决策

在市场经济条件下，为了鼓励客户多购买自己的产品，销售方常常以提供商业折扣的方式吸引购买方。此时，购买方在进行存货采购的经济批量决策时，除了要考虑进货费用和储存成本外，还必须考虑采购数量对采购价格的影响。这时的经济批量决策程序是首先确定无数量折

扣情况下的基本经济批量及总成本，然后考虑享受商业折扣情况下的最低批量的采购总成本，最后比较这两种情况下的总成本并选择较低的采购方案。

例 5-9 假设在例 5-8 中，一次订购甲材料超过 2 880 千克，则可以获得 2% 的商业折扣，此时应如何做出采购决策？

解：

（1）按经济批量采购时的总成本（一次采购 2 400 千克）

=年需要量×单价+经济批量下的存货总成本

=14 400×10+4 800

=148 800（元）

（2）按享受商业折扣的最低批量采购时的总成本（一次采购 2 880 千克）

=年需要量×单价+年储存成本+年采购费用

=14 400×10×(1-2%)+2×2 880÷2+400×14 400÷2 880

=146 000（元）

比较可知，应享受商业折扣，即应一次采购 2 880 千克，这样可以节约 2 800 元的采购总成本。

（三）经济订货点（再订货点库存量）的决策

确定了经济批量，还需要确定订货的时间，即再订货点（Reorder Point）库存量。再订货点库存量是指库存量为多少时要订货。再订货点库存量的计算公式为

再订货点库存量=(交货天数+保险天数)×每日平均耗用量

例 5-10 某企业每日需耗用甲材料 100 千克，交货期为 8 天，保险天数为 2 天，则该材料的再订货点库存量是多少。

解： 该材料的再订货点库存量=(8+2)×100=1 000（千克）

即当该材料尚有 1 000 千克时就应当组织采购，等到下批采购的甲材料到达后，原有库存刚好用完。

三、存货的日常管理

（一）存货储存期管理

为了加快存货的流转，企业应该尽量缩短存货的储存期，尤其是应该缩短产品或商品的储存期。这是因为，储存存货会占用资金和增加仓储管理费，而且在市场变化很快的情况下，储存期过长有可能导致企业的产品或商品滞销而给企业带来巨大的损失。因此，尽力缩短存货储存期，加速存货周转，是提高企业经济效益、降低企业经营风险的重要手段。

（二）存货 ABC 分类管理

19 世纪意大利经济学家维尔弗雷多·帕累托首创了 ABC 控制法，存货的 ABC 分类管理就是这种方法在存货管理中的具体应用。一般来说，企业的存货品种繁多，数量巨大，尤其是大中型生产型企业的存货更是成千上万。如何对这些存货加强管理是财务管理工作的重要课题。

存货 ABC 分类管理就是将存货按照一定的标准分成 A、B、C 三类，然后，按照各类存货的重要程度分别采取不同的方法进行管理。这样，企业就可以分清主次，突出管理重点，提高存货管理的整体效率。存货的标准主要有两个：一是存货的金额，二是存货的品种数量，以存货

的金额为主。其中，A 类存货标准是存货金额很大，存货的品种数量很少；B 类存货标准是存货金额较大，存货的品种数量较多；C 类存货标准是存货金额较小，存货的品种数量繁多。

例如：一个百货公司，家用电器、高档皮货、家具、摩托车、大型健身器械等商品的品种数量并不是很多，但其价值额却很大；大众化的服装、鞋帽、床上用品、布匹、文具等商品品种数量比较多，但价值额相对要小很多；至于各种小百货，如针线、纽扣、日常用品及其他用品等品种数量繁多，但所占金额却很小。

虽然每个企业的生产特点不同，且每个企业存货的具体划分标准各不相同，但是，一般而言，存货的划分标准大体如下：A 类存货金额占整个存货金额比重的 60% ~80%，品种数量占整个存货品种数量的 5% ~20%；B 类存货金额占整个存货金额比重的 15% ~30%，品种数量占整个存货品种数量的 20% ~30%；C 类存货占用金额占整个存货金额比重的 5% ~15%，品种数量占整个存货品种数量的 60% ~70%。

将存货划分成 A、B、C 三类后，再采取不同的管理方法。A 类存货应进行重点管理，经常检查这类存货的库存情况，严格控制该类存货支出。由于该类存货的品种数量很少，而占用企业资金很多，所以企业应对其按照每一品种分别进行管理；B 类存货的金额相对较小，数量也较多，可以通过划分类别的方式进行管理，或者按照其在生产中的重要程度和采购难易程度分别采用 A 类或 C 类存货的管理方法；C 类存货占用的金额比重很小，品种数量又很多，可以只对其进行总量控制和管理。

存货的 ABC 分类方法及步骤如下：

（1）列示企业全部存货的明细表，并计算出每一种存货的价值总额及占全部存货金额的百分比。

（2）按照金额标志由大到小排序并累加金额百分比。

（3）当金额百分比累加到 70% 左右时，以上存货视为 A 类存货，百分比介于 70% ~90% 之间的存货作为 B 类存货，其余则为 C 类存货。

例 5－11 某企业共有 20 种原材料，总金额为 100 000 元，按金额多少顺序排列后，根据上述原则划分 A、B、C 三类，具体情况见表 5－5。

表 5－5　ABC 分类表

材料编号	金额（元）	金额比重	累计金额比重	类别	各类存货数量		各类存货价值	
					种数（种）	比重	金额	比重
1 2	50 000 25 000	50% 25%	50% 75%	A	2	10%	75 000	75%
3 4 5 6 7	10 000 5 000 2 500 1 500 1 000	10% 5% 2. 5% 1. 5% 1%	85% 90% 92. 5% 94% 95%	B	5	25%	20 000	20%
8 9 10	900 800 700	0. 9% 0. 8% 0. 7%	95. 9% 96. 7% 97. 4%	C	B	65%	5 000	5%

（续）

材料编号	金额（元）	金额比重	累计金额比重	类别	各类存货数量		各类存货价值	
					种数（种）	比重	金额	比重
11	600	0.6%	98%	C	13	65%	5 000	5%
12	500	0.5%	98.5%					
13	400	0.4%	98.9%					
14	300	0.3%	99.2%					
15	200	0.2%	99.4%					
16	190	0.19%	99.59%					
17	180	0.18%	99.77%					
18	170	0.17%	99.94%					
19	50	0.05%	99.99%					
20	10	0.01%	100%					
合计	100 000				20	100	100 000	100

（三）存货的归口分级管理

存货的归口分级管理是加强存货日常管理的重要方法。其基本原则是“谁使用谁管理，谁管理谁负责”。这一管理方法主要包括以下内容：

1. 在企业经营者的领导下，财务部门对存货资金实行统一管理

企业对存货资金实行集中统一管理，可以促进供产销相互协调，实现资金使用的综合平衡以及存货流转的顺畅进行，加速企业资金周转。财务部门的统一管理主要包括以下几个方面的工作：①根据国家财务制度和财经法则，结合企业的具体情况，制定企业资金管理的各种制度；②认真测算企业存货资金需要量，并及时足额筹措资金；③对各单位的资金运用情况进行检查和分析，及时发现问题，并按照已制定的资金管理制度对相关部门进行考核评估。

2. 实行资金的归口管理

根据使用资金和管理资金相结合、物资管理和资金管理相结合的原则，存货资金由哪个部门使用就归哪个部门管理。具体而言，各项资金归口管理的分工一般如下：①原材料、燃料、包装物等资金由供应部门管理；②在产品和自制半成品资金由生产部门管理；③产成品资金由销售部门管理；④工具占用的资金由工具部门管理；⑤修理用备件占用的资金由设备动力部门管理。

3. 实行资金的分级管理

资金的分级管理是在资金归口管理的前提下，各归口管理部门根据具体情况进一步对各资金计划指标进行分解，分配给所属单位或个人，层层落实，实行分级管理。具体而言，可按下列方式进行分解：①原材料资金计划指标可分配给供应计划、材料采购、仓库保管、整理准备等业务组管理；②在产品资金计划指标可分配给各车间、半成品库管理；③产成品资金计划指标可分配给销售、仓库保管、产成品发运等业务组管理。

本章小结

1. 流动资产投资的特点主要有：①流动资产投资周转速度快，变现能力强；②流动资产投资的能力比较弱，投资风险较小；③流动资产投资的数量波动很大；④流动资产投资的占用形态经常变动。

2. 流动资产按资产的占用形态分为现金、交易性金融资产、应收账款、存货等；按流动性强弱分为速动资产和非速动资产；按盈利能力分为收益性流动资产和非收益性流动资产。

3. 现金持有动机主要有交易动机、预防动机和投机动机三种。现金成本通常持有成本、转换成本和短缺成本等。

4. 确定现金最佳持有量的方法主要有成本分析模型、现金周转模型及存货模型。

5. 应收账款的信用政策包括信用标准、信用条件和收账政策。其中信用条件的选择方法是通过比较不同信用条件的销售收入及其相关成本，计算出各自的净收益，选择净收益最大的信用条件。

6. 存货的经济批量是指能够使一定时期存货的总成本达到最低的采购数量。在这些成本中只有变动成本才是经济批量决策时的相关成本，包括变动进货成本、变动储存成本以及允许缺货成本。

7. 存货经济批量的相关总成本（TC）$=\sqrt{2ABC}$

存货的经济批量（Q）$=\sqrt{2AB/C}$

最佳进货次数（N）$=A/Q=\sqrt{AC/2B}$

经济批量的资金平均占用额（W）$=\dfrac{QP}{2}$

8. 存货日常管理措施主要有存货储存期管理、存货 ABC 分类管理和存货的归口分级管理等。

复习思考题

1. 流动资产投资有哪些特点？
2. 确定最佳现金持有量的模型有哪几种？
3. 企业应收账款的成本有哪些？
4. 信用政策包括哪些内容？信用条件的选择方法是什么？
5. 存货的成本有哪些？
6. 如何确定存货的经济批量？
7. 存货日常管理措施主要有哪些？

本章习题

一、单项选择题

1. 企业为了满足交易动机所持有的现金数量主要取决于（　　）。
   A. 企业的支付能力　　B. 企业的生产能力
   C. 企业的偿债能力　　D. 企业的销售水平
2. 不属于流动资产投资特点的是（　　）。
   A. 形态的变动性　　B. 数量的波动性　　C. 流动性　　D. 投资的集中性
3. 企业将资金占用在应收账款上而放弃其他方面投资可获得的收益是应收账款的（　　）。
   A. 管理成本　　B. 机会成本　　C. 坏账成本　　D. 资金成本
4. 下列不属于信用条件的是（　　）。
   A. 现金折扣　　B. 数量折扣　　C. 信用期间　　D. 折扣期间
5. 在一定时期，当现金需要量一定时，同现金持有量成反比的成本是（　　）。
   A. 管理成本　　B. 资金成本　　C. 短缺成本　　D. 机会成本
6. 某企业的现金周转率为6次，则其现金周转期为（　　）。
   A. 30天　　B. 40天　　C. 50天　　D. 60天
7. 在存货ABC分类管理中，将存货金额很大，品种数量很少的存货划分为（　　）。
   A. A类　　B. B类　　C. C类　　D. AB类
8. 经济批量是材料的采购量，再订货点是材料的（　　）。
   A. 订货时间　　B. 采购量　　C. 最低储存量　　D. 安全储存量
9. 企业持有一定量的短期有价证券，主要是为了维护企业资产的流动性和（　　）。
   A. 收益性　　B. 企业的现金收入　　C. 企业良好的信用　　D. 偿债能力
10. 既要充分发挥应收账款的作用，又要加强应收账款的管理，其核心是（　　）。
    A. 加强销售管理　　B. 制定适当的信用政策
    C. 采取积极的收账政策　　D. 尽量采用现款现货

二、多项选择题

1. 下列属于流动资产的有（　　）。
   A. 现金　　B. 交易性金融资产　　C. 应付账款　　D. 预付账款
2. 流动资产投资的特点有（　　）。
   A. 变现能力强　　B. 投资风险大　　C. 数量波动大　　D. 收益率高
3. 企业持有现金的动机有（　　）。
   A. 交易动机　　B. 预防动机　　C. 投资动机　　D. 投机动机
4. 现金成本包括（　　）。
   A. 持有成本　　B. 转换成本　　C. 短缺成本　　D. 管理成本
5. 确定最佳现金持有量的存货模型考虑的成本主要是（　　）。
   A. 机会成本　　B. 管理成本　　C. 短缺成本　　D. 转换成本
6. 下列属于存货功能的有（　　）。
   A. 有利于企业的销售　　B. 防止生产中断

C. 降低进货成本　　D. 提高企业的变现能力

7. 构成企业信用政策的主要内容有（　　）。

A. 信用标准　　B. 信用条件　　C. 信用期限　　D. 收账政策

8. 利用账龄分析表可了解（　　）。

A. 信用期内的应收账款数额　　B. 信用期内应收账款的还款日期

C. 逾期的应收账款数额　　D. 逾期应收账款的还款日期

9. 在存货的 ABC 分类管理中，对存货进行划分的标准有（　　）。

A. 存货的金额　　B. 存货的类别　　C. 存货的大小　　D. 存货的品种数量

10. 延长信用期限，可能会导致（　　）。

A. 销售额增加　　B. 应收账款增加　　C. 收账费用增加　　D. 坏账损失增加

三、判断题

1. （　　）流动资产的组成内容不仅表明它在再生产过程中存在的形态，而且反映了流动资产在再生产过程中所处的领域和占用特点。
2. （　　）现金是一种非收益性资产。
3. （　　）信用标准是企业接受客户赊销要求时，客户必须具备的最高财务能力。
4. （　　）存货周转期是指将原材料转化成产成品所需要的时间。
5. （　　）只要花费必要的收账费用，积极做好收账工作，坏账损失是完全可以避免的。
6. （　　）催收应收账款的最佳选择是通过法律途径。
7. （　　）为保证企业生产经营所需现金，企业持有的现金越多越好。
8. （　　）采购批量越大，持有成本越高，订货成本就越低。
9. （　　）存货管理的目标是以最低的存货成本保证企业生产经营的顺利进行。
10. （　　）给客户提供现金折扣的主要目的是为了扩大企业的销售。

四、计算题

1. 某企业预计全年需用现金 2 000 万元，预计的存货周期为 90 天，应收账款和应付账款周转期均为 60 天。

要求：计算该企业的最佳现金持有量。

2. 某企业现金收支状况比较稳定，预计全年需要现金 400 000 元，一次转换成本为 400 元，有价证券收益率为 20%。要求：运用最佳现金持有量确定方法中的存货模型计算以下几个数据。

（1）最佳现金持有量。

（2）转换成本、机会成本。

（3）最低现金管理总成本。

（4）有价证券交易间隔期。

3. 某公司预测的年度赊销收入净额为 2 400 万元，应收账款周期为 30 天，变动成本率为 75%，资金成本为 8%。

要求：计算该企业应收账款的机会成本。

4. 某企业每年生产需要甲材料 5 000 千克，该材料的单位采购成本为 40 元/千克，单位储存成本为 2 元/千克，平均每次进货费用为 200 元。要求：

（1）计算该材料的经济进货批量。

（2）计算该材料的最低管理总成本。

（3）计算年度最佳进货批次及间隔时间。

五、案例分析题

振兴公司计划年度甲材料耗用总量为7 200千克，每次订货成本为800元，该材料的单价为30元/千克，单位年储存成本为2元。要求：

（1）计算该材料的经济采购批量。

（2）若供货方提供商业折扣，当一次采购量超过3 600千克时，该材料的单价为每千克28元，则一次采购多少甲材料较为经济？

案例分析提示：

（1）经济采购批量 $=\sqrt{\dfrac{2\times7\,200\times800}{2}}=2\,400$（千克）

（2）一次采购2 400千克的全年总成本 $=7\,200\times30+2\times2\,400\div2+800\times7\,200\div2\,400$

$=220\,800$（元）

一次采购3 600千克时的全年总成本 $=7\,200\times28+2\times3\,600\div2+800\times7\,200\div3\,600$

$=206\,800$（元）

比较全年总成本可知，一次采购3 600千克甲材料较为经济。

第六章　项目投资

通过本章的学习，了解项目投资的含义、类型、构成，掌握现金流量的含义及计算方法，掌握项目投资评价方法的特点、计算方法和应用。

能够具体运用投资利润率、投资回收期、净现值、现值指数、内含报酬率等指标评价某个具体项目的投资可行性。

引　言　在充满投资机会的现代社会，我们希望所进行的投资一定是有利可图的。那么，如何来衡量这个项目的投资可行性呢？本章将为你介绍一系列评价指标和方法，助你做出正确的项目投资决策。

第一节 项目投资概述

一、项目投资的含义

“项目”（Project）现已成为人们使用越来越频繁的词汇。项目各种各样，涉及社会生活的各个领域，大到国家重点建设项目，小到一个城市基础设施建设项目、一个企业精心筹划的新产品上马项目，甚至连请朋友来家聚会，都可以当作一个项目来对待。投资（Investment）是指投资主体为了特定的目的，以达到预期收益的价值垫付行为。本章所讲的项目投资（Project Investment）是指以企业特定的投资项目为对象，直接与新建项目或更新改造项目有关的内部长期投资行为。

> 项目投资具有投资金额大、投资回收期长、变现能力差、投资风险大（投资具有不可逆转性）的特点，对企业的稳定与发展、未来盈利能力和长期偿债能力都有重大影响。因此，项目投资具有十分重要的地位。

二、项目投资的分类

（一）按对企业未来发展前途的影响分

1. 战略性投资

战略性投资是指涉及企业的整体方向和规模的投资，如扩大企业规模、全厂性的技术改造、开发新产品、转产投资等。这类投资对企业影响深远，应慎重决策。

2. 战术性投资

战术性投资是指只涉及企业中某一局部的具体经营业务的投资，如为扩大产品品种、提高产品质量、降低产品成本等方面所做的投资。

（二）按投资项目之间的关系分

1. 相关性投资

相关性投资是指某一项目的取舍将明显地影响另一个项目经济效益的投资。相关性投资的成本和收益是紧密相关的，投资项目必须配套进行。

2. 非相关性投资

非相关性投资也称独立性投资，是指某一项目的取舍对另一项目不构成经济上影响的投资。

（三）按对企业经营成果的影响分

1. 增加收入投资

增加收入投资是指通过扩大企业生产经营规模来增加收入，从而增加企业利润的投资。

2. 降低成本投资

降低成本投资是指通过降低经营支出、节约成本来达到增加企业利润目的的投资。

(四) 按投资在生产过程中的作用分

1. 新建项目投资

新建项目投资是指以新增生产能力为目的的投资，包括单纯固定资产项目投资和完整工业项目投资。

单纯固定资产项目投资是指只涉及固定资产投资而不涉及其他投资和流动资金投资的项目。

完整工业项目投资则不仅包括固定资产投资，而且还涉及流动资金投资，甚至包括其他长期资产项目（如无形资产、递延资产）的投资，因此，不能将项目投资简单地等同于固定资产投资。

2. 更新改造项目投资

更新改造项目投资以恢复或改善现有生产能力为目的。固定资产更新改造项目投资简称更新改造，包括以全新的固定资产替换原有同型号的旧固定资产的更新项目和以一种新型号的固定资产替换旧型号的固定资产的改造项目两类。

三、项目投资的构成和资金投入方式

(一) 项目投资的构成

1. 项目投资计算期的构成

项目投资计算期是指投资项目从投资建设开始到最终清理结束整个过程的全部时间，包括建设期和生产经营期。其中建设期的第一年年初称为建设起点，建设期的最后一年年末称为投产日；项目投资计算期的最后一年年末称为终结点，从投产日到终结点之间的时间间隔称为生产经营期。

$$项目投资计算期\ (n) = 建设期\ (s) + 生产经营期\ (p)$$

2. 项目投资总额的构成

（1）原始投资额。原始投资额是指为使项目完全达到设计生产能力、开展正常经营而投入的全部现实资金。其计算公式为

$$原始投资额 = 建设投资 + 流动资金投资$$

其中：

$$建设投资 = 固定资产投资 + 无形资产投资 + 开办费$$

（2）投资总额。投资总额是反映项目投资总体规模的价值指标。其计算公式为

$$投资总额 = 原始投资额 + 建设期资本化利息$$

(二) 项目投资资金的投入方式

原始投资额的投入方式包括一次投入和分次投入两种形式。

1. 一次投入

一次投入方式是投资行为集中一次发生在项目投资计算期第一个年度的年初或年末。

2. 分次投入

分次投入方式是指投资行为涉及两个或两个以上年度，或虽然只涉及一个年度但同时在该年的年初和年末发生。

第二节 现金流量的内容及其估算

一、现金流量概述

（一）现金流量（Cash Flow）的定义

在项目投资决策中，现金流量是指投资项目在其计算期内各项现金流入量与现金流出量的统称，包括初始现金流量、营业现金流量和终结现金流量。现金流量是计算项目投资决策评价指标的主要根据和关键价值信息之一。现金流量的计算是以收付实现制为基础的。必须注意的是，本章介绍的现金流量，不是指财务会计中的库存现金，而是指区别于观念货币的现实货币；此外，它与编制财务会计的现金流量表所使用的现金流量相比，无论是具体构成内容还是计算口径都存在较大差异，不应将它们混为一谈。

现金流量是计算项目投资决策评价指标的主要根据和关键价值信息之一。本章介绍的现金流量，是指广义的现金流量。

注意理解三点：①财务管理的项目投资现金流量，针对特定投资项目，不针对特定会计期间。②内容既包括现金流入量也包括现金流出量，是一个统称。③从广义角度讲，不仅包括货币资金，而且还包括非货币资源的变现价值（或重置成本）。

（二）现金流量的假设

1. 全投资假设

假设在确定项目的现金流量时，只考虑全部投资的运动情况，而不具体区分自有资金和借入资金等具体形式的现金流量，即使实际存在借入资金也将其作为自有资金对待。根据全投资假设，企业债务资金的利息支出不视作现金流出量。

2. 项目计算期假设

投资项目从开始建设到最后报废清理的全部时间称为项目计算期。项目计算期分为建设期和生产经营期两个阶段。项目计算期的第1年年初一般记为0年，称为建设起点，第1年年末记为1，第2年年末记为2，依此类推，最后1年年末称为终结点，假设项目最终报废清理均发生在终结点。

3. 时点假设

为便于进行货币时间价值的计算，不论现金流量具体内容所涉及的价值指标实际上是时点指标还是时期指标，均假定按照年初或年末的时点指标处理。

4. 现金流量符号假设

假设现金流入量用正值表示，现金流出量用负值表示。

5. 经营期与折旧年限一致假设

假设项目主要固定资产的折旧年限或使用年限与经营期相同。

6. 确定性假设

假设与项目现金流量有关的价格、产销量、成本水平、企业所得税税率等因素均为已知常数。

二、现金流量的内容

（一）现金流入量（Cash Inflow）的内容

1. 营业收入

营业收入是指项目投产后每年实现（增加）的全部销售收入或业务收入。在按总价法核算现金折扣和销售折让的情况下，营业收入应当是指剔除折扣和折让后的净额。一般纳税人企业在确定营业收入时，应当按不含增值税的净价计算。此外，作为经营期现金流入项目，原本应当按当期现销收入额与回收以前应收账款的合计数确认。但为简化核算，可假定正常经营年度内每期发生的赊销额与回收的应收账款大体相等，从而省略赊销额和应收账款的计算。营业收入是经营期主要的现金流入项目。

2. 回收固定资产残值

回收固定资产残值是指投资项目所形成的固定资产在终结点报废清理或中途变卖转让处理时所回收的价值。此项现金流入一般发生在项目计算期的最后一年的年末，即发生在项目计算期的终结点。按规定，出售资产时价格高于账面价值，这部分差价属于资本利得，应缴纳资本利得税，多缴的税构成现金流出量；出售资产时发生的损失（出售价低于账面价值）可以抵减当年所得税支出，少缴的所得税构成现金流入量。

3. 回收流动资金

回收流动资金是指生产经营期结束时回收的原垫付的全部流动资金投资额。我们假设在经营期内不发生提前回收流动资金的情况，而全部流动资金的回收均发生在项目投资计算期的终结点。

4. 其他现金流入

其他现金流入是指以上三项以外的现金流入项目。在多数情况下，不需要进行此项估算。也有人主张将一般纳税人企业在经营期内发生的增值税销项税额与进项税额之差列在本项目中。

（二）现金流出量（Cash Outflow）的内容

1. 建设投资

建设投资是指企业在建设期内按一定生产经营规模和建设内容所进行的固定资产、无形资产和开办费等各项投资的总和。它是建设期内发生的主要现金流出量。固定资产投资主要根据投资项目规模和投资计划所确定的各项建筑工程费用、设备购置成本、安装工程费用和其他费用来估算。固定资产投资加建设期资本化借款利息为固定资产原值，但建设期的借入资金被视为自有资金（全投资假设），所以其利息不作为现金流出。

2. 流动资金投资

流动资金投资是指在项目投产前后分次或一次投放于建设期、生产经营期周转使用的营运资金。垫支的流动资金一般假定发生在建设期的期末（或者说发生在生产经营期的期初）。

3. 付现的营运成本

付现的营运成本是指项目投产后在经营期内为满足正常生产经营活动而用现实货币资金支付的成本费用，简称付现成本。它是生产经营期最主要的现金流出项目，是当年的总成本费用

(含期间费用) 扣除该年折旧额、无形资产和开办费的摊销额，以及财务费用中的利息支出等费用后的差额。这是因为总成本费用中包含了一部分非现金流出的内容，这些内容虽然也是成本，但不需要动用现实的货币资金支出，所以不属于付现的营运成本。此外，经营成本的节约额虽然相当于本期现金流入的增加，但在实务中一般把它以负值列入现金流出项目。

4. 各项税款

各项税款是指项目投产后依法缴纳的、单独列示的各种税款，包括所得税等。虽然这些税金也是企业投资所产生的价值的一部分，但是税金还要向国家缴纳，不由企业掌握，因此，税金支出也是现金流出中的一项重要内容。在进行新建项目投资决策时，一般只计算所得税。

5. 其他现金流出

其他现金流出是指不包括在以上各内容中的现金流出项目，如营业外净支出等。

(三) 现金净流量 (Net Cash Flow)

现金净流量是指现金流入量与现金流出量之间的差额 (记作 NCF)。项目的现金净流量的基本计算公式为

项目投资计算期内某年的现金净流量 = 该年现金的流入量 - 该年现金的流出量

即项目投资计算期内各年的现金净流量可能为正，可能为负，也可能为零。

项目建设期内发生的主要是投资支出，现金净流量一般为负值；在生产经营期内，现金净流量一般为正值。

三、现金净流量的计算

由于一个项目从准备投资到项目结束，经历了项目建设期、生产经营期及项目终止期三个阶段，所以有关项目的现金净流量的计算就包括建设期现金净流量、经营期现金净流量和项目终止时的现金净流量，各期现金净流量的简化计算公式如下：

1. 项目建设期现金净流量的计算公式

若一个完整的工业投资项目的全部原始投资均在建设期内投入，则建设期现金净流量可按以下简化公式计算：

项目建设期内某年的现金净流量 = - 该年发生的原始投资额

2. 生产经营期现金净流量的计算公式

若长期投资项目在生产经营期内不追加投资，则其在生产经营期内的现金净流量可按以下公式计算：

生产经营期内某年的现金净流量 = 该年现金流入量 - 该年现金流出量
= 营业收入 - 付现成本 - 所得税
= 营业收入 - (营业成本 - 折旧、摊销等非付现成本) - 所得税
= 营业收入 - 营业成本 - 所得税 + 折旧、摊销等非付现成本
= (营业收入 - 营业成本) × (1 - 所得税税率) + 折旧、摊销等非付现成本
= 该年税后利润 + 该年折旧额 + 该年摊销额

根据全投资假设，债务利息支出不视为现金流出量，而税后利润已经将利息支出剔除，应予加回。所以公式调整为

$$生产经营期内某年的现金净流量 = 该年税后利润 + 该年折旧额 + 该年摊销额 + 该年利息费用$$

3. 项目终结点的现金净流量的计算公式

项目终结点的现金净流量等于终结点那一年的经营现金净流量与该年回收额之和。即

$$项目终结点的现金净流量 = 该年税后利润 + 该年折旧额 + 该年摊销额 + 该年利息费用 + 该年回收额$$

例 6-1 某项目投产后，每年增加营业收入 600 000 元，增加付现成本 350 000 元，每年折旧额 50 000 元，求：若所得税税率为 25%，生产经营期内每年的现金净流量为多少？

解： 生产经营期内每年的现金净流量 = [600 000 -（350 000 +50 000）] ×（1 -25%）+50 000 =200 000（元）

例 6-2 某企业进行一项固定资产投资，在建设起点一次投入 800 万元，建设期为 1 年，该投资从银行贷款，建设期按 10% 利率计算的利息为 80 万元。该项目的生产经营期为 8 年，该固定资产报废时预计有残值 32 万元。生产经营期每年可获税后利润 130 万元。该企业采用直线法计提折旧。请计算该项目投资计算期内各年的现金净流量。

解：

$$固定资产原值 = 800 + 80 = 880（万元）$$

$$固定资产年折旧额 = \frac{880 - 32}{8} = 106（万元）$$

项目投资计算期内各年现金净流量的计算如下：

$$NCF_0 = -800（万元）$$

$$NCF_1 = 0$$

$$NCF_{2\sim8} = 130 + 106 = 236（万元）$$

$$NCF_9 = 130 + 106 + 32 = 268（万元）$$

例 6-3 某企业新建一条生产线，第 1 年年初利用贷款投资 80 万元，建设期为 1 年，建设期应计贷款利息 8 万元。该生产线使用期 8 年，期满有残值 4 万元。在生产经营期，该生产线每年可为企业增加营业收入 30 万元，每年增加付现营业成本 13 万元。该企业享受 15% 的优惠所得税税率。该企业采用直线法计提折旧。请计算项目投资计算期内各年的现金净流量。

解：

$$固定资产原值 = 80 + 8 = 88（万元）$$

$$年折旧额 = \frac{88 - 4}{8} = 10.5（万元）$$

$$年利润 = 30 - (13 + 10.5) = 6.5（万元）$$

$$年税后利润 = 6.5 \times (1 - 15\%) = 5.525（万元）$$

项目投资计算期内各年现金净流量的计算如下：

$$NCF_0 = -80（万元）$$

$$NCF_1 = 0$$

$$NCF_{2\sim8} = 5.525 + 10.5 = 16.025（万元）$$

$$NCF_9 = 5.525 + 10.5 + 4 = 20.025（万元）$$

例 6-4 已知：某项长期投资项目需要投资 1 250 万元，其中固定资产投资 1 000 万元，

开办费50万元，流动资金投资200万元。建设期为1年，建设期发生与购建固定资产有关的资本化利息为100万元。固定资产投资和开办费于建设起点投入，流动资金于完工时（即第1年年末）投入。该项目寿命期为10年，固定资产按直线法计提折旧，期满有100万元净残值；开办费于投产年一次性摊销。预计投产后各年净利润分别为12、120、170、220、270、310、360、410、460和500万元。流动资金于终结点一次回收。在生产经营期的头3年中，每年归还借款利息110万元。请计算该投资项目各年现金净流量。

解：

（1）项目计算期 = 1 + 10 = 11（年）

（2）固定资产原值 = 固定资产投资 + 资本化利息

= 1 000 + 100 = 1 100（万元）

（3）$固定资产年折旧额 = \dfrac{固定资产原值 - 净残值}{使用年限}$

$= \dfrac{1\,100 - 100}{10}$

= 100（万元）

（4）终结点年回收额 = 固定资产的净残值 + 流动资金

= 100 + 200 = 300（万元）

（5）项目建设期内某年的现金净流量 = －该年发生的原始投资额

$NCF_0 = -(1\,000 + 50) = -1\,050$（万元）

$NCF_1 = -200$（万元）

（6）项目生产经营期内某年的现金净流量 = 该年净利润 + 该年折旧 + 该年摊销 + 该年利息费用

$NCF_2 = 12 + 100 + 50 + 110 = 272$（万元）

$NCF_3 = 120 + 100 + 0 + 110 = 330$（万元）

$NCF_4 = 170 + 100 + 0 + 110 = 380$（万元）

$NCF_5 = 220 + 100 + 0 + 0 = 320$（万元）

$NCF_6 = 270 + 100 + 0 + 0 = 370$（万元）

$NCF_7 = 310 + 100 + 0 + 0 = 410$（万元）

$NCF_8 = 360 + 100 + 0 + 0 = 460$（万元）

$NCF_9 = 410 + 100 + 0 + 0 = 510$（万元）

$NCF_{10} = 460 + 100 + 0 + 0 = 560$（万元）

（7）项目终结时的现金净流量 = 该年税后利润 + 该年折旧额 + 该年摊销额 + 该年利息费用 + 该年回收额

$NCF_{11} = 500 + 100 + 0 + 0 + 300 = 900$（万元）

四、现金流量计算应注意的问题

现金流量计算遵循的最基本的原则是只有增量现金流量才是与项目相关的现金流量。所谓增量现金流量是指接受某个投资方案后，企业总现金流量因此发生的变动。

为正确计算投资方案的增量现金流量，需判断哪些支出会引起企业总现金流量的变动，哪些不会引起变动。在进行这些判断时，要注意以下问题：

1. 区分相关成本和非相关成本

相关成本是与特定决策有关的、在分析评价时必须加以考虑的成本，如差额成本、未来成本、重置成本、机会成本等都属于相关成本。

非相关成本是与特定决策无关的、在分析评价时不必加以考虑的成本，如沉没成本、历史成本、账面成本等往往是非相关成本。如果将非相关成本纳入投资方案的总成本，则一个有利的方案可能因此变得不利，一个较好的方案可能变得较差，从而造成决策的失误。

2. 不要忽视机会成本

机会成本不是支出或费用，而是失去潜在的收益。例如，新建车间占用的土地，出售可净得 20 万元，不管当初此块土地的价值如何，都应以这块土地的现行市价作为新建车间的机会成本。

3. 要考虑投资方案对公司其他部门或产品的影响

当我们采纳一个新的项目方案后，该项目方案可能对公司的其他部门或产品造成影响。例如，新建车间的产品上市后，不应将新建车间的销售收入作为增量收入来处理，而应扣除其他部门因此而减少的销售收入。当然情况也有可能相反。这要看新项目与原有部门是竞争关系还是互补关系。

4. 要考虑投资方案对净营运资金的影响

一个新项目投产后，对于存货和应收账款等流动资产的需求也会增加，公司必须筹措新的资金。另一方面，应付账款与一些应付费用等流动负债也会同时增加，从而降低了公司对流动资金的需要。

五、项目投资决策中使用现金流量的原因

会计利润是按权责发生制确定的，而现金流量是根据收付实现制确定的，两者既有联系又有区别。在投资决策中，研究的重点是现金流量，而把利润的研究放在次要位置。因为：

（1）在整个项目投资有效年限内，利润总计与现金净流量总计是相等的。所以现金净流量可以代替利润作为评价净收益的指标。

（2）利润在各年的分布受折旧方法、跨期摊提费用的摊销方法等人为因素的影响，而现金流量的分布不受这些人为因素的影响，可以保证评价的客观性。在考虑资金时间价值的情况下，早期的收益与晚期的收益有明显区别，收益的分布应当具有客观性，不受人为选择的影响，现金流量分布可以满足这种要求。

（3）投资分析中现金流量状况比盈亏状况更重要。有利润的年份不一定能产生多余的现金来进行其他项目的再投资。一个项目能否维持下去，不取决于一定期间是否盈利，而取决于有没有现金用于各种支出。

（4）利润反映的是某一会计期间“应计”的现金流量，而不是实际的现金流量，若以未收到的现金收入作为收益，具有较大的风险，容易高估项目投资的经济效益，存在不科学、不合理的成分。

第三节 项目投资决策评价指标及其运用

一、项目投资决策评价指标

进行投资决策时，要同时计算贴现指标和非贴现指标。其中，净现值、现值指数、内含报酬率是投资决策的主要指标，投资回收期是次要指标，投资利润率为辅助指标。

项目投资决策评价指标是指用于衡量和比较投资项目的可行性优劣，以便据以进行方案决策的定量化标准与尺度。它是由一系列综合反映长期投资的效益和项目投入与产出关系的量化指标构成的指标体系。

这些指标按是否考虑资金时间价值，可以分为非贴现（Non-discount）指标和贴现（Discount）指标两大类。

（一）非贴现指标

非贴现指标就是没有考虑资金时间价值，计算简单，便于理解。它包括投资利润率和投资回收期等。非贴现指标也称静态（Static）指标。

（二）贴现指标

贴现指标就是考虑了资金时间价值，虽然计算稍微复杂，但更贴近实际，更为科学合理。它包括净现值、现值指数、内含报酬率等。贴现指标也称动态（Dynamic）指标。

二、非贴现评价指标的含义、特点及计算方法

（一）投资利润率（Return on Investment，简写为ROI）

1. 投资利润率的含义及计算

投资利润率又称平均利润率，是指生产经营期正常年度净利润或年均净利润占投资总额的百分比。其计算公式为

$$投资利润率=\frac{年均净利润}{投资总额}\times 100\%$$

投资总额不是原始投资额，包含资本化利息。

投资利润率的决策标准是：项目的投资利润率越高越好，低于无风险投资利润率（资金时间价值）的方案为不可行方案。

例6-5 某项目预计投产后每年可获净利润20万元，建设期2年，固定资产投资100万元，每年借款利息12万，计算其投资利润率如下：

解：
$$投资利润率=\frac{20}{100+12\times 2}\times 100\%=16.13\%$$

2. 投资利润率的特点

投资利润率法的优点是简单、明了，易于掌握，且该指标不受建设期的长短、投资方式、回收额的有无以及现金净流量的大小等条件的影响，能够说明各投资方案的收益水平。

投资利润率法的缺点是：①没有考虑资金时间价值因素，不能正确反映建设期长短及投资方式不同对项目的影响；②该指标的分子分母其时间特征不一致（分子是时期指标，分母是时点指标），因而在计算口径上可比性较差；③该指标的计算无法直接利用现金净流量信息。

（二）投资回收期（Payback Period，简称 PP）

1. 投资回收期的含义及计算

投资回收期是指回收全部初始投资所需要的时间，一般以年为单位，它代表回收投资所需要的时间，回收期越短，方案越有利。

如果项目投产后每年的现金净流量相等，则使用以下公式计算：

$$投资回收期=\frac{投资额}{每年现金净流量}$$

如果项目投产后每年的现金净流量不相等，计算投资回收期要根据每年年末尚未回收的投资额加以确定。

例 6-6 某企业现有三个投资机会，有关数据见表 6-1。求各方案的投资回收期并进行评价。

表 6-1　某企业投资方案有关数据　（单位：万元）

时间（年）		0	1	2	3	4
方案 A	现金净流量	-10 000	5 500	5 500		
方案 B	现金净流量	-10 000	3 500	3 500	3 500	3 500
方案 C	现金净流量	-20 000	7 000	7 000	6 500	6 500

解：

$$方案\ A\ 投资回收期=\frac{10\ 000}{5\ 500}=1.82\ （年）$$

$$方案\ B\ 投资回收期=\frac{10\ 000}{3\ 500}=2.86\ （年）$$

$$方案\ C\ 投资回收期=2+\frac{20\ 000-7\ 000-7\ 000}{6\ 500}=2.92\ （年）$$

可见，方案 A 的回收期最短，能最快收回投资，所以是最优方案。

运用投资回收期法进行投资决策分析时，应将备选方案的投资回收期与企业主观上既定的期望回收期相比较。决策标准是：

若投资方案回收期 < 期望回收期，则投资方案可行。

若投资方案回收期 > 期望回收期，则投资方案不可行。

如果有两个或两个以上的方案均可行的话，应选择回收期最短的方案。

2. 投资回收期的特点

投资回收期容易理解，计算也比较简单，但因其没有考虑资金时间价值因素，没有考虑回收投资后项目的获利情况，因而缺点也是显而易见的。事实上，有战略意义的长期投资往往早期收益较低，而中后期收益较高。投资回收期法容易导致先考虑急功近利的项目，有可能放弃长期有利的方案。该方法主要用来测定方案的流动性而非营利性。

在实际的项目投资评价中，以贴现分析评价方法为主，而将非贴现分析评价方法作为辅助方法使用的，实践证明两类分析评价方法结合使用，可收到很好的评价效果。

三、贴现评价指标的含义、特点及计算方法

（一）净现值（Net Present Value，简写为 NPV）

1. 净现值的含义及计算

净现值是指投资项目未来现金流入的现值与未来现金流出的现值之间的差额。对于一项长期投资，投资者总希望未来获得的报酬多于最初的投资额，但由于未来获得的报酬与原始投资额不发生在同一时期，不能直接进行对比，因此必须运用资金时间价值的概念将这两项现金流量统一在同一个时点上，才能进行比较。净现值就是将这两项现金流量都贴现后再进行比较。净现值的决策标准是：若净现值为正数，说明该投资项目是可行的，多个方案评价时净现值最大的方案为最佳方案；反之，若净现值为负数，则投资项目不可行。

在使用净现值法进行项目评价时，正确地选择贴现率是至关重要的，因为它直接影响着项目评价的结论。一般情况下，可以采用两种选择方法：一种方法是根据资金成本率来确定；另一种方法是根据企业要求的最低投资利润率来确定。以净现值进行决策分析时，一般是按照下列步骤进行：

（1）预测投资方案中每年的现金净流量。

（2）根据预期报酬率将各期现金净流量和该方案的投资额均折算为现值，并计算两者的差额，求出投资方案的净现值。

（3）根据净现值的正负及大小来判断方案的可行性及优劣。

净现值的计算公式为

$$\mathrm{NPV}=\sum_{t=1}^{n}\mathrm{NCF}_t\times(P/F,i,t)-A_0$$

式中 n——项目计算期（包括建设期和经营期）；

NCF_t——在项目第 t 年的净现金流量；

i——预定的贴现率；

A_0——初始投资总额的现值。

例 6-7 某企业进行一项固定资产投资，假设资金分两次投入，贴现率为 10%，建设期为 2 年，生产经营期为 5 年，各年现金净流量见表 6-2。请采用净现值评价该方案的可行性。

表 6-2 投资方案各年现金净流量

年 份	0	1	2	3	4	5	6	7
现金净流量（万元）	-200	-200	0	150	150	150	150	160

解：

$\mathrm{NPV}=150\times(P/A,\ 10\%,\ 5)\times(P/F,\ 10\%,\ 2)+(160-150)\times(P/F,\ 10\%,\ 7)-200\times(P/F,\ 10\%,\ 1)-200$

$=150\times3.7908\times0.8264+10\times0.5132-200\times0.9091-200$

$=93.22$（万元）

因为净现值大于零，所以该方案可行。

例 6-8 根据表 6-1 的资料，假设贴现率 $i=10\%$，求三个方案的净现值并进行评价。

解：

$$
\begin{aligned}
NPV_A &= 5\,500 \times (P/A,\ 10\%,\ 2) - 10\,000 \\
&= 5\,500 \times 1.735\,5 - 10\,000 \\
&= -454.75\ (\text{万元}) \\
NPV_B &= 3\,500 \times (P/A,\ 10\%,\ 4) - 10\,000 \\
&= 3\,500 \times 3.169\,9 - 10\,000 \\
&= 1\,094.65\ (\text{万元})
\end{aligned}
$$

$$
\begin{aligned}
NPV_C &= 7\,000 \times (P/A,\ 10\%,\ 2) + 6\,500 \times (P/A,\ 10\%,\ 2) \times (P/F,\ 10\%,\ 2) - 20\,000 \\
&= 7\,000 \times 1.735\,5 + 6\,500 \times 1.735\,5 \times 0.826\,4 - 20\,000 \\
&= 1\,470.91\ (\text{万元})
\end{aligned}
$$

方案 A 的净现值小于零，说明该方案的报酬率小于预定报酬率 10%，如果项目要求的最低报酬率或资金成本率为 10%，则此方案无法给企业最终带来收益，因此应该放弃该方案。方案 B 和 C 的净现值均大于零，这两个方案都可取。

2. 净现值的特点

净现值在投资决策分析中具有广泛的适用性，其基本原理简单明了。净现值的主要优点表现在三个方面：①考虑了资金时间价值，使方案的现金流入与现金流出具有可比性，增强了投资经济性的评价；②考虑了项目投资计算期的全部现金净流量，体现了流动性与收益性的统一；③考虑了投资风险，因为贴现率的大小与风险大小有关，风险越大，贴现率就越高。

净现值的主要缺点表现在：净现值只是一个绝对数指标，它无法反映投资项目的实际投资收益水平。

> 注意：现值指数是一个折现的相对量评价指标，在进行互斥方案的选择时，不是选择现值指数最大的方案，而是在保证现值指数大于 1 的前提下，使追加收入最大化。

（二）现值指数（Present Value Index，简写为 PVI）

1. 现值指数的含义及计算

现值指数也叫获利能力指数，是在整个项目投资计算期内的现金净流量的现值之和与投资额的现值之比。其计算公式为

$$
\text{现值指数（PVI）} = \frac{\sum \text{各期现金净流量的现值}}{\text{投资额的现值}}
$$

现值指数的决策标准是：若现值指数大于或等于 1，则该方案可行；否则，方案不可行。

例 6-9 根据表 6-1 的资料，假定贴现率仍为 10%，求三个方案的现值指数并进行评价。

解：

$$
PVI_A = \frac{5\,500 \times (P/A,\ 10\%,\ 2)}{10\,000} = \frac{5\,500 \times 1.753\,3}{10\,000} = 0.96
$$

$$
PVI_B = \frac{3\,500 \times (P/A,\ 10\%,\ 4)}{10\,000} = \frac{3\,500 \times 3.169\,9}{10\,000} = 1.11
$$

$$
\begin{aligned}
PVI_C &= \frac{7\,000 \times (P/A,\ 10\%,\ 2) + 6\,500 \times (P/A,\ 10\%,\ 2) \times (P/F,\ 10\%,\ 2)}{20\,000} \\
&= \frac{7\,000 \times 1.735\,5 + 6\,500 \times 1.735\,5 \times 0.826\,4}{20\,000} = 1.08
\end{aligned}
$$

三个方案中，方案 A 的现值指数小于 1，表明其投资利润率没有达到预定的贴现率；方案 B 和 C 的现值指数均大于 1，说明它们的投资利润率均已超过预定的贴现率，两个方案都可以

接受。

2. 现值指数的特点

现值指数考虑了资金时间价值，但它和净现值一样，也无法直接反映投资项目的实际收益率。正因为如此，就需要应用另一种专门指标来弥补这一缺陷，就是下面所讲的“内含报酬率”。

（三）内含报酬率（Internal Rate of Return，简写为 IRR）

1. 内含报酬率的含义及计算

内含报酬率也称内部收益率，是方案本身实际达到的报酬率。它是指投资回收额的现值与投资额现值相等时的贴现率，即能够使得项目的净现值为零时的贴现率。显然，内含报酬率应满足下列等式：

$$\mathrm{NPV} = \sum_{t=0}^{n} \mathrm{NCF}_t \times (P/F, \mathrm{IRR}, t) = 0$$

内含报酬率的决策标准是：若投资方案的内含报酬率大于资金成本（或期望报酬率），则该方案为可行方案；若投资方案的内含报酬率小于资金成本（或期望报酬率），则该方案为不可行方案；若两个或两个以上投资方案的内含报酬率均大于资金成本（或期望报酬率），则取大者为优。

企业进行投资所需的资金如果是借入资金，同样也存在资金成本问题。可将贷款的利率作为借入资金的机会成本。

内含报酬率的计算，根据各年现金净流量是否相等分为以下两种情况：

（1）当生产经营期内各年现金净流量相等时，其计算步骤如下：

1）计算年金现值系数。

$$\text{年金现值系数} = \frac{\text{年金现值}}{\text{年金}} = \frac{\text{投资额}}{\text{年现金净流量}}$$

2）查年金现值系数表。

若能直接查到上面所计算的年金现值系数，其对应的折现率即为内含报酬率。若不能直接查到对应的折现率，则查其相邻两个年金现值系数，然后用插值法求得内含报酬率。

例 6－10 求表 6－1 中方案 A 和方案 B 的内含报酬率。

解：

① 计算年金现值系数。

$$5\,500 \times (P/A,\ \mathrm{IRR}_A,\ 2) = 10\,000$$

$$(P/A,\ \mathrm{IRR}_A,\ 2) = 1.8182$$

② 查年金现值系数表，期数 $n=2$ 时，$(P/A,\ 6\%,\ 2) = 1.833\,4$；$(P/A,\ 7\%,\ 2) = 1.808\,0$。所以 IRR_A 介于 6% 与 7% 之间，具体数据用插值法计算如下：

7%	1.808 0
IRR_A	1.818 2
6%	1.833 4

$$\frac{7\% - 6\%}{\mathrm{IRR}_A - 6\%} = \frac{1.808\,0 - 1.833\,4}{1.818\,2 - 1.833\,4}$$

$$\mathrm{IRR}_A = 6.60\%$$

用同样的方法可以计算出 B 项目的内含报酬率 IRR_B 为 14.96%。

（2）当经营期内各年现金净流量不等时，则采用逐次测试法计算内含报酬率。其计算步骤如下：

1）先估计一个贴现率，用它来计算净现值。如果净现值为正数，则表明该方案的实际内含报酬率大于估计的贴现率，应提高贴现率再进一步测试；如果净现值为负数，应降低贴现率再进行测试。如此反复测试，寻找出净现值由正到负或由负到正接近于 0 的两个相邻贴现率。

2）根据正负相邻的两个贴现率，用插值法计算出该方案的内含报酬率。

例 6－11 求表 6－1 中方案 C 的内含报酬率。

解：

① 假设 C 方案的贴现率为 13%，此时它的净现值为：

$$
\begin{aligned}
NPV_C &= 7\,000 \times (P/A,\ 13\%,\ 2) + 6\,500 \times (P/A,\ 13\%,\ 2) \times (P/F,\ 13\%,\ 2) - 20\,000 \\
&= 7\,000 \times 1.668\,1 + 6\,500 \times 1.668\,1 \times 0.783\,1 - 20\,000 \\
&= 167.58
\end{aligned}
$$

② 再假设 C 方案的贴现率为 14%，此时它的净现值为：

$$
\begin{aligned}
NPV_C &= 7\,000 \times (P/A,\ 14\%,\ 2) + 6\,500 \times (P/A,\ 14\%,\ 2) \times (P/F,\ 14\%,\ 2) - 20\,000 \\
&= 7\,000 \times 1.646\,7 + 6\,500 \times 1.646\,7 \times 0.769\,5 - 20\,000 \\
&= -236.72
\end{aligned}
$$

③ 以上计算说明 C 方案的内含报酬率大于 13%，小于 14%。为了更精确地求得 C 方案的内含报酬率 IRR_C，可采用"内插法"求得：

14%	−236.72
IRR_C	0
13%	167.58

$$
\frac{14\% - 13\%}{IRR_C - 13\%} = \frac{-236.72 - 167.58}{0 - 167.58}
$$

$$
IRR_C = 13.41\%
$$

所以若利用内含报酬率进行投资决策时，上述三个方案中：

$IRR_B = 14.96\% > IRR_C = 13.41\% > IRR_A = 6.60\%$，B 方案的内含报酬率最大，方案最优。

2. 内含报酬率的特点

（1）内含报酬率的优点。①非常注重资金时间价值，能够从动态的角度直接反映投资项目的实际收益水平，且不受行业基准收益率高低的影响，比较客观。②内含报酬率能够直接体现方案本身所能够达到的实际收益水平，而且不受设定贴现率高低的影响。计算净现值、现值指数的前提是必须事先设定贴现率。

（2）内含报酬率的缺点。①计算比较麻烦。②当经营期大量追加投资时，有可能导致多个内含报酬率出现，或偏高偏低，缺乏实际意义。

（四）净现值、现值指数和内含报酬率之间的关系

三个指标都是贴现的投资决策评价指标，它们之间有如下关系：

（1）若净现值 >0，则现值指数 >1，内含报酬率 > 资金成本（或期望报酬率）。

（2）若净现值 =0，则现值指数 =1，内含报酬率 = 资金成本（或期望报酬率）。

(3) 若净现值<0，则现值指数<1，内含报酬率<资金成本（或期望报酬率）。

从以上可知，应用净现值、现值指数和内含报酬率对单个投资项目进行决策时，这三个评价指标会得出一致的结论。也就是说，只要这个投资项目的其中一个指标合格，另外两个指标也必定合格。但是在对几个互斥方案进行决策时，这三个指标会得出不同的结论。一般来说，在无资本限量的情况下，利用净现值法在所有的投资评价中都能做出正确的决策，而利用内含报酬率和现值指数有时会做出错误的决策。

在斯蒂芬·罗斯等著的《公司理财》中，有一个有趣的例子：

某教授在课堂讨论时提出一个问题："同学们，现在有两个互相排斥的投资机会供大家选择。一是现在你给我1美元，下课后我马上付给你1.5美元；二是你现在给我10美元，下课后我付给你11美元。"不用说，同学们都会选择第二个投资机会，因为很明显第二个投资机会赚得多，第二个投资机会的净现值也较大。但是从现值指数和内含报酬率来看，第一个投资机会的现值指数为1.5，高于第二个投资机会的现值指数1.1；第一个投资机会的内含报酬率为50%，高于第二个投资机会的内含报酬率10%，如果依据现值指数和内含报酬率来决定，就会做出错误的抉择。可见在三种评价方法中，净现值是最好的评价方法。

本章小结

1. 项目投资是一种以特定项目为对象，直接与新建项目或更新改造项目有关的内部长期投资行为。与其他形式的投资相比，项目投资具有投资金额大、投资回收期长、变现能力差和投资风险大的特点。

2. 项目投资计算期是指投资项目从投资建设开始到最终清理结束整个过程的全部时间，包括建设期和生产经营期。其中建设期的第一年年初称为建设起点，建设期的最后一年年末称为投产日；项目投资计算期的最后一年年末称为终结点，从投产日到终结点之间的时间间隔称为生产经营期。

3. 原始投资额等于企业为使该项目完全达到设计生产能力、开展正常经营而投入的全部现实资金，包括建设投资（含固定资产投资、无形资产投资和开办费）和流动资金投资两项内容；投资总额是反映项目投资总体规模的价值指标，它等于原始投资额与建设期资本化利息之和。

4. 项目投资资金的投入方式包括一次投入和分次投入两种形式。

5. 现金流量的假设包括全投资假设、项目计算期假设、时点假设、现金流量符号假设、经营期与折旧年限一致假设、确定性假设。

6. 现金流量是以收付实现制为基础计算的现金流入量和现金流出量。现金流入量包括营业收入、回收固定资产残值、回收流动资金、其他现金流入。现金流出量包括建设投资、流动资金投资、付现的营业成本、各项税款、其他现金流出。在建设期内发生的投资支出，现金净流量一般为负值；在生产经营期内，现金净流量一般为正值。

7. 项目建设期内某年的现金净流量=-该年发生的原始投资额

经营期内某年的现金净流量=该年税后利润+该年折旧+该年摊销额+该年利息费用

项目终结点的现金净流量 = 该年税后利润 + 该年折旧 + 该年摊销额 + 该年利息费用 + 该年回收额

8. 投资决策评价指标按是否考虑资金时间价值，可以分为贴现指标和非贴现指标两大类。贴现指标包括净现值、现值指数、内含报酬率等。非贴现指标包括投资利润率和投资回收期等。贴现指标是投资决策的主要评价指标，非贴现指标是次要指标或辅助指标。

净现值是指投资项目未来现金流入的现值与未来现金流出的现值之间的差额。决策标准是：若净现值为正数，说明该投资项目是可行的，多个方案评价时净现值最大的方案为最佳方案；反之，若净现值为负数，则投资项目不可行。

现值指数是在整个项目投资计算期内的现金净流量的现值之和与投资额的现值之比。决策标准是：若现值指数大于或等于1，该方案可行；否则，方案不可行。

内含报酬率是指投资回收额的现值与投资额现值相等时的贴现率，即能够使得项目的净现值为零时的贴现率。决策标准是：若投资方案的内含报酬率 > 资金成本，则该方案为可行方案；否则，方案不可行。若多个方案均可行，则取内含报酬率较大者。

投资利润率是指生产经营期正常年度净利润或年均净利润占投资总额的百分比。决策标准是：项目的投资利润率越高越好，低于无风险投资利润率（资金时间价值）的方案为不可行方案。

投资回收期是指回收全部初始投资所需要的时间，回收期限越短，方案越有利。决策标准是：投资方案回收期 < 期望回收期，则投资方案可行；如果有两个或两个以上的方案均可行的话，应选择回收期最短的方案。

9. 净现值、现值指数和内含报酬率之间的关系如下：

若净现值 >0，则现值指数 >1，内含报酬率 > 资金成本（或期望报酬率）。

若净现值 =0，则现值指数 =1，内含报酬率 = 资金成本（或期望报酬率）。

若净现值 <0，则现值指数 <1，内含报酬率 < 资金成本（或期望报酬率）。

复习思考题

1. 项目投资的含义与特点是什么？
2. 项目投资决策的评价方法有哪些？各有什么优缺点？
3. 项目投资决策中使用现金流量的原因是什么？
4. 什么是现金流量？如何估算一个投资项目的现金流量？
5. 现金流量的假设有哪些？
6. 净现值 =0 的项目可以接受吗？
7. 简述净现值、现值指数、内含报酬率之间的关系。
8. 有两个投资项目，它们的原始投资金额均为 100 万元。第一个项目有效期为 4 年，每年的现金净流量为 25 万元；第二个投资项目的有效期为 10 年，每年的现金净流量为 15 万元。若用回收期法来进行决策，显然第一个项目优于第二个项目。事实果真如此吗？为什么？

9. 某公司以相同的投资额投资于以下两个不同的方案。两方案各年的现金净流量见表6-3。

表6-3 两方案各年的现金净流量 (单位：万元)

年 限	A方案	B方案
第一年	1 000	5 000
第二年	2 000	4 000
第三年	3 000	3 000
第四年	4 000	2 000
第五年	5 000	1 000

若考虑资金时间价值，哪一个方案更好？为什么？(不用计算，思考后直接回答)

本章习题

一、单项选择题

1. 下列各项中，属于项目投资决策非贴现评价指标的是（　　）。
   A. 现值指数　B. 投资利润率　C. 内含报酬率　D. 净现值
2. 下列项目投资决策评价指标中，其数值越小越好的指标是（　　）。
   A. 内含报酬率　B. 投资回收期　C. 现值指数　D. 投资利润率
3. 当某方案的净现值大于零时，其内含报酬率（　　）。
   A. 可能小于零　B. 一定等于零
   C. 一定大于设定贴现率　D. 可能等于设定贴现率
4. 能使投资方案的净现值等于零的贴现率称为（　　）。
   A. 现值指数　B. 投资利润率　C. 内含报酬率　D. 资金成本率
5. 如果其他因素不变，一旦贴现率提高，则下列指标中其数值将会变小的是（　　）。
   A. 现值指数　B. 投资利润率　C. 内含报酬率　D. 静态投资回收期
6. 投资项目使用原有的非货币资产，其相关的现金流量应为非货币资产的（　　）。
   A. 账面原价　B. 账面净值　C. 变现价值　D. 原始价值
7. 一个投资方案，年销售收入为300万元，年销售成本为210万元，其中折旧为85万元，所得税税率为25%，则该方案年现金净流量为（　　）万元。
   A. 90　B. 152.5　C. 175　D. 54
8. 包括建设期的动态投资回收期恰好是（　　）。
   A. 净现值为零时的年限　B. 净现金流量为零时的年限

C. 累计净现值为零时的年限　　D. 累计净现金流量为零时的年限

9. 每年的现金净流量 NCF 的计算公式为（　　）。

A. NCF = 净利润 + 折旧　　B. NCF = 净利润 + 折旧 − 所得税

C. NCF = 净利润 + 折旧 + 所得税　　D. NCF = 年营业收入 − 付现成本

10. 当贴现率为 10% 时，某项目的净现值为 500 元，则说明该项目的内含报酬率（　　）。

A. 高于 10%　　B. 等于 10%

C. 低于 10%　　D. 无法确定

二、多项选择题

1. 如果净现值 > 0，则以下关系必成立的有（　　）。

A. 现值指数 > 0　　B. 内含报酬率 > 设定贴现率

C. 投资利润率 > 0　　D. 内含报酬率 < 设定贴现率

2. 在实务中，贴现率的确定方法一般包括（　　）。

A. 项目的资金成本　　B. 投资的机会成本

C. 实际贷款利率　　D. 行业平均利润率

3. 在投资决策中，现金流量指标比利润指标更为重要，其原因有（　　）。

A. 从数量上看，投资有效年限内利润与现金流量相等

B. 利润是按权责发生制确定的，现金净流量是按收付实现制确定的

C. 利润分布不可避免地受人为因素影响

D. 现金流动状况比盈利状况更重要

4. 下列因素中影响内含报酬率的有（　　）。

A. 现金净流量　　B. 贴现率

C. 投资项目计算期　　D. 投资总额

5. 现金流出额是指投资项目所引起的企业现金支出的增加额，包括（　　）。

A. 建设投资　　B. 付现成本

C. 年折旧额　　D. 所得税

6. 投资项目在经营期期末（终结点）发生的现金净流量包括（　　）。

A. 回收流动资金　　B. 回收固定资产余值

C. 原始投资　　D. 经营期期末营业现金净流量

7. 计算企业现金流量时，每年现金净流量可按下列公式来计算（　　）。

A. NCF = 净利润 + 折旧 + 所得税　　B. NCF = 净利润 + 折旧 − 所得税

C. NCF = 营业收入 − 付现成本 − 所得税　　D. NCF = 净利润 + 折旧

8. 一项固定资产投资方案的现金流出量应包括（　　）。

A. 各年的固定资产投资　　B. 各年的固定资产折旧

C. 流动资产投资　　D. 固定资产的修理费用

9. 下列说法正确的有（　　）。

A. 净现值法能反映各种投资方案的净收益

B. 净现值法不能反映投资方案的实际报酬率

C. 投资利润率法没有考虑资金时间价值

D. 现值指数有利于在初始投资额不同的投资方案之间进行对比

10. 现金流入的内容包括（　　）。

A. 营业收入　　B. 回收固定资产余值
C. 回收流动资金　　D. 建设投资

三、判断题

1. (　　) 投资利润率是反映投资项目年均利润现值与投资总额的比率。
2. (　　) 投资决策中现金流量所指的“现金”是广义的现金，不仅包括各种货币资金，而且包括投资项目需要投入企业拥有的非货币资源的变现价值。
3. (　　) 利用净现值、现值指数和内含报酬率这些不同的指标对同一个独立项目进行评价，会得出完全相同的结论。
4. (　　) 为便于理解和简化现金流量的计算过程，人们往往做出时期假定。
5. (　　) 净现值指标综合考虑了资金时间价值，并且从动态的角度反映了投资项目的实际收益率水平。
6. (　　) 计算内含报酬率时，如果第一次取 $i=17\%$，计算的净现值 >0，应再取 $i=16\%$ 进行测试。
7. (　　) 现金流量是以收付实现制为基础的。
8. (　　) 某个投资项目的净现值等于投产后各年现金净流量的现值与原始投资额之间的差额。
9. (　　) 投资方案的回收期越长，表明该方案的风险程度越小。
10. (　　) 固定资产原值等于固定资产投资总额。

四、计算题

1. 某公司计划购置设备一台，需一次性付款400 000元，当年投产，使用期限5年，期满有残值20 000元，按直线法计提折旧。预计每年新增营业收入210 000元，每年付现营业成本为111 220元。假设所得税税率为25%，资金成本为12%。要求：计算净现值并做出决策分析。
2. 某公司赊购设备一台，价值200 000元。售货方向该企业提供了两种还款方式：第一种方式是现在一次付清货款，可得到1%的折扣；第二种方式是分三年还清，每年年末的还款金额为90 000元。假设资金成本为10%。要求：
   (1) 在资金充裕的情况下，该企业会选择何种还款方式？
   (2) 如果企业资金紧张，而又急需该设备，该企业会选择何种还款方式？
3. 某企业拟花10万元购置设备一台，可为企业每年增加净利润1万元，该设备可使用5年，无残值，采用直线法计提折旧，该企业的贴现率为10%。要求：
   (1) 用非贴现法计算该方案的投资回收期及投资利润率。
   (2) 用贴现法计算该方案的净现值、现值指数和内含报酬率，并评价该方案是否可行。
4. 某公司有一项付款业务，有甲、乙两种付款方式可供选择。甲方案：现在支付10万元，一次性结清。乙方案：分3年付款，1～3年各年年初的付款额分别为3万元、4万元、4万元。假定年利率为10%。要求：计算各方案净现值并评价哪个方案最优。
5. 某投资项目在期初一次投入全部资金，当年完工并投产，投产后每年的利润相等，按直线法计提折旧，无残值，项目有效期为5年。已知项目静态投资回收期为3.5年。要求：计算该项目的内含报酬率。

五、案例分析题

华胜公司准备购入一设备以扩充生产能力。现有甲、乙两个方案可供选择。甲方案需投资30 000元，使用寿命5年，采用直线法计提折旧，5年后无残值，5年中每年销售收入为15 000元，每年的付现成本为5 000元。乙方案需投资36 000元，采用直线法计提折旧，使用寿命5年，5年后残值收入6 000元，5年中每年的销售收入为17 000元，付现成本第一年为6 000元，以后随着设备陈旧，逐年将增加修理费300元，另需垫支营运资金3 000元。假设所得税税率为30%，资金成本率为10%。要求：

（1）分别计算两个方案的现金净流量。

（2）分别计算两个方案的投资回收期、投资利润率、净现值、内含报酬率、现值指数。

（3）试判断应选用哪个方案。

案例分析提示：

（1）先计算两个方案每年的折旧：

$$\text{甲方案每年折旧额}=\frac{30\ 000}{5}=6\ 000\text{（元）}$$

$$\text{乙方案每年折旧额}=\frac{36\ 000-6\ 000}{5}=6\ 000\text{（元）}$$

（2）列表计算两个方案的营业现金流量，见表6－4。

表6－4　投资项目的营业现金流量预测表　　　（单位：元）

项　目	时　间				
	第1年	第2年	第3年	第4年	第5年
甲方案：					
销售收入	15 000	15 000	15 000	15 000	15 000
付现成本	5 000	5 000	5 000	5 000	5 000
折旧	6 000	6 000	6 000	6 000	6 000
税前利润	4 000	4 000	4 000	4 000	4 000
所得税	1 200	1 200	1 200	1 200	1 200
税后利润	2 800	2 800	2 800	2 800	2 800
营业现金流量	8 800	8 800	8 800	8 800	8 800
乙方案：					
销售收入	17 000	17 000	17 000	17 000	17 000
付现成本	6 000	6 300	6 600	6 900	7 200
折旧	6 000	6 000	6 000	6 000	6 000
税前利润	5 000	4 700	4 400	4 100	3 800
所得税	1 500	1 410	1 320	1 230	1 140
税后利润	3 500	3 290	3 080	2 870	2 660
营业现金流量	9 500	9 290	9 080	8 870	8 660

（3）列表计算两个方案各个时点的现金流量，见表6－5。

表6-5 投资项目现金净流量计算表 （单位：元）

项 目	时 间					
	第0年	第1年	第2年	第3年	第4年	第5年
甲方案：						
固定资产投资	-30 000					
营业现金流量		8 800	8 800	8 800	8 800	8 800
现金净流量	-30 000	8 800	8 800	8 800	8 800	8 800
乙方案：						
固定资产投资	-36 000					
营运资金垫支	-3 000					
营业现金流量		9 500	9 290	9 080	8 870	8 660
固定资产残值						6 000
营运资金回收						3 000
现金净流量	-39 000	9 500	9 290	9 080	8 870	17 660

（4）分别计算两个方案的投资回收期、投资利润率、净现值、内含报酬率、现值指数。

1）投资回收期：

$$甲方案的投资回收期=\frac{30\ 000}{8\ 800}=3.41（年）$$

$$乙方案的投资回收期=4+\frac{2\ 260}{17\ 660}=4.13（年）$$

其中乙方案各年尚未回收的投资见表6-6。

表6-6 乙方案各年尚未回收的投资 （单位：元）

时 间	项 目	
	每年现金净流量	年末尚未回收的投资额
第1年	9 500	39 000 - 9 500 = 29 500
第2年	9 290	29 500 - 9 290 = 20 210
第3年	9 080	20 210 - 9 080 = 11 130
第4年	8 870	11 130 - 8 870 = 2 260
第5年	17 660	

2）投资利润率：

$$甲方案的投资利润率=\frac{2\ 800}{30\ 000}\times 100\%=9.33\%$$

$$乙方案的投资利润率=\frac{(3\ 500+3\ 290+3\ 080+2\ 870+2\ 660)\div 5}{39\ 000}\times 100\%=7.90\%$$

3）净现值：

$NPV_{甲}=8\ 800\times(P/A,\ 10\%,\ 5)-30\ 000=8\ 800\times 3.790\ 8-30\ 000=3\ 359.04$（元）

$NPV_{乙}=9\ 500\times(P/F,\ 10\%,\ 1)+9\ 290\times(P/F,\ 10\%,\ 2)+9\ 080\times(P/F,\ 10\%,\ 3)+$

$8\,870\times(P/F,\ 10\%,\ 4)+17\,660\times(P/F,\ 10\%,\ 5)-39\,000=9\,500\times0.909\,1+9\,290\times0.826\,4+9\,080\times0.751\,3+8\,870\times0.683\,0+17\,660\times0.620\,9-39\,000$
$=1\,158.81$（元）

4）内含报酬率：

甲方案内含报酬率计算如下：

$$甲方案年金现值系数=\frac{30\,000}{8\,800}=3.409\,1$$

查年金现值系数表，当 $n=5$ 时，得：

$i=14\%$　　年金现值系数 $=3.433\,1$

$i=?$　　年金现值系数 $=3.409\,1$

$i=15\%$　　年金现值系数 $=3.352\,2$

令$\frac{i-14\%}{15\%-14\%}=\frac{3.409\,1-3.433\,1}{3.352\,2-3.433\,1}$

解得 $i=14.30\%$

因此，甲方案内含报酬率 $=14.30\%$

乙方案用逐步测试法，得

$i=11\%$　　NPV $=61.489$

$i=?$　　NPV $=0$

$i=12\%$　　NPV $=-991.149$

令$\frac{11\%-i}{11\%-12\%}=\frac{61.489-0}{61.489-(-991.149)}$

解得 $i=11.06\%$

因此，乙方案内含报酬率 $=11.06\%$

5）现值指数：

$$甲方案现值指数=\frac{3\,359.04+30\,000}{30\,000}=1.112\,0$$

$$乙方案现值指数=\frac{1\,158.81+39\,000}{39\,000}=1.029\,6$$

（5）从以上计算可以看出：甲方案的净现值、内含报酬率、现值指数和投资利润率都高于乙方案，投资回收期也短于乙方案，由于甲方案的所有评价指标都优于乙方案，所以应选择甲方案。

第七章 证券投资

通过本章的学习，了解证券投资的含义、种类和目的；掌握证券投资的风险与收益率；了解企业债券投资、股票投资的目的；掌握债券、股票的估价；掌握债券、股票投资的优缺点；理解证券投资组合的风险与收益率。

能够估算债券与股票的价值；能够正确计算债券、股票投资的收益率。

引 言 你购买过债券或股票吗？你买股票是喜欢只买一种，还是买好几种？你听说过“不要把鸡蛋全放在一个篮子里”的名言吗？本章将为你介绍你所关心的股票和债券的估价模型以及股票和债券投资收益率的计算方法，还向你介绍分散投资风险的方法——证券投资组合。

第一节 证券投资的种类与目的

一、证券投资的含义

科学地进行证券投资管理，能增加企业收益，降低风险，有利于财务管理目标的实现。

证券（Securities）是有价证券的简称，它是指票面记载有一定金额，代表财产所有权或债权，可以有偿转让的凭证。证券投资（Securities Investment）是指以国家或外单位公开发行的有价证券为购买对象的投资行为，它是企业投资的重要组成部分。

（一）证券的分类

证券的种类很多，按不同的标准可以做不同的分类。

1. 按证券的发行主体分类

按照发行主体的不同，证券可分为政府证券、金融证券和公司证券三种。政府证券是指中央政府或地方政府为筹集资金而发行的证券。金融证券则是指银行或其他金融机构为筹措资金而发行的证券。公司证券又称企业证券，是指工商企业为筹集资金而发行的证券。政府证券的风险较小，金融证券次之，公司证券的风险则视企业的规模、财务状况和其他情况而定。

2. 按证券的到期日分类

按照到期日的长短，证券可分为短期证券和长期证券两种。短期证券是指到期日短于一年的证券，如短期国债、商业票据、银行承兑汇票等。长期证券是指到期日长于一年的证券，如股票、债券等。一般而言，短期证券的风险小、变现能力强，但收益率相对较低。长期证券的收益一般较高，但时间长、风险大。

3. 按证券的收益状况分类

按照收益状况的不同，证券可分为固定收益证券和变动收益证券两种。固定收益证券是指在证券的票面上规定有固定收益率的证券，如债券票面上一般有固定的利率，优先股票面一般有固定的股息率，这些证券都属于有固定收益的证券。变动收益证券是指证券的票面不标明固定的收益率，其收益情况随企业经营状况而变动的证券，普通股股票是最典型的变动收益证券。一般来说，固定收益证券风险较小，但收益不高，而变动收益证券风险大，但收益较高。

4. 按证券体现的权益关系分类

按照所体现的权益关系不同，证券可分为所有权证券和债权证券两种。所有权证券是指证券的持有人便是证券发行单位的所有者的证券，这种证券的持有人一般对发行单位都有一定的管理和控制权。股票是典型的所有权证券，股东便是发行股票的企业的所有者。债权证券是指证券的持有人是发行单位的债权人的证券，这种证券的持有人一般无权对发行单位进行管理和控制。当一个发行单位破产时，债权证券要优先清偿，而所有权证券要在最后清偿，所以所有权证券一般都要承担比较大的风险。

（二）证券投资的分类

从以上分析可以看出，证券是多种多样的，与此相联系，证券投资的种类也是多种多样的。按不同标准，也可对证券投资进行不同的分类。下面根据证券投资的对象，将证券投资分为债券投资、股票投资、组合投资和基金投资四类。

1. 债券投资（Bonds Investment）

债券投资是指企业将资金投向各种各样的债券，例如，企业购买国库券、公司债券和短期融资券等都属于债券投资。与股票投资相比，债券投资能获得稳定收益，投资风险较低。当然，也应看到，投资于一些期限长、信用等级低的债券，也会承担较大风险。

2. 股票投资（Stock Investment）

股票投资是指企业将资金投向其他企业所发行的股票，将资金投向优先股、普通股都属于股票投资。企业投资于股票，尤其是投资于普通股股票，要承担较大风险，但在通常情况下，也会取得较高收益。

3. 组合投资（Portfolio Investment）

组合投资又叫证券投资组合，是指企业将资金同时投资于多种证券，例如，既投资于国库券又投资于企业债券，还投资于企业股票。组合投资可以有效地分散证券投资风险，是企业等法人单位进行证券投资时常用的投资方式。

4. 基金投资（Funds Investment）

基金是许多投资者的钱合在一起，然后由基金公司的专家负责管理，用来投资于多家公司的股票或者债券。基金按其收益凭证是否可以赎回分为封闭式基金与开放式基金。封闭式基金在信托契约未到期之前，不得向发行人要求赎回，而开放式基金就是投资者可以随时要求基金公司赎回其所购买的基金，当然在赎回时要承担一定的手续费。封闭式基金一般采用年终分红方式，开放式基金则根据行情和基金收益状况采取不定期分红。基金投资由理财专家经营管理，风险相对较小，越来越受到我国投资者的青睐。

本章将主要介绍债券投资、股票投资及组合投资。

二、证券投资的目的

企业进行证券投资的目的主要有以下几个方面：

1. 暂时存放闲置资金

企业在生产经营过程中，由于各种原因有时会出现资金闲置，这些闲置的资金可以投资于股票、债券等有价证券上，谋取投资收益。企业一般都持有一定量的有价证券，以替代较大量的非盈利的现金余额，并在现金流出超过现金流入时，将有价证券售出，以增加现金。短期证券的投资在多数情况下都是出于预防的动机，因为大多数企业都依赖银行信用来应付短期交易对现金的需要，但银行信用有时是不可靠的或不确定的，因此，必须持有有价证券以防银行信用的短缺。

2. 与筹集长期资金相配合

处于成长期或扩张期的公司一般每隔一段时间就会发行长期证券（股票或公司债券）。但发行长期证券所获得的资金一般并不一次用完，而是逐步、分次使用。这样，暂时不用的资金可投资于有价证券，以获取一定收益；而当企业进行投资需要资金时，则可卖出有价证券，以获得现金。

3. 满足未来的财务需求

假如企业在不久的将来有一笔现金需求，如建一座厂房或归还到期债务，则将现有现金投资于有价证券，以便到时售出，满足对现金的需要。

4. 满足季节性经营对现金的需求

从事季节性经营的企业在一年内的某些月份有剩余现金，而在另几个月则会出现现金短缺，这些企业通常在现金有剩余时购入有价证券，而在现金短缺时出售有价证券。

5. 获得对相关企业的控制权

有些企业往往从战略上考虑要控制另外一些企业，这可以通过股票投资实现。例如，一家汽车制造企业想控制一家钢铁企业以便获得稳定的材料供应，这时便可动用一定资金来购买钢铁企业的股票，直到其所拥有的股权能控制这家钢铁企业为止。

第二节 证券投资的风险与收益率

一、证券投资风险

进行证券投资，必然要承担一定风险，这是证券的基本特征之一。证券投资风险主要来源于以下几个方面：

证券投资风险有违约风险、利率风险、购买力风险、流动性风险和期限性风险等。

1. 违约风险（Default Risk）

证券发行人无法按期支付利息或偿还本金的风险，称为违约风险。一般而言，政府发行的证券违约风险小，金融机构发行的证券次之，工商企业发行的证券风险较大。造成企业证券违约的原因有以下几个方面：①政治、经济形势发生重大变动；②发生自然灾害，如旱灾、火灾等；③企业经营管理不善、成本高、浪费大；④企业在市场竞争中失败，主要顾客流失；⑤企业财务管理失误，不能及时清偿到期债务。

2. 利率风险（Interest Rate Risk）

由于利率的变动而引起证券价格波动，投资人遭受损失的风险，叫利率风险。证券的价格随利率的变动而变动，一般而言，银行利率下降，则证券价格上升；银行利率上升，则证券价格下降。不同期限的证券，利率风险不一样，期限越长，风险越大。

3. 购买力风险（Purchasing Power Risk）

由于通货膨胀而使证券到期或出售时所获得的货币资金的购买力降低的风险，称为购买力风险。在通货膨胀时期，购买力风险对投资者有重要影响。一般而言，随着通货膨胀的发生，变动收益证券比固定收益证券要好。因此，普通股股票被认为比公司债券和其他有固定收入的证券能更好地避免购买力风险。

4. 流动性风险（Liquidity Risk）

在投资人想出售有价证券获取现金时，证券不能立即出售的风险，叫流动性风险。一种能在较短期内按市价大量出售的资产，是流动性较高的资产，这种资产的流动性风险较小；反之，如果一种资产不能在短时间内按市价大量出售，则属于流动性较低的资产，这种资产的流动性风险较大。例如，购买小公司的债券，想立即出售比较困难，因而流动性风险较大，但若购买国库券，几乎可以立即出售，则流动性风险较小。

5. 期限性风险（Maturity Risk）

由于证券期限长而给投资人带来的风险，叫期限性风险。一项投资，到期日越长，投资人遭受的不确定性因素就越多，承担的风险越大。例如，同一家企业发行的十年期债券要比一年期债券的风险大，这便是证券的期限性风险。

二、证券投资收益率

企业进行证券投资的主要目的是为了获得投资收益。证券投资收益包括证券交易现价与原价的价差以及定期股利或利息收益。收益的高低是影响证券投资的主要因素。证券投资的收益有绝对数和相对数两种表示方法，在财务管理中通常用相对数，即收益率来表示。

（一）短期证券投资收益率

短期证券投资收益率的计算一般比较简单，因为期限短，所以一般不用考虑资金时间价值因素，其基本计算公式为

$$K=\frac{S_1-S_0+P}{S_0}\times 100\%$$

式中　K——证券投资收益率；

S_0——证券购买价格；

S_1——证券出售价格；

P——证券投资报酬（股利或利息）。

例 7-1　2020 年 2 月 9 日，通达公司购买四通公司每股市价为 64 元的股票，2021 年 1 月，通达公司持有的上述股票每股获现金股利 3.9 元，2021 年 2 月 9 日，通达公司将该股票以每股 66.5 元的价格出售，则该公司投资收益率为多少？

解：

$$K=\frac{(66.5-64+3.9)}{64}\times 100\%=10\%$$

例 7-2　某企业于 2019 年 6 月 6 日投资 900 元购进一张面值为 1000 元，票面利率为 6%，每年付息一次的债券，并于 2020 年 6 月 6 日以 950 元的市价出售，则该公司投资收益率为多少？

解：

$$K=\frac{(950-900)+1\,000\times 6\%}{900}\times 100\%=12.22\%$$

（二）长期证券投资收益率

长期证券投资收益率的计算比较复杂，因为涉及的时间较长，所以要考虑资金时间价值因素。长期证券投资中的情况很多，不可能一一列举其计算公式。现说明以下两种典型情况的收益率的计算。

1. 债券投资收益率的计算

企业进行债券投资，一般每年能获得固定的利息，并在债券到期时收回本金或在中途出售而收回资金。债券投资收益率可按下列公式计算：

$$V=\frac{I}{(1+i)^1}+\frac{I}{(1+i)^2}+\cdots+\frac{I}{(1+i)^n}+\frac{F}{(1+i)^n}$$

$$V=I(P/A,\ i,\ n)+F(P/F,\ i,\ n)$$

式中 V——债券的购买价格；

I——每年获得的固定利息；

F——债券到期收回的本金或中途出售收回的资金；

i——债券投资的收益率；

n——投资期限。

例7-3 新华公司于2016年2月1日以924.16元购买一张面值为1 000元的债券，其票面利率为8%，每年1月31日计算并支付一次利息，该债券于2021年1月31日到期，按面值收回本金，试计算该债券的收益率。

解：由于我们无法直接计算收益率，所以必须用逐步测试法或内插法来进行计算。假设要求的收益率为9%，则其现值可计算如下：

$$\begin{aligned}V&=1\,000\times8\%\times(P/A,\ 9\%,\ 5)+1\,000\times(P/F,\ 9\%,\ 5)\\&=80\times3.889\,7+1\,000\times0.649\,9\\&=961.08\ (\text{元})\end{aligned}$$

961.08元大于924.16元，说明收益率应大于9%，下面用10%再一次进行测试，其现值计算如下：

$$\begin{aligned}V&=1\,000\times8\%\times(P/A,\ 10\%,\ 5)+1\,000\times(P/F,\ 10\%,\ 5)\\&=80\times3.790\,8+1\,000\times0.620\,9\\&=924.16\ (\text{元})\end{aligned}$$

计算出的现值正好为924.16元，说明该债券的收益率为10%。

2. 股票投资收益率的计算

企业进行股票投资，每年获得的股利是经常变动的，当企业出售股票时，也可收回一定资金。股票投资收益率可按下式计算：

$$V=\sum_{j=1}^{n}\frac{D_j}{(1+i)^j}+\frac{F}{(1+i)^n}$$

式中 V——股票的购买价格；

F——股票的出售价格；

D_j——股票投资报酬(各年获得的股利)；

n——投资期限；

i——股票投资收益率。

例7-4 泰通公司在2017年4月1日投资510万元购买某种股票100万股，在2018年、2019年和2020年的3月31日每股各分得现金股利0.5元、0.6元和0.8元，并于2020年3月31日以每股6元的价格将股票全部出售，试计算该项投资的投资收益率。

解：设该项投资的投资收益率为i，根据题意，列如下等式：

$$100 \times 0.5 \times (P/F, i, 1) + 100 \times 0.6 \times (P/F, i, 2) + 100 \times (0.8 + 6) \times (P/F, i, 3) = 510$$

现采用逐步测试法和内插法来进行计算，逐次测试的结果见表7-1。

表7-1 逐次测试结果 （单位：万元）

年份	股利及出售股票的现金流量	测试20%		测试18%		测试16%	
		系数	数值	系数	数值	系数	数值
2018	50	0.833 3	41.67	0.847 5	42.38	0.862 1	43.11
2019	60	0.694 4	41.66	0.718 2	43.09	0.743 2	44.59
2020	680	0.578 7	393.52	0.608 6	413.85	0.640 7	435.68
合计			476.85		499.32		523.38

在表7-1中，先按20%的收益率进行测算，得到现值为476.85万元，比原来的投资额510万元小，说明实际收益率低于20%，于是把收益率调到18%，进行第二次测算，得到的现值为499.32万元，还比510万元小，说明实际收益率比18%还要低；于是再把收益率调到16%进行第三次测算，得到的现值为523.38万元，比510万元大，说明实际收益率要比16%高，即我们要求的收益率在16%和18%之间，采用内插法计算如下：

$$\text{该项投资的收益率} = 16\% + \frac{510 - 523.38}{499.32 - 523.38} \times (18\% - 16\%) = 17.11\%$$

第三节 证券投资决策

一、债券投资

（一）债券投资的目的

企业进行短期债券投资的目的主要是为了配合企业对资金的需求，调节现金余额，使现金余额达到合理水平。当企业现金余额太多时，便投资于债券，使现金余额降低；反之，当现金余额太少时，则出售原来投资的债券，收回现金，使现金余额提高。企业进行长期债券投资的目的主要是为了获得稳定的收益。

（二）我国债券及债券发行的特点

我国经济发展的特殊性使许多债券及债券发行带有明显的区别于西方的特点，企业财务人员要做好债券投资管理工作，就必须先了解这些特点：

（1）国债占有绝对比重。从1981年起，我国开始发行国库券，以后又陆续发行国家重点建设债券、财政债券、特种国债和保值公债等。

（2）债券多为一次还本付息，单利计算，平价发行。国家债券和国家代理机构发行的债券多数均是如此，企业债券只有少数附有息票，每年支付一次利息，其余均是利随本清的存单式债券。

（3）企业债券利率一般较低。

（三）债券的估价

债券的价值是指债券未来现金流入的现值，也称债券的内在价值。购入债券预期的未来现金流入包括两部分：各期利息和到期本金。企业进行债券投资，必须知道债券价格的计算方法，现介绍几个常见的债券估价模型。

1. 一般情况下的债券估价模型

一般情况下的债券估价模型是指按复利方式计算的债券价格的估价公式。其一般计算公式为

$$\begin{aligned} P &= \frac{F}{(1+K)^n} + \sum_{t=1}^{n} \frac{iF}{(1+K)^t} \\ &= \frac{F}{(1+K)^n} + \sum_{t=1}^{n} \frac{I}{(1+K)^t} \\ &= F(P/F,K,n) + I(P/A,K,n) \end{aligned}$$

式中 P——债券价格；

i——债券票面利率；

F——债券面值；

I——每年利息；

K——市场利率或投资人要求的必要收益率；

n——付息总期数。

例 7-5 某债券面值为 1 000 元，票面利率为 10%，期限为 5 年，每年年末付息一次，到期还本。某企业要对这种债券进行投资，当前的市场利率为 12%，问债券价格为多少时才能进行投资。

解：

$$\begin{aligned} P &= 1\,000 \times (P/F,\ 12\%,\ 5) + 1\,000 \times 10\% \times (P/A,\ 12\%,\ 5) \\ &= 1\,000 \times 0.567\,4 + 100 \times 3.604\,8 \\ &= 927.88\ (\text{元}) \end{aligned}$$

即这种债券的价格必须低于 927.88 元时，该企业才值得购买。

2. 一次还本付息且不计复利的债券估价模型

我国很多债券属于一次还本付息且不计复利的债券，其估价计算公式为

$$\begin{aligned} P &= \frac{F + Fin}{(1+K)^n} \\ &= F(1+in) \times (P/F,\ K,\ n) \end{aligned}$$

例 7-6 某企业拟购买另一家企业发行的利随本清的企业债券，该债券面值为 1 000 元，期限 5 年，票面利率为 10%，单利计息，当前市场利率为 8%，该债券发行价格为多少时，企业才能购买？

解：

$$P = \frac{1\,000 + 1\,000 \times 10\% \times 5}{(1+8\%)^5} = 1\,020.87\ (\text{元})$$

即债券价格必须低于 1 020.87 元时，企业才能购买。

3. 折现发行时债券的估价模型（即零息债券估价模型）

有些债券以折现方式发行，没有票面利率，到期按面值偿还。这些债券的估价模型为

$$P=\frac{F}{(1+K)^{n}}$$
$$=F(P/F,\ K,\ n)$$

例 7－7 某债券面值为 1 000 元，期限为 5 年，以折现方式发行，期内不计利息，到期按面值偿还，当前市场利率为 8%，其价格为多少时，企业才能购买？

解：

$$P=1\,000\times(P/F,\ 8\%,\ 5)$$
$$=1\,000\times0.680\,6$$
$$=680.6\ (元)$$

该债券的价格只有低于 680.6 元时，企业才能购买。

(四) 债券投资的优缺点

1. 债券投资的优点

(1) 本金安全性高。与股票投资相比，债券投资风险比较小。政府发行的债券有国家财力作后盾，其本金的安全性非常高，通常视为无风险证券。企业债券的持有者拥有优先求偿权，即当企业破产时，优先于股东分得企业资产，因此，其本金损失的可能性小。

(2) 收入稳定性强。债券票面一般都标有固定利率，债券的发行人有按时支付利息的法定义务。因此，在正常情况下，投资于债券都能获得比较稳定的收入。

(3) 市场流动性好。许多债券都具有较好的流动性。政府及大企业发行的债券一般都可在金融市场上迅速出售，流动性很好。

2. 债券投资的缺点

(1) 购买力风险较大。债券的面值和利率在发行时就已确定，如果投资期间的通货膨胀率比较高，则本金和利息的购买力将不同程度地受到侵蚀，在通货膨胀率非常高时，投资者虽然名义上有收益，但实际上却有损失。

(2) 没有经营管理权。投资于债券只是获得收益的一种手段，无权对债券发行单位施以影响和控制。

二、股票投资

股票投资是企业进行证券投资的一个重要方面。

(一) 股票投资的目的

企业进行股票投资的目的主要有两种：①获利，即作为一般的证券投资，获取股利收入及股票买卖差价；②控股，即通过购买某一企业的大量股票达到控制该企业的目的。在第一种情况下，企业仅将某种股票作为其证券组合的一个组成部分，不应冒险将大量资金投资于某一企业的股票上。而在第二种情况下，企业应集中资金投资于被控企业的股票上，这时考虑更多的不应是目前利益——股票投资收益的高低，而应是长远利益——占有多少股权才能达到控制的目的。

(二) 股票的估价

股票的价值是指股票预期的未来现金流入的现值，又称为“股票的内在价值”。股票预期的未来现金流入包括两部分：每期预期股利和出售时得到的收入。同进行债券投资一样，企业进行股票投资，也必须知道股票价格的计算方法，现介绍几种常见的股票估价模型。

1. 股票估价基本模型

在一般情况下，投资者投资于股票，不仅希望得到股利收入，还希望在未来出售股票时从股票价格的上涨中获得好处。此时的股票估价模型为

$$V = \sum_{t=1}^{n} \frac{d_t}{(1+K)^t} + \frac{V_n}{(1+k)^n}$$

式中 V——股票内在价值；

V_n——未来出售时预计的股票价格；

K——投资人要求的必要资金收益率；

d_t——第 t 期的预期股利；

n——预计持有股票的期数。

股票估价的基本模型要求无限期地预计未来各年的股利，这在实际中很难做到。因此，应用的模型都是假设股利固定不变或股利固定增长的价值模型。

2. 长期持有股票，股利稳定不变的股票估价模型

在每年股利稳定不变，投资人持有期间的情况下，股票的估价模型可简化为

$$V = \frac{d}{K}$$

式中 V——股票内在价值；

d——每年固定股利；

K——投资人要求的必要资金收益率。

例 7-8 美宝公司准备投资购买某公司的股票永久持有，该股票每股股利为 2 元，采用固定股利支付政策，股票必要收益率为 10%。计算该股票价格为多少时适合购买？

解：

$$V = 2 \div 10\% = 20 \text{（元）}$$

计算表明，该股票价格低于 20 元时才能购买。

3. 长期持有股票，股利固定增长的股票估价模型

如果一个公司的股利不断增长，投资人的投资期限又非常长，则股票的估价就更困难了，只能计算近似数。此时股票估价模型为

$$V = \frac{d_0(1+g)}{K-g} = \frac{d_1}{K-g}$$

式中 V——股票内在价值；

d_0——上年股利；

d_1——第 1 年股利；

g——每年股利的增长率；

K——投资人要求的必要资金收益率。

例 7-9 泰通公司准备投资购买南方公司的股票，该股票上年每股股利为 2 元，预计以后每年以 4% 的增长率增长，泰通公司经分析后，认为必须得到 10% 的报酬率，才能购入南方公司的股票，则该种股票价格为多少时适合购买？

解：

$$V = \frac{2 \times (1+4\%)}{10\% - 4\%} = 34.67 \text{（元）}$$

即南方公司的股票价格在 34.67 元以下时，泰通公司才能购买。

（三）股票投资的优缺点

1. 股票投资的优点

（1）投资收益高。普通股股票的价格虽然变动频繁，但从长期看，优质股票的价格总是上涨的居多，只要选择得当，都能取得优厚的投资收益。

（2）购买力风险低。普通股的股利不固定，在通货膨胀率比较高时，由于物价普遍上涨，股份有限公司盈利增加，股利的支付也随之增加，因此，与固定收益的证券相比，普通股能有效地降低购买力风险。

（3）拥有经营控制权。普通股股东属股份有限公司的所有者，有权监督和控制企业的生产经营情况，因此，想控制一家企业，最好是收购这家企业的股票。

2. 股票投资的缺点

股票投资的缺点主要是风险大，这是因为：

（1）求偿权居后。普通股对企业资产和盈利的求偿权均居于最后。企业破产时，股东原来的投资可能得不到全额补偿，甚至一无所有。

（2）价格不稳定。普通股的价格受众多因素影响，很不稳定。政治因素、经济因素、投资人心理因素、企业的盈利情况、风险情况，都会影响股票价格，这也使股票投资具有较高的风险。

（3）收入不稳定。普通股股利的多少，视企业经营状况和财务状况而定，其有无、多寡均无法律上的保证，其收入的风险也远远大于固定收益的证券。

第四节 证券投资组合

一、证券投资组合的意义

证券投资组合又称组合投资，是指在进行证券投资时，不是将所有资金都投向单一的某种证券，而是有选择地投向一组证券。

证券投资的盈利性吸引了众多投资者，但证券投资的风险性又使许多投资者望而却步。如何才能有效地解决这一难题呢？科学地进行证券投资组合就是一个比较好的方法。通过有效地进行证券投资组合，便可消减证券风险，达到降低风险的目的。

投资风险存在于各个国家的各种证券中，它们随经济环境的变化而不断变化，时大时小，此起彼伏。简单地把资金全部投向一种证券，便要承受巨大的风险，一旦失误，就会全盘皆无。因此，证券市场上经常可听到这样一句名言：不要把全部鸡蛋放在同一个篮子里。证券投资组合是证券投资的重要武器，它可以帮助投资者全面捕捉获利机会，降低投资风险。

二、证券投资组合的风险与收益率

由于证券投资组合能够降低风险，因此，绝大多数法人投资者都同时投资于多种证券。即使是个人投资者，一般也采用证券投资组合而不是只投资于某一个公司的股票或债券。所以，企业财会人员必须了解证券投资组合的风险与收益率。

（一）证券投资组合的风险

证券投资组合的风险可以分为两种性质完全不同的风险，即非系统性风险和系统性风险。

1. 非系统性风险（Unsystematic Risk）

非系统性风险又叫可分散风险或公司特别风险，是指某些因素对单个证券造成经济损失的可能性。如公司在市场竞争中的失败等。这种风险，可通过证券持有的多样化来抵消。即多买几家公司的股票，其中某些公司的股票收益下降，另一些股票的收益上升，从而将风险抵消。因此，这种风险被称为可分散风险。现举例说明如下：

假设W和M股票构成一个证券组合，每种股票在证券组合中各占50%，它们的收益情况见表7－2。

表7－2 完全负相关的两种股票构成的证券组合的收益情况

年份	W股票 K_W（%）	M股票 K_M（%）	WM的组合 K_P（%）
2016	40	－10	15
2017	－10	40	15
2018	35	－5	15
2019	－5	35	15
2020	15	15	15
平均收益率（%）	15	15	15
标准离差 σ	22.6	22.6	0

根据表7－2的资料，可以绘制出两种股票以及由它们构成的证券组合收益率图，如图7－1所示。

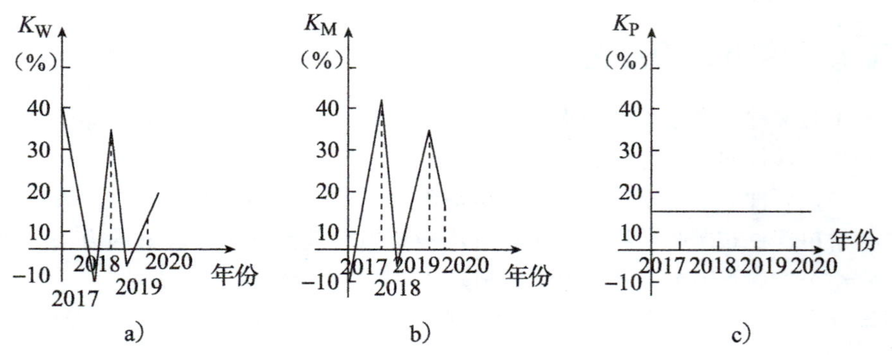

图7－1 两种完全负相关股票的收益图

a）W股票收益图 b）M股票收益图 c）两种股票组合收益图

从表7－2和图7－1中可以看出，如果分别持有两种股票，都有很大风险，但如果把它们组合成一个证券组合，则没有风险。

W股票和M股票之所以能结合起来组成一个无风险的证券组合，是因为它们收益的变化正好成相反的循环——当W股票的收益下降时，M股票的收益正好上升；反之亦然。我们把股票W和M叫作完全负相关。这里相关系数 $r=-1.0$。

与完全负相关相反的是完全正相关（$r=+1.0$），两个完全正相关的股票的收益将一起上升或下降，这样的两种股票组成的证券组合，不能抵消任何风险。

从以上分析可知，当两种股票完全负相关（$r=-1.0$）时，所有的风险都可以分散掉；当两种股票完全正相关（$r=+1.0$）时，从降低风险的角度来看，对持有股票没有好处。实际上，大部分股票都是正相关，但又不完全正相关，一般来说，随机取两种股票相关系数为+0.6左右的最多，而对绝大多数两种股票而言，r 将位于+0.5至+0.7之间。在这种情况下，把两种股票组合成证券组合能降低风险，但不能全部消除风险，不过，如果股票种类较多，则能分散掉大部分风险，而当股票种类足够多时，几乎能把所有的非系统性风险分散掉。

2. 系统性风险（Systematic Risk）

系统性风险又称不可分散风险或市场风险，指的是由于某些因素给市场上所有的证券都带来收益波动的可能性。如宏观经济状况的变化、国家税法的变化、国家财政政策和货币政策的变化、世界能源状况的改变都会使股票收益发生变动。这些风险影响所有的证券，因此，不能通过证券组合分散掉。对投资者来说，这种风险是无法消除的，故称不可分散风险。但这种风险对不同的企业也有不同的影响。

系统性风险是通过 β 系数来测量的，β 系数是反映个别股票相对于平均风险股票的变动程度的指标。β 系数有多种计算方法，实际计算过程十分复杂，但幸运的是 β 系数一般不需投资者自己计算，而由一些投资服务机构定期计算并公布。

作为整体的证券市场的 β 系数为1。如果某种股票的风险与整个证券市场的平均风险一致，则这种股票的 β 系数等于1；如果某种股票的 β 系数大于1，说明其风险大于整个市场的平均风险；如果某种股票的 β 系数小于1，说明其风险小于整个市场的平均风险。

从以上分析可知，单个证券的 β 系数可以由有关的投资服务机构提供。那么，投资组合的系数该怎样计算呢？投资组合的 β 系数是单个证券 β 系数的加权平均数，权数为各种证券在投资组合中所占的比重。其计算公式为

$$\beta_{\mathrm{p}} = \sum_{i=1}^{n} X_i \beta_i$$

式中 β_{p}——证券组合的 β 系数；

X_i——证券组合中第 i 种股票所占的比重；

β_i——第 i 种股票的 β 系数；

n——证券组合中股票的数量。

例7-10 华新公司持有由甲、乙、丙三种股票构成的证券组合，它们的 β 系数分别是2.0、1.0和0.5，它们在证券组合中所占的比重分别为50%、30%和20%，试确定这组证券组合的 β 系数。

解：

$$\beta_{\mathrm{p}} = \sum_{i=1}^{n} X_i \beta_i = 50\% \times 2.0 + 30\% \times 1.0 + 20\% \times 0.5 = 1.4$$

通过以上分析，可得出如下结论：

（1）单个证券的风险由两部分组成，它们是可分散风险和不可分散风险。

（2）可分散风险可通过证券组合来消减，并随证券组合中证券数量的增加而逐渐减少。

（3）证券的不可分散风险由市场变动所产生，它对所有证券都有影响，不能通过证券组合

而消除。不可分散风险是通过β系数来测量的。一些标准的β值如下：

1）$\beta=0.5$，说明该证券或证券组合的风险只有整个证券市场平均风险的一半。

2）$\beta=1.0$，说明该证券或证券组合的风险等于整个证券市场的平均风险。

3）$\beta=2.0$，说明该证券或证券组合的风险是整个证券市场平均风险的两倍。

（二）证券投资组合的收益率

1. 证券投资组合的风险收益率

投资者进行证券组合投资与进行单项投资一样，都要求对承担的风险进行补偿，股票的风险越大，要求的收益就越高。但是，与单项投资不同，证券组合投资要求补偿的风险只是不可分散风险，而不要求对可分散风险进行补偿。如果有可分散风险的补偿存在，善于科学地进行投资组合的投资者将购买这部分股票，并抬高其价格，其最后的收益率只反映不能分散的风险。因此，证券组合的风险收益是投资者因承担不可分散风险而要求的，超过资金时间价值的那部分额外收益。可用下列公式计算：

> 与单项投资不同，证券组合投资要求补偿的风险只是不可分散风险，而不要求对可分散风险进行补偿。

$$R_p=\beta_p\times(K_m-R_F)$$

式中 R_p——证券组合的风险收益率；

β_p——证券组合的β系数；

K_m——所有股票的平均收益率，即市场收益率；

R_F——无风险收益率。

例7-11 华强公司持有由甲、乙、丙三种股票构成的证券组合，它们的β系数分别是2.0、1.0和0.5，它们在证券组合中所占的比重分别为60%、30%和10%，股票的市场收益率为14%，无风险收益率为10%，试确定这种证券组合的风险收益率。

解：首先，确定该证券组合的β系数：

$$\beta_p=\sum_{i=1}^{n}X_i\beta_i=60\%\times2.0+30\%\times1.0+10\%\times0.5=1.55$$

然后，计算该证券组合的风险收益率：

$$R_p=\beta_p(K_m-R_F)=1.55\times(14\%-10\%)=6.2\%$$

当然，计算风险收益率后，便可根据投资额和风险收益率计算风险收益的数额。从以上计算中可以看出，在其他因素不变的情况下，风险收益取决于证券组合的β系数，β系数越大，风险收益就越大；反之亦然。

例7-12 承例7-11，华强公司为降低风险，售出部分甲股票，买进部分丙股票，使甲、乙、丙三种股票在证券组合中所占的比重变为10%、30%和60%，试计算此时的风险收益率。

解：此时，证券组合的β值为

$$\beta_p=\sum_{i=1}^{n}X_i\beta_i=10\%\times2.0+30\%\times1.0+60\%\times0.5=0.8$$

那么，此时的证券组合的风险收益率应为

$$R_p=\beta_p(K_m-R_F)=0.8\times(14\%-10\%)=3.2\%$$

从以上计算可以看出，调整各种证券在证券组合中的比重可以改变证券组合的风险、风险收益率和风险收益额。

2. 证券投资组合的必要收益率

如前所述，证券投资中的非系统性风险可以通过适当的投资组合而分散掉，因此证券投资

的风险报酬只与系统性风险有关。由于β系数反映证券投资的系统性风险，所以证券投资组合的必要收益率只与β系数相关。在西方金融学和财务管理学中，有许多模型论述风险和收益率的关系，其中一个最重要的模型为资本资产定价模型（Capital Asset Pricing Model，简写为CAPM）。这一模型的计算公式为

$$K_i = R_F + \beta_i (K_m - R_F)$$

式中 K_i——第 i 种股票或第 i 种证券组合的必要收益率；

R_F——无风险收益率；

β_i——第 i 种股票或第 i 种证券组合的β系数；

K_m——所有股票或所有证券的平均收益率。

例 7-13 已知通达公司所持证券组合的β系数为2.0，无风险收益率为6%，证券市场平均收益率为10%，求通达公司证券组合的必要收益率。

解：

$$\begin{aligned} K_i &= R_F + \beta_i(K_m - R_F) \\ &= 6\% + 2.0 \times (10\% - 6\%) \\ &= 14\% \end{aligned}$$

资本资产定价模型通常用图形加以表示，叫证券市场线（简称SML）。它说明必要收益率K与不可分散风险β系数之间的关系，如图7-2所示。该图的横轴表示股票的风险大小（以β系数大小来衡量），纵轴表示股票投资必要收益率。证券市场线主要由两个因素确定，一是截距（即与纵轴交点的纵轴坐标），它取决于无风险收益率的大小；二是证券市场线斜率，它取决于大众投资者对风险的态度。投资者对风险的厌恶程度越高，则该斜率越大，证券市场线就越陡。

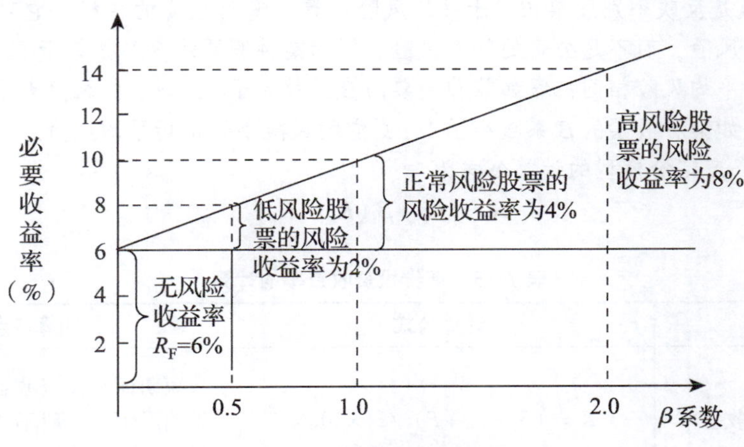

图 7-2 必要收益率与β系数的关系

从图7-2中可以看出，无风险收益率为6%，β系数不同的股票有不同的风险收益率，当β=0.5时，风险收益率为2%；当β=1.0时，风险收益率为4%；当β=2.0时，风险收益率为8%。也就是说，β值越高，要求的风险收益率也就越高，在无风险收益率不变的情况下，必要收益率也就越高。

资本资产定价模型进一步揭示了风险与无风险收益率以及风险与风险收益率之间的关系。从图7-2中可以看出，证券投资所冒风险越大（表现为证券的β系数越大），则所得风险收益率越高，因此资本资产定价模型提供了风险收益率的具体计算办法。此外，虽然前述关于资本

资产定价模型的讨论限于各类证券等金融资产，但从理论上讲，该模型适用于所有资产。因此对于每个固定资产投资项目，也应有相应的β系数，据此可以利用资本资产定价模型计算出各种投资项目的风险收益率，进而确定出按风险调整的贴现率。

本章小结

1. 证券投资是指企业购买国家或外单位公开发行的有价证券的投资行为。科学地进行证券投资管理，能增加企业收益，降低风险，有利于财务管理目标的实现。

2. 按发行主体的不同，证券可分为政府证券、金融证券和公司证券三种；按到期日的长短，证券可分为短期证券和长期证券两种；按证券收益状况的不同，证券可分为固定收益证券和变动收益证券两种；按体现的权益关系不同，证券可分为所有权证券和债权证券两种。

3. 证券投资根据投资对象不同，可分为债券投资、股票投资、组合投资和基金投资四类。

4. 证券投资风险主要来源于以下几个方面：违约风险、利率风险、购买力风险、流动性风险和期限性风险。

5. 证券投资收益率的计算见表7-3。

6. 证券投资决策有关内容见表7-4。

7. 证券组合的风险可分为非系统性风险和系统性风险。

8. β系数是反映个别股票相对于平均风险股票的变动程度的指标。它可以衡量出个别股票的市场风险，而不是公司的特有风险。假如某种股票的β系数等于1，则它的风险与整个市场的平均风险相同；假如某种股票的β系数大于1，则它的风险大于股票市场的平均风险；假如某种股票的β系数小于1，则它的风险小于市场平均风险。

9. 资本资产定价模型的计算公式为

$$K_i = R_F + \beta_i(K_m - R_F)$$

表7-3 证券投资收益率的计算

种类	计算公式	计算特点
短期证券投资收益率	$K=(S_1-S_0+P)/S_0\times100\%$	短期证券投资收益率的计算由于期限短，一般不用考虑资金时间价值因素
长期证券投资收益率	债券投资收益率的计算公式为 $V=I(P/A,i,n)+F(P/F,i,n)$ 股票投资收益率的计算公式为 $V=\sum D_j/(1+i)^j+F/(1+i)^n$	长期证券投资收益率的计算由于涉及的时间较长，所以要考虑资金时间价值因素

表 7-4 证券投资决策

要点	债券投资	股票投资
投资目的	短期债券投资：为了配合企业对资金的需求，调节现金余额，使现金余额达到合理水平 长期债券投资：为了获得稳定的收益	主要有两个：①获利，即作为一般的证券投资，获取股利收入及股票买卖差价；②控股，即通过购买某一企业的大量股票达到控制该企业的目的
估价	(1) 一般情况：债券价值 = $F(P/F, K, n)+I(P/A, K, n)$ (2) 一次还本付息单利计息： 债券价值 $=F(1+in)\times(P/F, K, n)$ (3) 折现发行时： 债券价值 $=F\ (P/F, K, n)$	(1) 股利稳定不变的股票价值的计算： $P_0=d/K$ (2) 股利固定成长的股票价值的计算： $P_0=d_0\ (1+g)/(K-g)=d_1/(K-g)$
决策原则	只有当债券价值大于购买价格时，才值得购买	只有当股票价值大于购买价格时，才值得购买
特点	与股票投资相比，债券投资风险比较小，本金安全性高，收入稳定性强，市场流动性好，但其购买力风险较大，且投资者没有经营管理权	与债券投资相比，股票投资收益高，购买力风险低，投资者拥有经营控制权，但其求偿权居后，价格不稳定，收入不稳定

复习思考题

1. 企业为何进行证券投资？进行证券投资主要会面临哪些风险？
2. 企业债券投资的目的与优缺点有哪些？
3. 企业股票投资的目的与优缺点有哪些？
4. 如何计算股票的投资收益率？
5. 如何计算债券的投资收益率？
6. 什么是系统性风险和非系统性风险？股票的系统性风险通常用何种指标度量？

本章习题

一、单项选择题

1. 下列有价证券，期望收益率最高的是（ ）。

A. 政府债券 B. 金融债券 C. 企业债券 D. 企业股票

2. 投资组合（ ）。

A. 能分散所有风险 B. 能分散系统性风险

C. 能分散非系统性风险 D. 不能分散风险

3. 当投资期望收益率等于无风险投资收益率时，风险系数应（ ）。

A. 大于1 B. 等于1 C. 小于1 D. 等于0

4. 预计投资A股票两年内每年的股利为1元，两年后市价可望涨至15元，企业期望的报酬率为10%，则企业能接受的目前最高市价为（ ）。

A. 15元 B. 14.50元 C. 14.13元 D. 14元

5. 假设某公司每年分配股利1.2元，最低收益率为15%，则该股票的内在价值为（ ）。

A. 10元 B. 9元 C. 8元 D. 7元

6. 证券市场有甲、乙两种国债一同发售，甲每年付息一次，乙到期一次还本付息，其他条件都相同，则哪种国债会受到市场青睐？（ ）

A. 甲国债 B. 乙国债 C. 一样 D. 不确定

7. 证券投资组合的主要目的是（ ）。

A. 获取高额回报 B. 分散投资风险

C. 达到规模经济目的 D. 节约交易成本

8. 假定某投资的风险系数为2，无风险收益率为10%，市场平均收益率为15%，则该投资的期望收益率为（ ）%。

A. 15 B. 25 C. 23 D. 20

9. 一笔国债，5年期，平价发行，票面利率为12.22%，单利计息，到期一次还本付息，其收益率是（ ）。

A. 9% B. 11% C. 10% D. 12%

10. 在投资人想出售有价证券获取现金时，证券不能立即出售的风险是（ ）。

A. 流动性风险 B. 期限性风险 C. 违约风险 D. 购买力风险

二、多项选择题

1. 下列（ ）种情况下不可能造成违约风险。

A. 自然原因，如火灾引起的非常破坏事件

B. 利率变动引起证券价格变动而使投资人遭受损失

C. 企业财务管理失误，不能及时清偿债务

D. 投资人想出售有价证券但不能立即出售

2. 债券投资的主要缺点有（ ）。

A. 购买力风险大 B. 价格不稳定

C. 没有经营管理权 D. 投资收益不稳定

3. 按照资本资产定价模型，确定特定股票必要收益率所考虑的因素有（ ）。

A. 无风险收益率 B. 公司股票的特有风险

C. 特定股票的β系数 D. 所有股票的平均收益率

4. 下列证券中属于固定收益证券的是（ ）。

A. 公司债券 B. 金融债券 C. 优先股股票 D. 普通股股票

5. 股票投资的优点有（ ）。

A. 投资收益高　B. 收入稳定性强　C. 购买力风险低　D. 拥有经营控制权

6. 以下关于投资组合风险的表述，正确的有（　）。
   A. 一种股票的风险由两部分组成，它们是系统性风险和非系统性风险
   B. 非系统性风险可以通过证券投资组合来消除
   C. 股票的系统性风险不能通过证券组合来消除
   D. 不可分散风险可通过β系数来测量
7. 债券投资的优点主要有（　）。
   A. 本金安全性高　B. 收入稳定性强
   C. 投资收益高　D. 市场流动性好
8. 证券投资所承担的系统性风险有（　）。
   A. 违约风险　B. 利率风险　C. 购买力风险　D. 再投资风险
9. 下列风险中，固定利率债券比浮动利率债券风险大的有（　）。
   A. 违约风险　B. 利率风险　C. 购买力风险　D. 变现力风险
10. 与股票内在价值呈反向变化的因素有（　）。
   A. 股利年增长率　B. 年股利　C. 预期的报酬率　D. β系数

三、判断题

1. （　）一般来说，长期投资的风险要大于短期投资。
2. （　）一般而言，银行利率下降，证券价格下降；银行利率上升，证券价格上升。
3. （　）国库券没有期限性风险。
4. （　）一般而言，随着通货膨胀的发生，固定收益证券要比变动收益证券能更好地避免购买力风险。
5. （　）普通股股票不存在违约风险。
6. （　）一种10年期的债券，票面利率为10%；另一种5年期的债券，票面利率亦为10%。两种债券在其他方面没有区别，在市场利率上涨时，前一种债券价格下跌得更多。
7. （　）一般来说，当市场利率下跌时，债券的市场价格也会跟着下跌。
8. （　）任何债券的投资风险均比股票小。
9. （　）违约风险和购买力风险都可以通过投资于优质债券的办法来避免。
10. （　）股票投资的市场风险是无法避免的，不能用多元化投资来回避，而只能靠更高的报酬率来补偿。

四、计算题

1. 有一笔国债，5年期，溢价20%发行，票面利率为10%，单利计息，到期一次还本付息。要求：计算其到期收益率是多少？
2. 万特公司持有X、Y、Z三种股票构成的证券组合，其β系数分别是1.5、1.7和1.9，在证券投资组合中所占比重分别为30%、40%、30%，股票的市场收益率为9%，无风险收益率为7%。要求：
   （1）计算该证券组合的β系数。
   （2）计算该证券组合的风险收益率。
   （3）计算该证券组合的必要投资收益率。
3. 2020年2月，润华公司购买某上市公司的股票，其购买价格为50元/股，2021年1月润华公

司持有该股票获得现金股利为3元/股，2021年2月润华公司以60元/股的价格出售该股票。要求：

（1）请计算该股票的投资收益率为多少？

（2）如果润华公司2020年12月以60元/股的价格出售该股票，则该股票的投资收益率为多少？

4. 国库券的利率（无风险报酬率）为4%，市场上所有证券的平均报酬率为10%，现有三种证券的β系数见表7－5。

表7－5 三种证券的β系数

证券	银行债券	企业债券	企业股票
β系数	0.8	1.1	1.5

要求：

（1）计算市场风险报酬率。

（2）分别计算上述三种证券的必要报酬率。

5. 深星公司2020年5月1日投资W公司股票100万股，买价为每股4元。预计W公司2021、2022、2023年分配的股利分别为每股0.3元、0.5元、0.6元。要求：若深星公司欲得到每年20%的收益率，试计算3年后该股票至少要涨到每股多少元才能抛售？

五、案例分析题

深野公司拟购买某公司债券作为长期投资（打算持有至到期日），要求的必要收益率为6%。现在有三家公司同时发行5年期，面值均为1 000元的债券，其中：甲公司债券的票面利率为8%，每年付息一次，到期还本，债券发行价格为1 041元；乙公司债券的票面利率为8%，单利付息，到期一次还本付息，债券发行价格为1 050元；丙公司债券的票面的利率为零，债券发行价格为750元，到期按面值还本。要求：

（1）计算深野公司购入甲公司债券的价值和收益率。

（2）计算深野公司购入乙公司债券的价值和收益率。

（3）计算深野公司购入丙公司债券的价值和收益率。

（4）根据上述计算结果，评价甲、乙、丙三种公司债券是否具有投资价值，并为深野公司做出购买何种债券的决策。

（5）若深野公司购买并持有甲公司债券，1年后将其以1 050元的价格出售，计算该项投资收益率。

案例分析提示：

（1）计算A公司购入甲公司债券的价值和收益率。

$$\begin{aligned}\text{甲公司债券的价值} &= 1\,000\times 8\%\times(P/A,\ 6\%,\ 5)+1\,000\times(P/F,\ 6\%,\ 5)\\ &= 80\times 4.212\,4+1\,000\times 0.747\,3\\ &= 336.992+747.3\\ &= 1\,084.29\ (\text{元})\end{aligned}$$

设收益率为7%，则

$$\begin{aligned}&1\,000\times 8\%\times(P/A,\ 7\%,\ 5)+1\,000\times(P/F,\ 7\%,\ 5)\\ &= 80\times 4.100\,2+1\,000\times 0.713\,0\\ &= 328.016+713\end{aligned}$$

$$=1\,041.02\text{（元）}$$

所以甲公司债券的收益率 =7%。

（2）计算 A 公司购入乙公司债券的价值和收益率。

$$\text{乙公司债券的价值} = (1\,000 \times 8\% \times 5 + 1\,000) \times (P/F, 6\%, 5)$$
$$= 1\,400 \times 0.747\,3$$
$$= 1\,046.22\text{（元）}$$

设收益率为 5%，则

$$\text{乙公司债券的价值} = (1\,000 \times 8\% \times 5 + 1\,000) \times (P/F, 5\%, 5)$$
$$= 1\,400 \times 0.783\,5$$
$$= 1\,096.9\text{（元）}$$

1 050 元介于 1 046.22 元与 1 096.9 元之间，利用内插法计算乙公司债券的收益率：

$$\frac{i - 5\%}{6\% - 5\%} = \frac{1\,050 - 1\,096.9}{1\,046.22 - 1\,096.9}$$
$$i = 5.93\%$$

所以乙公司债券的收益率 =5.93%。

（3）计算 A 公司购入丙公司债券的价值和收益率。

$$\text{丙公司债券的价值} = 1\,000 \times (P/F, 6\%, 5)$$
$$= 1\,000 \times 0.747\,3$$
$$= 747.3\text{（元）}$$

丙公司债券的收益率为 6%。

（4）由于甲公司债券的价值高于其买价，所以甲公司债券具有投资价值；而乙、丙公司债券的价值低于其买价，所以不具有投资价值。

（5）甲公司投资收益率 $= \dfrac{(1\,050 - 1\,041) + 80}{1\,041} \times 100\% = 8.55\%$

第八章　利润分配管理

通过本章的学习，了解利润分配的概念；了解利润分配的内容以及原则；理解利润分配的一般程序、方式及股利的种类；掌握股利分配政策的类型及影响股利分配的因素。

能根据企业具体情况分析和选用合适的股利分配政策，并计算应发放的股利数额。

引　言　企业的税后利润按道理是归股东们所有的，但是这并不意味着股东们能按他们的股份分享企业所有的利润，原因是股东大会或董事会有权决定利润部分或者全部留在企业。企业的股利分配政策，不仅要兼顾企业和投资者的眼前利益，更要考虑企业的长远发展。本章主要介绍股份制公司有可能采取的各种股利分配政策，并分析采取这些股利分配政策的动机所在。

第一节 利润分配概述

一、利润分配的意义

利润分配（Distribution of Profit）是指企业按照国家财经法规和企业章程，对所实现的净利润在国家、企业与投资者之间以及利润分配各项目之间进行分配。

利润分配是企业财务管理的一项重要内容。一方面，利润分配是企业与企业所有者及其他各方之间利益关系的集中表现，它涉及国家、企业、投资者、职工等多方面的利益关系；另一方面，利润分配对企业来说，既是分配过程，又是筹资过程。企业利润分配政策与方案会受到企业发展规划及筹资计划的影响，同时它也会影响企业的筹资和投资决策，影响企业长远利益与近期利益、整体利益与局部利益等关系的处理和协调，所以必须慎重对待。

二、利润分配的项目

（一）企业亏损的弥补

企业的营业收入减去营业成本，再减去税金及附加、财务费用、管理费用、销售费用、资产减值损失，加上公允价值变动收益和投资净收益，最后加上（或减去）营业外收支净额以后，如果计算的结果小于零，即利润总额为负数，为企业亏损。出现亏损以后，企业应认真分析原因，采取切实有效的措施，对症下药，尽快扭亏为盈。

企业经营中发生的亏损应当弥补。按我国财务和税务制度的规定，企业年度亏损，可以由下一年度的税前利润弥补，下一年度税前利润尚不足以弥补的，可以由以后年度的税前利润继续弥补，但用税前利润弥补以前年度亏损的连续期限最多不得超过5年。

税前利润未能弥补的亏损，只能由企业税后利润弥补。税后利润弥补亏损的资金一是企业的未分配利润，即先用可向股东分红的资金弥补亏损，在累计亏损未得到弥补前，企业是不能也不应当分配股利的；二是公积金，即当企业的亏损数额较大，用未分配利润尚不足以弥补时，经企业股东会议决议，可以用提存的盈余公积金弥补亏损。企业未清算前，注册资本和资本公积金是不能用于弥补亏损的。

（二）盈余公积金

盈余公积金是企业在从税后利润中提取的积累资金，是企业用于防范和抵御风险，补充资本的重要资金来源。公积金从性质上属于企业所有者的权益。盈余公积金包括法定盈余公积金和任意盈余公积金两种。我国《公司法》规定，公司在分配当年税后利润时，应当按税后利润的10%提取法定盈余公积金，但当法定盈余公积金累计额达到公司注册资本的50%时，可以不再提取。任意盈余公积金是企业为了满足经营管理的需要，在计提法定盈余公积金以后，按照企业章程或股东会议决议提取的公积金，股份有限公司的任意盈余公积金应在支付优先股股利之后提取，其提取比例或金额由股东会议确定。企业提取的公积金主要可以用于以下几个方面：

（1）用于弥补企业的亏损。企业以前年度的亏损按税法规定不能用税前利润弥补时，可用税后利润弥补，也可用公积金来弥补。在弥补亏损以后，如果当年利润以及以前年度累计未分配利润不够分配股利时，经股东会议决定也可以用公积金向股东支付股利，但其支付金额不得超过股票面值的6%，并且支付股利后企业法定盈余公积金不能低于企业注册资本的25%。

（2）用于增加企业注册资本。企业的公积金经股东大会特别决议通过后，也可用于增加企业的注册资本，但增加注册资本之后，法定盈余公积金不得低于企业注册资本的25%。

（三）向投资者分配利润

企业向投资者分配利润，又称分配红利，是利润分配的主要阶段。企业在弥补亏损、提留盈余公积金以后才能向投资者分配利润。在通常情况下，企业当年如无利润，就不能进行利润的分配。但如前所述，企业在亏损弥补后仍可以动用一部分公积金分配红利。分配红利的数量应根据企业的盈利状况确定，一般由企业董事会提出方案，股东会议表决通过。股份有限公司发行在外的股票一般包括优先股和普通股，优先股与普通股在分配股利的顺序上是不一样的，优先股先于普通股取得固定股利率的股利。

三、利润分配的一般程序

按照我国《公司法》等法律、法规的规定，企业当年实现的利润总额，应当按照国家的有关规定做相应的调整后，依法缴纳所得税，然后按规定进行分配。

（一）非股份制企业的利润分配程序

（1）弥补被没收的财物损失，支付各项税收的滞纳金和罚款。

（2）弥补以前年度亏损，该亏损是指超过用税前利润抵补亏损的法定期限后，仍未补足的亏损。

（3）提取法定盈余公积金。

（4）提取任意盈余公积金。

（5）向投资者分配利润。本年净利润扣除上述项目后，再加上以前年度的未分配利润，即为可供投资者分配的利润。

（二）股份制企业的利润分配程序

股份制企业是商品经济发展到一定阶段的产物。在市场经济体制下，股份制企业是我国建立现代企业制度的一种重要形式。与非股份制企业相比，股份制企业在资金筹集、运行机制、管理方式和利润分配等各方面都具有鲜明的特点。其利润分配程序如下：

（1）弥补被没收的财物损失，支付各项税收的滞纳金和罚款。

（2）弥补以前年度亏损。该亏损是指超过用税前利润抵补亏损的法定期限后，仍未补足的亏损。

（3）提取法定盈余公积金。

（4）支付优先股股利。

（5）提取任意盈余公积金。

(6) 支付普通股股利。

股份制企业利润分配程序的特点是：明确任意盈余公积金的提取顺序，即在分配优先股股利之后，在分配普通股股利之前；向投资者分配利润时，先向优先股股东分配利润，然后向普通股股东分配利润。

第二节 股利分配政策

股利分配政策（Dividend Policy）是股份有限公司就股利分配所采取的方针策略。股利分配在企业制定企业经营理财决策中始终占有重要地位，这是因为股利的发放既关系到企业股东的经济利益，又关系到企业的未来发展。企业管理当局希望通过制定与实施股利政策实现以下目的：

(1) 保障股东权益，平衡股东间的利益关系。企业股利政策必须通过创造实实在在的高效益回报投资者，提高回报率。由于现代股份有限公司的股权的分散性和股东的复杂性，股东（Stockholder）可分为控股股东、关联股东和零星股东。控股和关联股东侧重于企业的长远发展，零星股东倾向于近期收益，如果分配政策仅限于满足控股股东和关联股东利益，则会使零星股东产生不满，行使“用脚投票”的权力，使股价下跌，严重时将导致法律诉讼事件，影响企业声誉。

(2) 促进企业长期发展。股利分配政策的基本任务之一是要通过股利分配这条途径，增强企业发展后劲，为企业扩大再生产提供足够的资金，促进企业长期稳定发展。

(3) 稳定股票价格。一般而言，企业股票在市场上股价过高或过低都不利于企业的正常经营和稳定发展。股价过低，必然影响企业声誉，不利于今后增资扩股或负债经营，也可能引起被收购兼并事件；股价过高，影响股票流动性，并将留下股价急骤下降的隐患；股价时高时低，波动剧烈，将动摇投资者的信心，而成为投机者的投机对象。所以，保证股价稳定必然成为股利分配政策的目标之一。

以上三个方面既相联系，又相排斥，综合反映了股利分配是收益、风险、权益的矛盾统一，说明了短期消费与长远发展的资金分配关系，也体现了企业、股东、市场以及企业内部需要与外部市场形象的制衡关系。综合来说，就是要保证股东投资收益持续稳定增长，使企业未来的发展基础扎实、资金雄厚。

一、股利分配政策类型

股利分配政策的核心问题是确定股利与留存利润之间的比例关系，也即股利支付比率问题。

股利分配政策受多种因素的影响，并且不同的股利分配政策也会对企业的股票价格产生不同的影响。因此，对于股份有限公司来说，制定一个正确的、合理的股利分配政策非常重要。长期以来，通过对股利分配政策实务的总结，归纳出常用的股利分配政策有以下几种类型：

（一）剩余股利政策（Residual Dividend Policy）

剩余股利政策是指企业在保证最佳资本结构的前提下，将可供分配的净利润首先满足投资的需求，若有剩余才用于分配股利。这是一种投资优先的股利政策。在制定股利政策时，企业的投资机会和资金成本是两个重要的影响因素。采用剩余股利政策的先决条件是企业必须有良好的投资机会，并且该投资机会的预计报酬率要高于股东要求的必要报酬率，这样才能为股东所接受。

采用剩余股利政策的企业，投资者会对企业未来的获利能力有较好的预期，因而其股票价格往往会上升。企业以留存利润来满足最佳资本结构下对权益资本的需要，不仅可以降低企业的资金成本，而且有利于提高企业经济效益。但是，这种股利政策不会受到希望有稳定的股利收入的投资者所欢迎，如那些靠股利生活的退休者等，因为剩余股利政策往往导致各期股利忽高忽低。实行剩余股利政策，一般应按以下步骤来决定股利的分配额：

（1）根据选定的最佳投资方案，确定投资所需的资金数额。

（2）按照企业的目标资本结构，确定投资需要增加的权益资本的数额。

（3）净利润首先用于满足投资需要增加的权益资本的数额。

（4）在满足投资需要后，剩余的净利润用于向股东发放股利。

值得注意的是，企业在最佳资本结构下的综合资金成本才是最低的，剩余股利政策要符合最佳资本结构的要求，如果破坏了最佳资本结构，就不能取得使企业的综合资金成本达到最低的效果。下面举例说明剩余股利政策的应用。

例 8－1 某公司 2020 年的净利润为 600 万元，2021 年年初公司讨论决定 2020 年度股利分配的数额。目前的资本结构为：债务资本 40%，权益资本 60%。该资本结构也是其下一年度的目标资本结构（即最佳资本结构）。假设该公司 2021 年有一个很好的投资项目，需要投资 800 万元，该公司采用剩余股利政策，试确定该公司 2020 年度可分配的股利是多少？

根据公司目标资本结构的要求，需要筹集 480 万元（即 800 万元 ×60%）的权益资金和 320 万元（即 800 万元 ×40%）的债务资金来满足投资的需要。这样，公司需将 600 万元净利润中的 480 万元留存，作为权益资金进行投资，然后，再通过举债筹集 320 万元资金，总共 800 万元用于该新项目的投资；净利润 600 万元减去留存利润 480 万元后，余下的 120 万元净利润可用于分配股利。

从例 8－1 可以看出，该公司通过剩余股利政策保持了企业的最佳资本结构，此时公司的综合资金成本是最低的。但是另一方面，剩余股利政策使得公司的股利支付忽高忽低，给投资者造成公司发展不稳定的感觉。

（二）固定股利（Regular Dividend Policy）或稳定增长股利政策（Stably Growing Dividend Policy）

固定股利或稳定增长股利政策是一种稳定的股利政策，它要求企业在较长时期内，不论经济情况怎样，不论企业经营情况怎样，都支付固定的股利额；当企业对未来利润增长确有把握，并且这种增长被认为是不会发生逆转时，才增加每股股利额。稳定的股利政策在企业收益发生一般的变化时，并不影响股利的支付，而是使其保持稳定的水平。采用这种股利政策的，大多数属于比较稳定或正处于成长期的企业。实施固定股利或稳定增长股利政策的理由是：

（1）股利分配政策是向投资者传递的重要信息，如果企业支付的股利稳定，就说明该企业的经营业绩比较稳定，经营风险较小，这样可使投资者要求的股票必要报酬率降低，有利于股票价格上升；如果企业的股利政策不稳定，股利忽高忽低，这就给投资者传递了企业经营不稳定的信息，从而导致投资者对风险的担心，会使投资者要求的股票必要报酬率提高，进而使股票价格下降。

（2）稳定的股利政策有利于投资者有规律地安排股利收入和支出，特别是那些希望每期能有固定收入的投资者更欢迎这种股利政策。忽高忽低的股利政策可能会降低他们对这种股票的需求，这样也会使股票价格下降。

然而，也应当看到，采用稳定的股利政策，有时可能会使某些投资方案延期；或者使企业资本结构暂时偏离目标资本结构。同时，它也可能会给企业造成较大的财务压力，尤其是在企业净利润下降或现金紧张时，企业为了保证股利的照常支付，容易导致资金短缺，财务状况恶化，在非常时期，企业可能不得不降低股利额。因此，这种股利政策一般适用于经营比较稳定的企业采用。

（三）固定股利支付率政策（Constant Dividend Payout Ratio Policy）

固定股利支付率政策是一种变动的股利政策，企业每年都从净利润中按固定的股利支付率发放股利。由于企业的盈利能力在不同年度会有所变化，因此每年的股利也应随着企业收益的变动而变动。保持股利与利润间的一定比例关系，体现了风险投资与风险收益的对等关系。持这种股利政策者认为，只有维持固定的股利支付率，才算真正公平地对待每一位股东，他们信守的格言是“企业赚2元钱，1元分给股东，1元留存企业”。这一政策的优点在于：

（1）可以避免企业在盈利大幅度降低的年份，因支付较多的固定股利而陷入财务困境。

（2）可以使股利与企业的盈余紧密地结合，以体现多盈多得、少盈少得、不盈不得的原则。

（3）对于实行内部职工持股比例较高的企业，如果采用这种股利政策，可将职工个人利益与企业利益紧密地结合起来，充分调动广大职工的积极性和创造性，增强企业的活力，提高企业经济效益。

这种政策的不足之处表现在：由于每年的股利支付额不稳定，容易使投资者产生企业经营不稳定的感觉，不利于股票价格的稳定与上涨；固定股利支付率政策不像剩余股利政策那样能保持企业最佳资本结构，所以不能保持企业资金成本最低。

（四）低正常股利加额外股利政策（Below Normal Dividend With Extra Dividend Policy）

低正常股利加额外股利政策是一种介于稳定股利政策与变动股利政策之间的折中的股利政策。这种股利政策每期都支付稳定的、较低的正常股利额，当企业盈利较多时，再根据实际情况发放额外股利。额外股利并不固定，不意味着企业永久地提高了规定的股利率。这种股利分配政策的优点在于：

（1）具有较大灵活性，赋予企业在支付股利方面充分的弹性。当企业盈余较少或企业投资需用较多资金时，可维持设定的较低且正常的股利，这样既不会给企业造成较大的财务压力，又保证股东定期得到一笔固定的股利收入，股东不会有股利跌落的感觉；而当盈余有较大幅度增加时，则可适度发放额外股利，把经济繁荣带来的部分股利分配给股东，使他们增加对企业的信心，有利于稳定股票的价格。

（2）可使那些依靠股利度日的股东每年至少可以得到较低但比较稳定的股利收入，从而吸引这部分股东。因此，在企业的净利润与现金流量不够稳定时，采用这种股利分配政策对企业和股东都是有利的。低正常股利加额外股利政策既可以维持股利的一定稳定性，又有利于使企业的资本结构达到目标资本结构，使灵活性和稳定性较好地结合，因而为许多企业所采用。

这种股利分配政策的不足之处是：如果企业经济状况良好，并持续地支付额外的股利，很容易提高股东对股利派发的期望水平，从而将额外股利视为正常股利，一旦企业因盈利下降而减少额外股利，会招致股东的不满。

上面所介绍的是企业股利分配实务中常用的几种分配政策。其中，固定股利政策和低正常股利加额外股利政策是企业普遍采用的。企业在进行股利分配时，应充分考虑各种政策的优缺点和企业的实际情况，选择合适的股利分配政策。

二、影响股利分配的因素

股利分配是股份有限公司财务管理的一项重要内容，它不仅是对投资收益的分配，而且关系到公司的投资、融资以及股票价格等各个方面。因此，会受到来自法律、公司自身、股东等因素影响。一般来说，在制定股利政策时，应当考虑到以下因素的影响。

（一）法律约束因素

法律约束是指为保护债权人和股东的利益，国家法律对企业的收益分配进行的硬性限制。我国法律如《公司法》《证券法》等都对企业的股利分配进行这样的限制。这些限制主要体现在以下几个方面：

1. 资本保全的约束

资本保全要求企业在分配股利时不能使用企业的资本，也就是说，企业发放的股利或投资分红不得来源于企业的原始资本（或股本），而只能来源于企业的当期利润或以前各期留存收益。这样是为了保全企业的股东权益资本，以维护债权人的利益。资本保全是企业财务管理应遵循的一项重要原则。

2. 企业积累的约束

这一规定要求股份有限公司在分配股利之前，应当按法定的程序先提取各种公积金。其目的是增强企业抵御风险的能力，维护债权人和股东的利益。我国有关法律法规明确规定，股份有限公司应按税后利润扣除弥补以前年度亏损后的10%提取法定盈余公积金，并且鼓励企业在分配普通股股利之前提取任意盈余公积金。只有当法定盈余公积金累计数额达到注册资本的50%时，才可不再提取。

3. 企业利润的约束

这是规定只有在企业以前年度的亏损全部弥补完之后，若还有剩余利润，才能用于分配股利，否则不能分配股利。在具体的分配政策上，贯彻“无利不分”的原则，即当企业出现年度亏损时，一般不得分配利润，即使出于维护企业形象的考虑，使用以前年度的留存收益分派股利，也必须是先弥补完亏损后进行。

4. 偿债能力的约束

偿债能力是指企业按时足额偿付各种到期债务的能力。企业在分派股利时，必须保持充分的偿债能力。企业分派股利不能只看利润表上的净利润的数额，还必须考虑到企业的现金是否充足。只有当企业支付现金股利后不影响企业偿还债务和正常经营时，企业才能发放一定数额的现金股利。

（二）企业自身因素

企业自身因素是指股份有限公司内部的各种因素及其面临的各种环境和机会等，主要包括资产流动性、举债能力、未来投资机会、资金成本和企业的生命周期等。

1. 资产流动性

企业在经营活动中，必须保持良好的资产流动性，否则会影响企业未来的支付能力，甚至可能会出现财务困难。企业在分配现金股利时，必须要考虑资产的流动性，过多地分配现金股利会减少企业的现金持有量，从而降低企业资产的流动性。一个效益较好、成长中的企业为了加快发展，大部分资金都投向固定资产及一些永久性营运资金上，可能会出现资产流动性低的情况，所以，这样的企业不愿意较多地支付现金股利。

2. 举债能力

举债能力涉及两个方面：一方面，企业自身的举债能力会影响企业股利的分派。不同的企业在资本市场上的举债能力会有一定的差异。举债能力较强的企业，在缺乏资金时，能够较容易地在资本市场上筹集到资金，故可以采取比较宽松的股利政策；如果举债能力较差，就应当采取比较紧缩的股利政策，少发放现金股利，留有较多的公积金。另一方面，债权人对企业股利分派有一定的限制。债权人对外放债时，出于保护自身债权的安全性和收益性，会对债务公司的股利发放和投资分红有所限制。

3. 未来投资机会

企业的投资机会也是影响股利分配的一个非常重要的因素。在企业有良好的投资机会时，企业就应当考虑将较大比例的盈利留存下来用于企业再投资，尽量少发放现金股利，这样可以加速企业的发展，增加企业未来的收益。这种股利分配政策往往也易于为股东所接受。相反，在企业没有良好的投资机会时，往往倾向于多发放现金股利。

4. 资金成本

资金成本是企业选择筹资方式的基本依据。留存利润是企业内部筹资的一种重要方式，它同发行新股或举借债务相比，具有筹资费用低、隐蔽性好的优点。合理的股利政策实际上是要解决分配与留存的比例关系以及如何合理、有效地利用留存利润的问题。如果企业一方面大量发放现金股利，另一方面又要通过资本市场筹集较高成本的资金，这无疑是有悖于财务管理的基本原则。因此，在制定股利政策时，应当充分考虑企业对资金的需求以及企业的资金成本等问题。

5. 企业的生命周期

企业的生命周期同产品的生命周期一样，分为开发阶段、成长阶段、成熟阶段和衰退阶段，根据不同阶段对资金的需求和投资的报酬率情况可采用不同的股利政策。在开发阶段和成长阶段，企业需要大量的融资，一般不会拿出太多的现金进行股利分配，在这一阶段企业往往发放股票股利而非现金股利；在成熟阶段，企业产品销量好，能带来大量的现金流量，这时可分派较多的现金股利；到了衰退阶段，收益率降低，可进行股票回购，从而让现金回到投资者手中，让他们去投资利润率更高的项目，实现企业价值最大化。

（三）股东因素

股利分配政策必须经过股东大会决议通过才能实施，股东对企业股利分配政策具有举足轻重的影响。一般来说，影响股利政策的股东因素主要有以下几方面：

1. 追求稳定的收入，规避风险

有的股东依赖于企业发放的现金股利维持生活，如一些退休者，他们往往要求企业能够定期地支付稳定的现金股利，反对企业留利过多。还有些股东认为留存利润可能使股票价格上升所带来的收益具有较大的不确定性，还是取得现实的股利比较稳妥，可以规避风险，因此，这些股东也倾向于多分配股利。

2. 担心控制权的稀释

有的大股东持股比例较高，对企业拥有一定的控制权，他们出于对企业控制权可能被稀释的担心，往往倾向于企业少分配现金股利，多留存利润。如果企业发放了大量的现金股利，可能会造成未来经营资金的紧缺。这样就不得不通过资本市场来筹集资金，如果通过举借新的债务筹集资金，就会增加企业的财务风险；如果通过发行新股筹集资金，虽然企业的老股东有优先认股权，但必须要拿得出一笔数额可观的资金，否则其持股比例就会降低，对企业的控制权也就有被稀释的危险。因此，他们宁愿少分现金股利，也不愿看到自己的控制权被稀释，当他们拿不出足够的现金认购新股时，就会对分配现金股利的方案投反对票。

3. 规避所得税

按照税法的规定，政府对企业征收企业所得税以后，还要对股东分得的股息、红利征收个人所得税。因此，高收入阶层的股东为了合理避税往往反对企业发放过多的现金股利，而低收入阶层的股东因个人税负较轻，可能会欢迎企业多分红利。按照我国税法规定，股东从企业分得的股息和红利应按 20% 的比例税率缴纳个人所得税，而对股票交易所得目前还没有开征个人所得税，因而对股东来说，股票价格上涨获得的收益比分得股息、红利更具吸引力。

（四）其他因素

1. 债务契约因素

债务契约是指债权人为了防止企业过多发放股利，影响其偿债能力，增加债务风险，而以契约的形式限制企业现金股利的分配。这种限制通常包括：

（1）规定每股股利的最高限额。

（2）规定未来股息只能用贷款协议签订以后的新增收益来支付，而不能动用签订协议之前的留存利润。

（3）规定企业的流动比率、利息保障倍数低于一定标准时，不得分配现金股利等。

2. 通货膨胀因素

在通货膨胀的情况下，资金的实际购买力下降，导致企业没有足够的资金重置固定资产。这时企业的留存利润就显得格外重要，因此在通货膨胀时期企业的股利政策往往偏紧。

三、股利的种类

股份有限公司分派股利的形式有现金股利、股票股利、财产股利和负债股利等。现金股利和股票股利是我国和世界上大多数企业股利发放的主要形式。目前，我国尚不允许发放财产股利和负债股利。

> 注意：我国目前只能采用现金股利和股票股利两种方式。

1. 现金股利（Cash Dividends）

现金股利是股份有限公司以现金的形式发放给股东的股利，这是最常用的股利分派形式。采用这种形式时，企业必须具备两个基本条件：①企业要有足够的未指明用途的留存收益；②企业要有足够的现金。现金股利发放的多少主要取决于企业的股利政策和经营业绩。前面已经论述过，有的股东希望企业发放较多的现金股利，而有的股东则不愿意企业发放过多的现金股利。现金股利的发放会对股票价格产生直接的影响，在股票除息日之后，一般来说股票价格会下跌。

2. 股票股利（Stock Dividends）

股票股利是企业将应分配给股东的股利以股票的形式发放。一般都按现有股东持有股份的比例来分派，对于不满一股的股利，则仍采用现金来分派。可以用于发放股票股利的，除了当年的可供分配利润外，还有企业的盈余公积金和资本公积金。发放股票股利时，一般先将股东大会决定用于分配的资本公积金、盈余公积金和可供分配利润转成股本，再通过中央结算登记系统按比例增加各个股东的持股数量。股票股利的发放并没有改变企业账面的股东权益总额，同时也没有改变股东的持股结构，但是，会增加市场上流通的股票数量，因此，企业发放股票股利会使股票价格相应下降，一般来说，如果不考虑股票市价的波动，发放股票股利后的股票价格，应当按发放的股票股利的比例而成比例下降。例如，某上市公司发放股利前的股价为每股18元，如果该公司决定按照10股送2股的比例发放股票股利，则该公司的股票在除权日之后的市场价格应降至每股15元。可见，分配股票股利，一方面扩大了股本，另一方面起到股票分割的作用。高速成长的企业可以利用分配股票股利的方式来进行股票分割，以使股价保持在一个合理的水平上，避免因股价过高而使投资者减少。

对于企业来说，分配股票股利不会增加其现金流出量，但是，也应当注意的是，一直实行稳定股利政策的企业，因发放股票股利而扩大了股本，如果以后继续维持原有的股利水平，势必会增加未来的股利支付，这实际上向投资者暗示本企业的经营业绩在今后将大幅度增长，从而会导致股价上扬。但是，如果不久后的事实并非如此，该公司的每股利润因股本扩大而被摊薄，这样就可能导致股价下跌。对于股东来说，虽然分得股票股利没有得到现金，但是，如果发放股票股利之后，企业依然维持原有的固定股利水平，则股东在以后可以得到更多的股利收入，或者股票数量增加之后，股价并没有成比例下降，这样股东的财富会随之增长。

3. 财产股利（Property Dividends）

财产股利是指用现金以外的资产分派股利。具体有：

（1）实物股利。发给股东实物资产或实物产品，多用于采用额外股利的股利政策。这种方式不增加现金的支出，只是减少企业的净资产值，多用于现金支付能力不足的情况。

（2）证券股利。最常见的财产股利是以企业拥有的其他企业的有价证券来发放股利。由于有价证券的流动性及安全性均较好，仅次于现金，股东愿意接受。对企业来说，把有价证券作为股利发放给股东，既满足了股东获得实际股利且股权不被稀释的意愿，又实际保留了对其他企业的控制权。

4. 负债股利（Liability Dividends）

负债股利是指企业用自己的债权分给股东作为股利，股东又成了企业的债权人。这种方式使得企业资产总额不变，负债增加，净资产减少。具体有企业发行的债券和企业开出的票据两种办法。对股东来说，可以在将来的某个时间收到相应的货币，包括该债券或票据应有的利息；

对于企业来说，保存了现有货币，但增加了支付利息的财务压力。所以，它只是企业已宣布并必须立即发放股利而现金不足时采用的一种权宜之策。

四、股份有限公司支付股利的顺序

股份有限公司分配股利必须遵循法定的程序，一般是先由董事会提出分配预案，然后提交股东大会决议，通过后才能进行分配。股东大会决议通过分配预案之后，要向股东宣布发放股利的方案，并确定股权登记日、除息日和股利发放日。这几个日期对分配股利是非常重要的。

1. 股利宣告日（Declaration Date）

股利宣告日就是股东大会决议通过并由董事会宣布发放股利的日期。在宣布分配方案的同时，要公布股权登记日、除息日和股利发放日。通常股份有限公司都应当定期宣布发放股利，我国股份有限公司一般是1年发放一次或两次股利，即在年末和年中分配。在西方国家，股利通常是按季度支付。

2. 股权登记日（Data of Record）

股权登记日是有权领取本期股利的股东资格登记截止日期。企业规定股权登记日是为了确定股东能否领取股利的日期界限，因为股票是经常流动的，所以确定这个日期是非常必要的。凡是在股权登记日这一天登记在册的股东才有资格领取本期股利，而在这一天之后登记在册的股东，即使是在股利发放日之前买到的股票，也无权领取本次分配的股利。先进的计算机系统为股权登记提供了极大的方便，一般在股权登记日营业结束的当天即可打印出股东名册。

3. 除息日（Ex－dividend Date）

除息日是指除去股利的日期，即领取股利的权利与股票分开的日期。在除息日之前购买的股票，才能领取本次股利，在除息日当天或以后购买的股票，则不能领取本次股利。规定除息日是因为股票的买卖交易之后，需要一定时间办理股票过户手续，而在除息日之后，股权登记日之前这段时间购买的股票，股份有限公司不能及时地得到股票所有权已经转让的通知。除息日对股票的价格有明显的影响，在除息日之前的股票价格中包含了本次股利，在除息日之后的股票价格中不再包含本次股利，所以股价会下降。在实行“T+0”交易制度下，股票买卖交易的当天即可办理股票过户手续。在这种交易制度下，股权登记日的次日（指工作日）即可确定为除息日。

4. 股利发放日（Date of Payment）

股利发放日也称付息日，是将股利正式发放给股东的日期。在这一天，企业将股利支付给股东，计算机交易系统可以通过中央结算登记系统将股利直接打入股东的资金账户，由股东向其证券代理商领取股利。

例8－2 某公司在2020年11月15日发布公告：“本公司董事会在2020年11月15日的会议上决定，本年度发放每股为2元的股利。本公司将于2021年1月2日将上述股利支付给已在2020年12月15日登记为本公司股东的人士。”

该例中，2020年11月15日为该公司的股利宣告日，2020年12月15日为股权登记日，2020年12月16日（即股权登记日后的下一工作日）为除息日，2021年1月2日则为股利支付日。

本章小结

1. 利润分配是指企业按照国家财经法规和企业章程，对所实现的净利润在国家、企业与投资者之间以及利润分配各项目之间进行分配。

2. 按照我国《公司法》等法律、法规的规定，非股份制企业的利润分配程序为：①弥补被没收的财物损失，支付各项税收的滞纳金和罚款；②弥补以前年度亏损；③提取法定盈余公积金；④提取任意盈余公积金；⑤向投资者分配利润。

股份制企业的利润分配程序为：①弥补被没收的财物损失，支付各项税收的滞纳金和罚款；②弥补以前年度亏损；③提取法定盈余公积金；④支付优先股股利；⑤提取任意盈余公积金；⑥支付普通股股利。

3. 股利分配政策是股份有限公司就股利分配所采取的方针策略。股利分配政策的核心问题是确定股利与留存利润之间的比例关系，即股利支付比率问题。目前常用的股利分配政策主要有以下几种类型：①剩余股利政策；②固定股利或稳定增长股利政策；③固定股利支付率政策；④低正常股利加额外股利政策。

4. 影响企业股利分配的因素包括：法律约束因素、企业自身因素、股东因素及其他因素等。其中，法律约束因素有：①资本保全的约束；②企业积累的约束；③企业利润的约束；④偿债能力的约束。企业自身因素有：①资产流动性；②举债能力；③未来投资机会；④资金成本；⑤企业的生命周期。股东因素有：①追求稳定的收入，规避风险；②担心控制权的稀释；③规避所得税。其他因素有：①债务契约因素；②通货膨胀因素等。

5. 股份有限公司分派股利的形式一般有现金股利、股票股利、财产股利和负债股利等。其中最为常见的也是最易被投资者接受的是现金股利和股票股利。

6. 股利的派发必须遵循法定的程序，一般是先由董事会提出分配预案，然后提交股东大会决议，通过后才能进行分配。股东大会要向股东宣布发放股利的方案，并确定股权登记日、除息日和股利发放日。

复习思考题

1. 简述股份制企业利润分配的程序。
2. 企业股利分配政策主要有哪些类型？每一种股利分配政策的优缺点分别是什么？
3. 影响企业股利分配的因素有哪些？
4. 企业主要的股利种类有哪些？

本章习题

一、单项选择题

1. 剩余股利政策的根本目的是（　　）。

A. 调整资金结构　　B. 增加留存收益

C. 降低企业加权平均成本　　D. 使利润分配与企业盈余紧密结合

2. 下列各项股利分配政策中，以保持股利与利润间的一定比例关系，体现风险投资与风险收益对等关系的是（　　）。

A. 剩余股利政策　　B. 固定股利或稳定增长股利政策

C. 固定股利支付率政策　　D. 低正常股利加额外股利政策

3. 在某种情况下能用来支付股利的项目有（　　）。

A. 股本　　B. 资本公积　　C. 盈余公积　　D. 税前利润

4. 当法定公积金达到注册资本的（　　）时，可不再提取。

A. 6%　　B. 10%　　C. 25%　　D. 50%

5. 主要依靠股利维持生活的股东最不赞成（　　）政策。

A. 剩余股利政策　　B. 固定股利或稳定增长股利政策

C. 固定股利支付率政策　　D. 低正常股利加额外股利政策

6. 领取股利的权利与股票相互分离的日期是（　　）。

A. 股利宣告日　　B. 股权登记日　　C. 除息日　　D. 股利支付日

7. 企业提取法定公积金主要用于（　　）。

A. 集体福利设施支出　　B. 管理费用的支付

C. 财务费用的支出　　D. 经营支出

8. 一般来说，如果一个企业举债能力较弱，应采取（　　）的利润分配政策。

A. 宽松　　B. 较紧　　C. 不紧　　D. 固定或变动

9. 属于确定利润分配应考虑的其他因素是（　　）。

A. 通货膨胀　　B. 资产流动情况　　C. 避税因素　　D. 偿债能力

10. （　　）当天或之后的股票交易，其交易价格可能有所下降。

A. 股利宣告日　　B. 除息日　　C. 股权登记日　　D. 股利支付日

二、多项选择题

1. 下列项目中，资本保全约束规定可用来发放股利的有（　　）。

A. 原始投资　　B. 股本　　C. 留存收益　　D. 本期利润

2. 在确定股利分配政策时须考虑股东因素，其中限制股利支付属于（　　）。

A. 稳定收入规定　　B. 避税考虑　　C. 控制权考虑　　D. 规避风险考虑

3. 发放股票股利，会产生的影响包括（　　）。

A. 引起每股利润下降　　B. 使企业留存大量现金

C. 股东权益各项目的比例发生变化　　D. 股票价格可能下跌

4. 采用低正常股利加额外股利政策的理由包括（　　）。

A. 使企业具有较大的灵活性　　B. 有利于保持理想的资本结构，使综合成本最低

C. 保持股利与盈利之间的一定比例关系　D. 股利派发仍然缺乏稳定性

5. 确定企业股利分配政策时需要考虑的法规约束因素主要包括（　　）。
   A. 资本保全约束　B. 资本积累约束　C. 偿债能力约束　D. 稳定估价约束
6. 若企业采用剩余股利政策，则其出发点通常包括（　　）。
   A. 优化资本结构　B. 降低综合资金成本
   C. 保持收益分配稳定　D. 实现企业价值的长期最大化
7. 某企业年初未弥补亏损为100万元，已超过税法规定的税前抵扣年限。本年税前利润180万元，提取盈余公积的比例为10%，所得税税率为25%，则下列说法正确的有（　　）。
   A. 缴纳所得税为45万元　B. 可供分配的利润为35万元
   C. 提取盈余公积为3.5万元　D. 可供股东分配的利润为31.5万元
8. 采用固定的股利政策，对企业不利的方面表现在（　　）。
   A. 容易造成企业不稳定的印象　B. 股利支付与企业盈利脱节
   C. 难以保持最低的资金成本　D. 可能会给企业造成较大的财务压力
9. 下列关于固定股利政策的说法中，正确的有（　　）。
   A. 有利于稳定股票的价格　B. 能使股利与企业盈余紧密配合
   C. 有利于投资者安排收入与支出　D. 有利于增强投资者对企业的信心
10. 若上市企业采用了合理的股利分配政策，则可获得的效果有（　　）。
   A. 能为企业筹资创造良好的条件　B. 能处理好与投资者的关系
   C. 能改善企业经营管理　D. 能增强投资者的信心

三、判断题

1. （　　）采用固定股利或稳定增长股利政策主要是为了保持理想的资金结构，使企业的综合资金成本最低。
2. （　　）一般而言，如果企业缺乏良好的投资机会，可适当增加分红数额。
3. （　　）企业发放股票股利将使企业股本减少。
4. （　　）企业发生的年度经营亏损，依法用以后年度实现的利润弥补。连续5年不足弥补的，用税后利润弥补，或者经企业董事会或经理办公会审议后，依次用企业盈余公积金、资本公积金弥补。
5. （　　）采用固定股利支付率政策分配股利时，股利不受经营状况的影响，有利于企业股票价格的稳定。
6. （　　）低正常股利加额外股利政策能使股利与企业盈余紧密配合，以体现多盈多分、少盈少分的原则。
7. （　　）采用剩余股利分配政策的优点是有利于优化企业的资金结构，降低企业的综合资金成本，实现企业价值的长期最大化。
8. （　　）处于成长中的企业多采取低股利政策，限于经营收缩的企业多采取高股利政策。
9. （　　）企业以前年度未分配的利润，不得并入本年度的利润内向投资者分配，以达到企业资本保本。
10. （　　）与其他利润分配政策相比，固定股利支付率政策能使企业在股利支付上具有较大的灵活性。

四、计算题

1. 美华公司2019年提取了公积金后的税后利润为600万元，分配现金股利240万元。2020年提取了盈余公积金后的税后利润为400万元。2020年没有计划投资项目。要求：

（1）计算在固定股利政策下，该公司2019年应分配的现金股利。

（2）计算在固定股利支付率政策下，该公司2019年应分配的现金股利。

2. 某企业2020年实现净利润100万元，企业目标资本结构为负债占60%，权益占40%，企业为了扩大生产经营规模，预计2021年需新增投资200万元，假设企业采用剩余股利政策。要求：计算该企业2020年可用于分配的剩余股利。

3. A公司决定为其面值为1元的100万股流通在外的普通股派发10%的股票股利，公开市场的股票价格为每股20元，派发股利前的股东权益构成情况见表8－1。

表8－1 股东权益构成情况 （单位：元）

普通股，1 000 000股，每股面值1元	1 000 000
超面值缴入股本	15 000 000
留存收益	50 000 000
股东权益合计	66 000 000

要求：

（1）公司发放股票股利会对股东权益部分产生怎样的影响？

（2）如果下一年度的净收益为11 000 000元，在考虑股票股利影响前后，每股收益各为多少？每股收益是否发生了变化？为什么？

（3）每股市价可能会发生怎样的变化？为什么？

五、案例分析题

武陵股份有限公司创办于20世纪80年代，是当地最大的饮料企业，总股本1 500万股。在生产经营过程中，最初由于当时的饮品包装多为玻璃瓶式，不易运输，外地饮品较难打入本地市场，武陵股份有限公司借助于地利人和，在本地市场中一直占有较高的市场优势，经营业绩一直稳步上升。经股东大会决议，该公司制定了固定股利政策，即每年每股发放0.2元现金股利。

随着市场经济的不断深化，我国饮品市场发展越来越迅猛，国际国内市场一体化趋势在饮品市场尤为明显，一些国际国内知名的饮品，如可口可乐、百事可乐、娃哈哈、乐百氏等，不断涌入本土市场，饮品行业竞争日益激烈，武陵股份有限公司的市场占有率不断降低，经营业绩也逐步下降。该公司管理人员对此忧心忡忡，认为应对公司的各个方面进行重新评价定位，当然也包括股利政策方面。该公司拟召开董事会会议，要求公司的总会计师提出新的股利分配政策方案，以供董事会议讨论。要求：

（1）武陵股份有限公司目前采用的是哪种股利政策？这种股利政策与其他股利政策相比，主要有什么优缺点？

（2）你认为武陵股份有限公司是否应该进行股利政策的调整？如果调整，应采用何种股利政策较合适？

案例分析提示：

（1）武陵股份有限公司目前采取的是固定股利政策。

固定股利政策的优点：

1）向投资者传递该公司的经营业绩比较稳定，经营风险较小的信息，有利于股票价格上升。

2）有利于投资者有规律地安排股利收入和支出。

固定股利政策的缺点：现金支出较多，可能会给公司造成较大的财务压力。

（2）应调整。武陵股份有限公司在激烈的竞争中市场占有率不断降低，经营业绩也逐步下降，此时不应该继续采用固定股利政策，从而减轻股利分配给公司造成的较大财务压力。在这样的情况下，武陵股份有限公司应该寻找好的投资项目，作为突破口；所以武陵股份有限公司应采取剩余股利政策，在保证最佳资本结构的前提下优先考虑可供分配的净利润要满足投资的需求，然后若有剩余才用于分配股利。

第九章　财务预算

通过本章的学习，理解财务预算的概念、内容与作用；了解财务预算编制的步骤；了解弹性预算和零基预算的编制方法；掌握现金预算的编制方法和预计财务报表的编制方法。

能够根据资料编制企业的现金预算表、预计资产负债表和预计利润表。

引　言　企业，尤其是大企业都要编制预算，预算可使我们对变化做出系统的而不是混乱的反应，多数经验表明：在失败的企业中，大多数企业没有进行完整的计划和预算。本章主要介绍财务预算的编制方法。

第一节 财务预算概述

财务预算是企业全面预算的一部分，它和其他预算是联系在一起的，整个全面预算是一个由多个相互联系的预算组成的整体。编制财务预算是企业财务管理的一项重要工作。

一、全面预算体系

预算（Budget）是企业对未来一定预算期内，全部经济活动各项目标的行动计划相应措施预期数值的说明。它是计划工作的成果，是决策具体化，也是控制生产经营活动的依据。

（一）全面预算内容

全面预算（Master Budget）的实质是一套以货币及其他数量形式反映的预计财务报表和其他附表，主要用来规划预算期内企业的全部经济活动及其成果。它是由一系列预算构成的体系，各预算之间的相互联系如图9－1所示。其内容一般包括日常业务预算、特种决策预算和财务预算三大类。

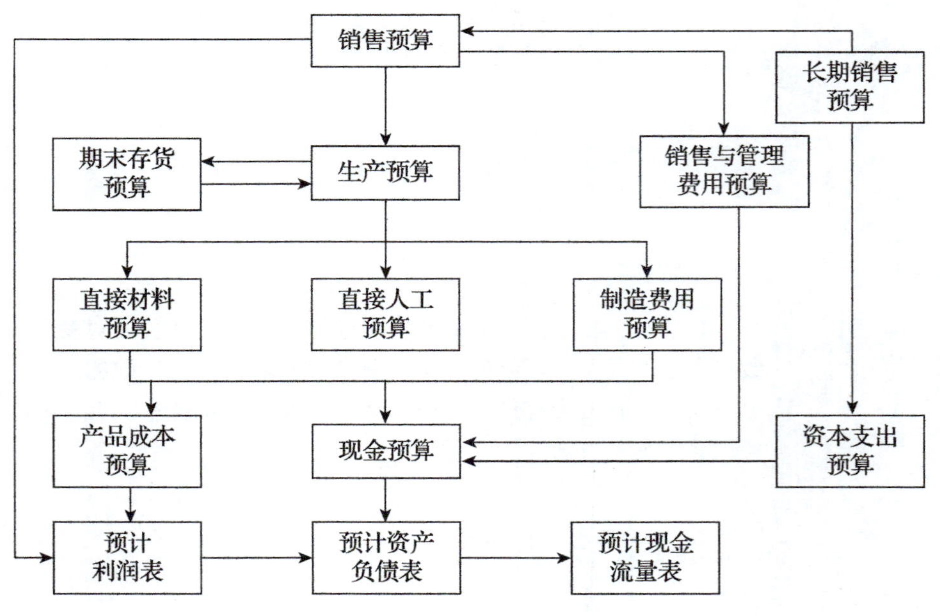

图9－1 全面预算体系

（1）日常业务预算（Operating Budget）是指与企业日常经营活动直接相关的经营业务的各种预算。具体包括销售预算、生产预算、直接材料预算、直接人工预算、制造费用预算、产品成本预算、销售与管理费用预算等，这些预算前后衔接，相互钩稽，既有实物量指标，又有价值量指标。

（2）特种决策预算（Special Decision Budget）是指企业为不经常发生的长期投资决策项目或一次性专门业务所编制的预算。具体包括资本支出预算（Capital Expenditure Budget）、一次性专门业务预算等。资本支出预算根据经过审核批准的各个长期投资决策项目编制，它实际上是决策选中方案的进一步规划。一次性专门业务预算是为了配合财务预算的编制，为了便于控制和监督，为企业日常财务活动中发生的一次性专门业务，如筹措资金、投放资金、其他财务决策（发放股息、红利等）等编制的预算。

（3）财务预算（Financial Budget）作为全面预算体系中的最后环节，可以从价值方面总括地反映经营期决策预算与业务预算的结果，亦称总预算，其余预算则相应称为辅助预算或业务预算。显然，财务预算在全面预算体系中占有举足轻重的地位。

（二）全面预算的作用

全面预算在企业经营管理和实现目标利润中发挥着重大作用，概括起来有以下四点：

1. 全面预算是企业各级、各部门工作的奋斗目标

全面预算是一个综合性的预算，整个预算体系全面、系统地规划了企业主要技术经济指标和财务指标的预算数。因此，通过编制全面预算，不仅可以确定企业整体的总目标，而且可以明确企业内部各级、各部门的具体目标，如销售目标、生产目标、成本目标、费用目标、收入目标和利润目标等。

2. 全面预算是企业各级、各部门工作协调的工具

企业内部各级、各部门因其职责的不同，对各自经济活动的考虑可能会带有片面性，甚至会出现相互冲突的情况。例如：销售部门根据市场预测提出一个庞大的销售计划，生产部门可能没有那么大的生产能力；生产部门可以编制一个充分发挥生产能力的计划，但销售部门却可能无法将这些产品推销出去。克服片面、避免冲突的最佳办法是进行经济活动的综合平衡。全面预算具有高度的综合能力，其编制过程也是企业内部各级、各部门的经济活动密切配合、相互协调、统筹兼顾、全面安排、搞好综合平衡的过程。

3. 全面预算是企业各级、各部门工作控制的标准

全面预算在使企业各级、各部门明确奋斗目标的同时，也为工作提供了控制依据。预算进入实施阶段以后，各级、各部门管理工作的重心转入控制，即设法使经济活动按预算进行。各级各部门应以各项预算为标准，通过计量对比，及时提供实际偏离预算的差异数额，并分析原因，以便采取有效措施，挖掘潜力，巩固成绩，弥补缺点，保证预定目标的完成。

4. 全面预算是企业各级、各部门工作考核的依据

现代化企业管理必须建立健全各级、各部门的责任制度，而有效的责任制度离不开工作业绩的考核。预算实施过程中，实际偏离预算的差异，不仅是控制企业日常经济活动的主要标准，也是考核、评定各级、各部门和全体职工工作业绩的主要依据。通过考核，对各级、各部门和全体职工进行评价，并据此实行奖惩、安排人事任免等，促使人们更好地工作，完成奋斗目标。为了让有关部门和职工及时了解自己的业绩，预算经起草、修改、定稿以后，必须发给各级、各部门和全体职工。

（三）全面预算的编制程序

在组织目标、战略和长期计划确定之后，企业开始着手编制全面预算，它是下一会计年度的具体预算。全面预算的编制，涉及经营管理的各个部门，只有执行人参与预算的编制，才能使预算成为他们自愿努力完成的目标，而不是外界强加于他们的枷锁。

全面预算的编制程序如下：

（1）最高领导机构根据长期规划，利用本量利分析等工具，提出企业一定时期的总目标，并下达规划指标。

（2）最基层成本控制人员自行草编预算，使预算能较为可靠、较为符合实际。

（3）各部门汇总部门预算，并初步协调本部门预算，编出销售、生产、财务等预算。

（4）预算委员会审查、平衡各预算，汇总出公司的总预算。

（5）审议机构讨论通过或者驳回修改预算。

（6）主要指标报告给董事会或上级主管单位，讨论通过或者驳回修改。

（7）批准后的预算下达给各部门执行。

二、财务预算

（一）财务预算的概念

财务预算（Financial Budget）是指反映企业未来一定预算期内预计现金收支、经营成果和财务状况的各种预算，具体包括现金预算、预计利润表、预计资产负债表和预计现金流量表。

财务预算的编制需要以财务预测的结果为根据，并受到财务预测质量的制约。

财务预算是企业全面预算的一个重要组成部分，它和其他预算一起共同组成全面预算。

（二）财务预算编制的步骤

全面预算以利润为最终目标，并把确定下来的目标利润作为编制财务预算的前提条件。根据已确定的目标利润，通过市场调查，进行销售预测，编制销售预算。在销售预算的基础上，做出不同层次不同项目的预算，最后汇总为综合性的现金预算和预计财务报表。财务预算编制的过程可以归为以下几个主要步骤：

（1）根据销售预测编制销售预算。

（2）根据销售预算确定的预计销售量，结合产成品的期初结存量和预计期末结存量编制生产预算。

（3）根据生产预算确定的预计生产量，先分别编制直接材料预算、直接人工预算和制造费用预算，然后汇总编制产品成本预算。

（4）根据销售预算编制销售与管理费用预算。

（5）根据长期销售预算估计所需要的固定资产投资，编制资本支出预算。

（6）根据执行以上各项预算所产生和必需的现金流量，编制现金预算。

（7）综合以上各项预算，进行试算平衡，编制预计财务报表。

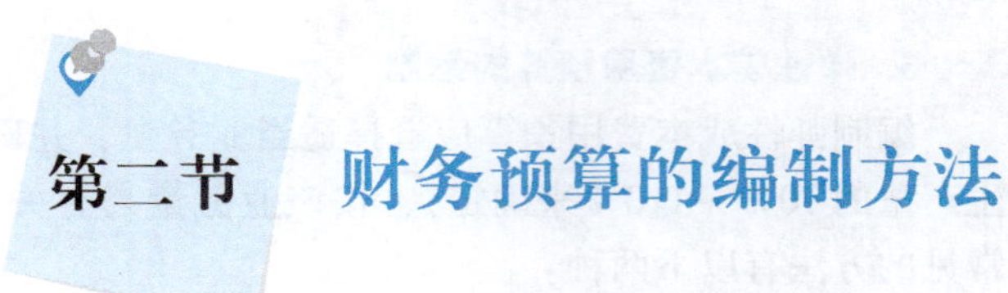

第二节 财务预算的编制方法

一、固定预算与弹性预算

编制预算的方法按其是否可按业务量调整可分为固定预算和弹性预算。

（一）固定预算（Fixed Budget）

1. 固定预算的概念与适用范围

固定预算又称静态预算，是指根据预算期内正常的、可实现的某一业务量水平作为唯一基础来编制预算的方法。传统预算大都采用固定预算的方法编制。

固定预算只能适用于业务量水平较为稳定的企业或非营利组织编制预算时采用。

2. 固定预算的缺点

固定预算的缺点有两个方面：第一是过于机械呆板，由于编制预算的业务量是事先假定的某个业务量，因此在预算期内无论业务量水平有何变化，都只能按事先确定的某一业务量水平作为编制预算的基础。第二是可比性差，此种预算的编制，一旦预计业务量与实际业务量相差甚远时，必然导致有关成本费用及利润的实际水平与预算水平因基础不同而失去可比性，不利于开展控制和考核。

（二）弹性预算（Flexible Budget）

1. 弹性预算的概念与适用范围

弹性预算亦称变动预算，是为克服固定预算的缺点而设计的，它是指企业按照预算期内可预见的多种生产经营活动业务量水平分别确定相应数据而编制的预算。弹性预算编制的基本原理是将成本费用按照成本性态划分为固定成本和变动成本两大部分，编制预算时，对固定成本不予调整，只对变动成本进行调整。

弹性预算能随着业务量的变动而变动，使预算执行情况的评价和考核建立在更加客观可比的基础上，可以充分发挥预算在管理中的控制作用。未来业务量的变动影响成本费用和利润等各方面，因此，从理论上讲，弹性预算适用于企业预算中与业务量有关的各种预算，但从实用角度看，主要用于编制弹性成本费用预算和弹性利润预算等。该种预算适用于业务量水平经常变动的企业。

2. 弹性预算的优点

与固定预算相比，弹性预算有两个显著的优点：第一是预算范围宽，由于弹性预算不再只是适应一个业务量水平的预算，而是能够随业务量水平的变动做机动调整的一组预算，因此，此种预算能够反映预算期内与一定相关范围内的可预见的多种业务量水平相对应的不同预算额，从而扩大了预算的适用范围。第二可比性强，在预算期实际业务量与计划业务量不一致时，可将实际指标与实际业务量相应的预算额进行对比，从而能够使预算执行情况的评价与考核建立在更加客观和可比的基础上，便于更好地发挥预算的控制作用。

3. 弹性成本费用预算的编制

编制弹性成本费用预算应选择适当业务量，并确定其有效变动范围（可按历史资料或正常生产量的70%～110%来确定），按该业务量与有关成本费用之间的内在关系进行分析而编制。常见的方法有以下两种：

（1）公式法。在成本性态分析的基础上，可将任何成本费用近似地表示为 $y=a+bx$（a 为固定成本；b 为单位变动成本；x 为多种业务量，如产销量、直接人工工时等；y 为成本总额），公式法只需列出各项成本费用的 a 和 b 即可推算出业务量在允许范围内任何水平上的各项预算成本。

1）当 $b=0$ 时，y 为固定成本项目，则 $a=y$。

2）当 $a=0$ 时，y 为变动成本项目，则 $b=\frac{y}{x}$。

3）当 a 和 b 均不为零时，y 为混合成本项目，可采取适当的数学方法将 y 加以分解，分别确定 a 和 b。

例9-1 K公司生产甲产品，2020年7～12月份制造费用（维修费）见表9-1。采用高低点法将制造费用（维修费）分解为固定成本和变动成本。

表9-1 K公司甲产品产量和制造费用（维修费）资料

2020年7～12月份

项 目	时 间					
	7月	8月	9月	10月	11月	12月
产量 x（件）	100	150	200	250	300	350
维修费 y（元）	50 000	65 000	73 000	73 000	80 000	86 000

解：根据上述资料，产销（业务）量的低点为100件，对应的维修费为50 000元，高点为350件，对应的维修费为86 000元。所以：

$$b=\frac{y_{高}-y_{低}}{x_{高}-x_{低}}=\frac{86\,000-50\,000}{350-100}=144\text{（元/件）}$$

$$\begin{aligned}a&=y_{低}-bx_{低}\\&=50\,000-144\times100\\&=35\,600\text{（元）}\end{aligned}$$

或

$$\begin{aligned}a&=y_{高}-bx_{高}\\&=86\,000-144\times350\\&=35\,600\text{（元）}\end{aligned}$$

例9-2 K公司2021年制造费用弹性预算指标（部分）见表9-2，其中较大的混合成本项目已经过分解。直接人工工时的有效变动范围为1 400～2 200小时。采用公式法推算当直接人工工时为2 088小时时，该公司2021年制造费用的预算数额。

表9-2 K公司2021年制造费用弹性预算

直接人工工时：1 400～2 200小时　　（单位：元）

项 目	a	b	项 目	a	b	项 目	a	b
1. 变动成本项目			2. 混合成本项目			3. 固定成本项目		

（续）

项　目	*a*	*b*	项　目	*a*	*b*	项　目	*a*	*b*
燃油		5	检验员工资	40 000	3	管理人员工资	310 000	
辅助工工资		50	辅助材料	110 000	15	保险费	280 000	
			维修费	35 600	144	设备租金	268 000	
			水费	50 000	10			

解：制造费用预算数 = 变动成本 + 混合成本 + 固定成本

$$= (5+50)\times 2\,088 + (40\,000+110\,000+35\,600+50\,000) + (3+15+144+10)\times 2\,088 + (310\,000+280\,000+268\,000)$$

$$= 114\,840 + 594\,736 + 858\,000 = 1\,567\,576 \text{（元）}$$

公式法的优点是在一定范围内不受业务量波动影响，缺点是逐项分解成本比较麻烦，而且也不能直接查出特定业务量下的总成本预算数额。

（2）列表法。列表法在一定程度上能克服公式法查不到不同业务量下总成本预算数额的缺点。这种方法在相关范围内每隔一定业务量间隔进行预算，以反映一系列业务量下的预算成本水平。

例 9－3 K 公司直接人工工时的有效变动范围及制造费用各项目 *a* 和 *b* 值的资料见表 9－2。根据资料采用列表法推算出按 10% 为业务量间距时，该公司 2021 年制造费用预算数额见表 9－3。

表 9－3　K 公司 2021 年制造费用弹性预算　　（单位：元）

直接人工工时（小时）	1 400	1 600	2 000	2 200
生产能力利用（%）	70%	80%	100%	110%
1. 变动成本项目	77 000	88 000	110 000	121 000
燃　油	7 000	8 000	10 000	11 000
辅助工工资	70 000	80 000	100 000	110 000
2. 混合成本项目	476 400	510 800	579 600	614 000
辅助材料	131 000	134 000	140 000	143 000
维修费	237 200	266 000	323 600	352 400
检验员工资	44 200	44 800	46 000	46 600
水　费	64 000	66 000	70 000	72 000
3. 固定成本项目	858 000	858 000	858 000	858 000
管理人员工资	310 000	310 000	310 000	310 000
保 险 费	280 000	280 000	280 000	280 000
设备租金	268 000	268 000	268 000	268 000
制造费用预算数	1 411 400	1 456 800	1 547 600	1 593 000

4. 弹性利润预算的编制

编制弹性利润预算能够反映不同销售业务量条件下相应的预算利润成本水平。常见的方法有以下两种：

（1）因素法。因素法根据影响利润的有关因素与收入成本的关系，列表反映这些因素分别变动时的预算利润水平。

例9－4 甲企业预计2021年A产品单位变动成本80元，固定成本6 000元。当年生产的产品当年销售，销售业务量的有效变动范围为280～440件。同一销售业务量下其售价分别为120元和130元。

要求：采用因素法推算出按5%为业务量间隔时，甲企业2021年A产品利润预算数额。

根据资料编制甲企业2021年A产品弹性利润预算见表9－4。

表9－4 甲企业2021年A产品弹性利润预算 （单位：元）

销售量（件）	280					400			440	
售　价	120	130	…	…	…	120	130	…	120	130
销售收入	33 600	36 400	…	…	…	48 000	52 000	…	52 800	57 200
变动成本	22 400	22 400	…	…	…	32 000	32 000	…	35 200	35 200
固定成本	6 000	6 000	…	…	…	6 000	6 000	…	6 000	6 000
利润总额	5 200	8 000	…	…	…	10 000	14 000	…	11 600	16 000

以销售量280件，售价120元为例：

$$2021\text{年A产品利润预算数额}=33\,600-280\times 80-6\,000=5\,200\text{（元）}$$

因素法主要适用于单一品种经营的企业，多品种经营的企业常采用百分比法编制弹性利润预算。

（2）百分比法。百分比法是按不同项目占销售额的百分比，列表反映在销售业务量的有效变动范围内，不同销售收入百分比相应的预算利润水平。百分比法必须假定固定成本不变，变动成本随着销售收入的变动而同比例变动。

例9－5 乙企业2020年损益表及各项目占销售额百分比见表9－5。根据表9－5的资料采用百分比法编制乙企业2021年销售利润弹性预算（表9－6）。

表9－5 乙企业2020年损益表及各项目占销售额百分比 （单位：万元）

项　目	金　额	占销售额百分比（%）
销售收入	500	100
变动成本	390	78
固定成本	70	14
利润总额	40	8

表9－6 乙企业2021年弹性利润预算 （单位：万元）

销售收入百分比	70%	80%			100%	110%
销售收入	350	400	…	…	500	550
变动成本	273	312	…	…	390	429
固定成本	70	70	…	…	70	70
利润总额	7	18	…	…	40	51

以销售收入百分比70%为例：

2021年利润预算数额＝2020年销售收入×70%×（1－78%）－2020年固定成本

＝500×70%×（1－78%）－70

＝7（万元）

二、增量预算与零基预算

编制预算的方法按其编制是否可以基期水平为基础可分为增量预算和零基预算。

（一）增量预算（Incremental Budget）

1. 增量预算的概念与适用范围

增量预算是在基期成本费用水平的基础上，结合预算期业务量水平及有关降低成本费用的措施，通过调整有关原有成本费用项目而编制的预算。其适用于比较稳定的企业预算的编制。

2. 增量预算的缺点

增量预算的缺点有以下三点：

（1）以过去的水平为基础，容易受原有成本项目的影响，导致以前不合理的项目被惯性合理化。此种预算不论基期成本费用水平是否合理，编制时往往会保留或接受原有的成本项目，形成不必要的开支，造成预算的浪费。

（2）滋长预算中的“平均主义”和“简单化”。此种预算容易鼓励编制人员凭主观臆断按成本项目平均削减预算或只增不减，不利于调动各部门降低费用的积极性。

（3）不利于企业未来的发展。按此法编制费用预算时，对于那些未来实际需要开支的项目可能因没有考虑未来情况的变化而造成预算的不足。

（二）零基预算（Zero－base Budget）

1. 零基预算的概念与适用范围

零基预算亦称零底预算，是指在编制预算时，基期的预算水平不再视为理所当然，而是以零为基础，从根本上考虑各开支项目的必要性、合理性和实际需要量来编制的一种预算。

此法是为克服增量预算的缺点而设计的，目前已被大多数企业广泛采用，并作为费用预算的一种编制方法。

此法特别适用于产出较难辨认的服务性部门费用预算的编制。

2. 零基预算的编制

（1）零基预算的编制程序。

1）确定预算单位。预算单位有时称为“基本预算单位”，也可以定义为主要的基本建设项目、专项工作任务，或者是主要项目。在实践中，通常由高层管理者来确定哪一级机构部门或项目为预算单位。

2）提出相应费用预算方案。预算单位针对企业在预算年度的总体目标以及由此确定的各预算单位的具体目标和业务活动水平，提出相应的费用预算方案，并说明每一项费用开支的理由与数额。

3）进行成本和效益分析。按“成本—效益分析”方法比较每一项费用及相应的效益，评价每项费用开支计划的重要程度，区分不可避免成本与可延缓成本。

4）决定预算项目资金分配方案。将预算期可动用的资金在预算单位内各项目之间进行分配，对不可避免成本项目优先安排资金，对可延缓成本项目根据可动用资金情况，按轻重缓急、收益大小分配资金。

5）编制明细费用预算。预算单位经协调后具体规定有关指标，逐项下达费用预算。

（2）零基预算的编制举例。

例 9-6 丙公司采用零基预算法编制 2021 年销售与管理费用预算。

解：第一步，由销售与管理部门的全体职工，根据预算期全公司的总目标和本部门的具体目标，进行反复讨论，提出预算期可能发生的一些费用项目及金额，见表 9-7。

表 9-7 丙公司费用表 （单位：元）

项 目	金 额	项 目	金 额
广告费	2 600	业务招待费	3 000
差旅费	1 400	房屋租金	3 000
培训费	1 000	办公费	2 000

第二步，将广告费和业务招待费根据历史资料进行“成本—效益分析”，做出评价。其结果如下：广告费，投入成本 1 元，可获收益 20 元；业务招待费，投入成本 1 元，可获收益 30 元。至于差旅费、培训费、房屋租金、办公费，经研究列入不可避免成本项目，应全额得到保证。

第三步，假定丙公司在预算期内可用于销售与管理费用的资金为 10 000 元，则该部门分配资金时首先满足差旅费、培训费、房屋租金、办公费四项不可避免成本支出，共计 7 400 元（1 400 + 1 000 + 3 000 + 2 000），剩余 2 600 元（10 000 - 7 400），按其收益大小在广告费和业务招待费之间进行分配：

$$费用分配率 = 2\ 600 \div (20 + 30) = 52$$

$$广告费项目可分配的资金 = 20 \times 52 = 1\ 040\ (元)$$

$$业务招待费项目可分配的资金 = 30 \times 52 = 1\ 560\ (元)$$

第四步，编制零基预算表，见表 9-8。

表 9-8 2021 年丙公司销售与管理费用零基预算 （单位：元）

项 目	房屋租金	办公费	差旅费	培训费	业务招待费	广告费	合计
预算额	3 000	2 000	1 400	1 000	1 560	1 040	10 000

由此可见，零基预算不受基期费用水平的束缚，对一切费用一视同仁，不仅能使预算单位负责人重视预算的编制工作，而且能充分发挥预算单位全体职工的工作积极性，挖掘内在潜力，合理地使用资金，提高资金的利用效果；同时，零基预算有利于有效地分配资源。但是零基预算一切从零出发，在编制费用预算时需要完成大量的基础工作，所需时间和所付代价较高；另外，费用项目成本效益的计算也缺乏客观依据。

三、定期预算与滚动预算

编制预算的方法按其预算期是否连续可分为定期预算和滚动预算。

（一）定期预算（Fixed – interval Budget）

定期预算是指在编制预算时以不变的会计期间（如公历年度）作为预算期的一种编制预算的方法。

定期预算由于与会计年度相配合，便于预算执行结果的考核与评价，但是其缺点也明显：①盲目性，由于预算多是在其执行年度前的两三个月进行，对预算期的生产经营活动难以做出准确的预算，从而给预算的执行带来种种困难；②滞后性，由于定期预算不能随情况的变化而做及时调整，当预算期中所规划的各种经营活动在预算期内发生变化时，会造成原有预算滞后、过时；③间断性，在预算执行过程中，由于受预算期的限制，管理人员的决策视野局限于剩余的预算期间的活动，从而不利于企业长期稳定的发展。

（二）滚动预算（Rolling Budget）

滚动预算又称连续预算或永续预算，是指在预算的执行过程中自动延伸，使预算期永远保持在一年。

滚动预算的编制，一般采用长、短安排方式进行，就是在基期编制预算，先按年度分季，并将其中的第一季度按月划分，建立各月的明细预算数，至于其他三个季度的预算可以粗一点，只列各季总数。到第一季度即将结束时，再将第二季度的预算按月细分，予以具体化。同时，立即增补再下一季度预算，可以概括地只列示季度总数，依此类推。滚动预算示意图如图 9 – 2 所示。

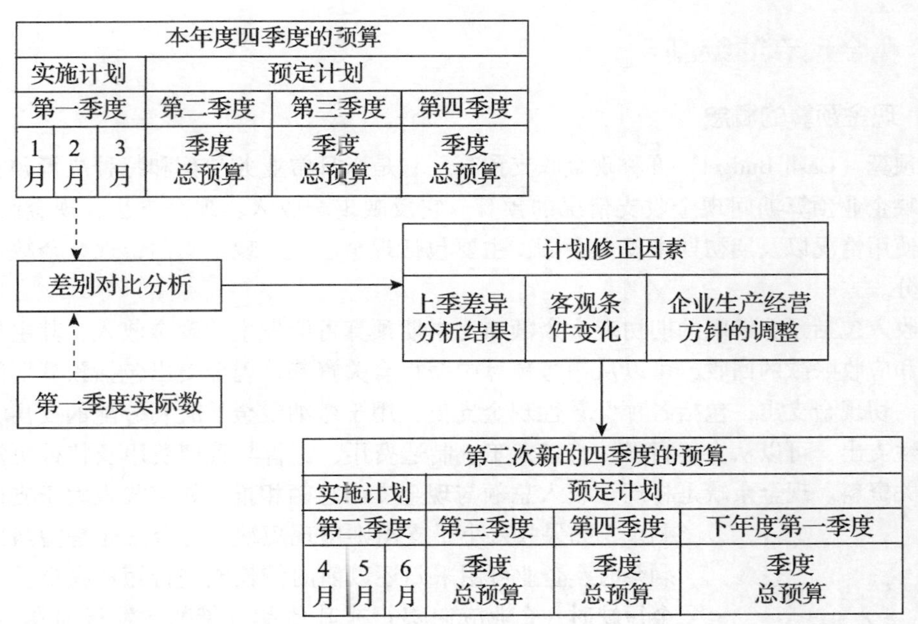

图 9 – 2 滚动预算示意图

这种预算虽然工作量较大，但有利于管理人员对预算资料做经常性的分析研究，并根据当前预算的执行情况，及时调整或修正，使预算更符合实际，也有利于管理人员经常对未来时期的经营活动进行筹划，使企业的经营活动始终有一个长远的总体战略布局。

第三节 现金预算与预计财务报表的编制

企业编制预算的期间，往往因预算种类的不同而各有所异。一般来说，编制日常业务预算和财务预算的期间通常以一年或一个营业周期为期，这样可使预算年度与会计年度相一致，便于预算执行结果的分析、评价和考核。年度预算要有分季的数字，而其中的第一季度，还应有分月的数字。当第二个季度即将来临的时候，又将第二季度的预算数按月分解，提出第二季度的分月预算数，如此顺序推进。

日常业务预算是协调组织的最详细预算，每个部门或车间的经理也可以制定每天或每周的任务预算，以帮助他们执行各自的特定职责并达到经营及财务目标。

在预算编制的具体时间上，财务预算一般要在下年度到来前的三个月就着手编制，按规定进程由各级人员组织编、报、审等项工作，至年底要形成完整的预算并颁布。

下面系统介绍财务预算的编制方法，为了与会计年度相配合，本节所列举的例题中，各种日常业务预算、专门决策预算和财务预算的编制期间，均以一年为期，并采用预算数值相对稳定不变的固定预算法来编制各种预算。

一、现金预算的编制

（一）现金预算的概念

现金预算（Cash Budget）亦称现金收支预算，它是以日常业务预算和特种决策预算为基础编制的反映企业预算期间现金收支情况的预算。它反映现金收入、现金支出、现金收支差额、现金筹措使用情况以及期初期末现金余额，主要包括现金收入、现金支出、现金余缺和现金融通四个部分。

现金收入包括预算期间的期初现金余额加上本期预算可能发生的现金收入，其主要来源是销售收入和应收账款的回收，可以从销售预算中获得有关资料。现金支出包括预算期间预计可能发生的一切现金支出，包括各项经营性现金支出，用于缴纳税金、股利分配的支出，购买设备等资本性支出，可以从直接材料、直接人工、制造费用、销售与管理费用及特种决策预算等中获得有关资料。现金余缺是将现金收入总额与现金支出总额相抵，如果收入大于支出即出现剩余；如果收入小于支出则出现短缺。现金融通是指当出现现金剩余时，企业可用来归还以前的借款或进行短期投资；当出现现金短缺时，企业应向银行或其他单位借款，发行债券、股票等。企业不仅要定期筹措到抵补收支差额的现金，还必须保证有一定的现金储备，应注意保持期末现金余额在合理的上下限度内波动。

> 日常业务预算和特种决策预算是现金预算的编制依据。编制现金预算前，先要编好销售预算、生产预算、产品成本预算、销售与管理费用预算、资本支出预算等。

（二）现金预算编制的流程

日常业务预算和特种决策预算是现金预算的编制依据，先简要介绍一部分日常业务预算和特种决策预算的编制方法。

1. 销售预算（Sales Budget）的编制

销售预算是规定企业预算期内销售目标和实施计划的一种业务预算。它是编制企业预算的出发点，也是编制其他日常业务预算的基础。通过市场预测预计销售量和单价以后，便可根据产品的品种、数量、单价确定预算期销售收入，并根据预算期现金收入与回收赊销货款的可能情况反映现金收入，从而编制销售预算。

例 9-7 假定科隆公司生产销售甲产品，2020 年年末有关资料见表 9-9。预计 2021 年四个季度甲产品销售量及售价资料见表 9-10。预计各季的销售情况为现销 85%，赊销的 15% 在下季度收讫。2020 年第四季度的销售额为 2000 万元。现编制科隆公司销售预算，见表 9-10。

表 9-9 科隆公司资产负债表（简表）

2020 年 12 月 31 日 （单位：万元）

资　产	金　额	权　益	金　额
流动资产：		流动负债：	
现金	120	应付账款	100
应收账款	300	应交税费	
存货		流动负债合计	100
原材料	50	非流动负债：	
库存商品	63	长期借款	
流动资产合计	533	非流动负债合计	
非流动资产：		股东权益：	
固定资产	11 500	股本	600
减：累计折旧	4 500	留存收益	6 833
固定资产净值	7 000	股东权益合计	7 433
非流动资产合计	7 000		
资产合计	7 533	权益合计	7 533

表 9-10 科隆公司销售预算

2021 年度 （单位：万元）

季　度	1	2	3	4	全年	资料来源及计算依据
预计销量（万件）	2 000	6 000	6 000	2 000	16 000	
销售单价（元/件）	0.7	0.7	0.8	0.8	0.75	加权平均计算所得
①预计销售收入	1 400	4 200	4 800	1 600	12 000	
②现销收入	1 190	3 570	4 080	1 360	10 200	②=本季度①×85%
③回收前期应收账款	300	210	630	720	1 860	③=上季度①×15%
④现金收入小计	1 490	3 780	4 710	2 080	12 060	④=②+③

注：2021 年第四季度末应收账款余额为 240 万元（1 600×15%）。

2. 生产预算（Production Budget）的编制

生产预算是规定企业预算期内有关产品生产数量及品种构成的一种业务预算，可以销售预算为基础编制。在确定产销之间的关系时，必须考虑产品的存货水平，其相互关系可用下列公式表示：

预计生产量 = 预计销售量 + 预计期末存货量 – 预计期初存货量

上述公式中，“预计期末存货量”有时凭经验估计，有时经分析确定。

例9–8 科隆公司2021年因经营需要要求在第一季度、第四季度的期初保存100万件甲产品，第二季度和第三季度的期初保存500万件甲产品。根据有关资料编制科隆公司的生产预算，第四季度末的存货数量应保持100万件。现编制2021年度科隆公司生产预算，见表9–11。

表9–11 科隆公司生产预算

2021年度 （单位：万件）

季 度	1	2	3	4	全年	资料来源及计算依据
预计销售量	2 000	6 000	6 000	2 000	16 000	表9–10
加：预计期末存货量	500	500	100	100	100	资料所示
减：预计期初存货量	100	500	500	100	100	资料所示
本期预计生产量	2 400	6 000	5 600	2 000	16 000	

3. 直接材料预算（Raw Materials Budget）的编制

直接材料预算是规定企业预算期内各种材料消耗量水平，规定材料采购量及其成本的一种业务预算。这种预算以生产预算为基础编制，还必须考虑原材料存货水平。根据预算期现购材料支出和偿还前期所欠材料款的可能情况反映现金支出。

这种预算编制的程序如下：

（1）按每种产品分别计算各种材料的消耗量，公式为

某产品消耗某种材料数量 = 该产品预计生产量 × 该产品耗用该种材料消耗定额

（2）将各种产品消耗某种材料数量加总，求该种材料总耗用量。

（3）计算某种材料预计采购量，公式为

某种材料预计采购量 = 该种材料总耗用量 + 该种材料期末存货量 – 该种材料期初存货量

（4）计算某种材料预计采购成本，公式为

某种材料预计采购成本 = 该种材料单价 × 该种材料预计采购量

（5）将各种材料预计采购成本加总，求得预算期直接材料采购总成本。

例9–9 假定科隆公司生产甲产品需用A种原材料。每件甲产品耗用A材料2.6千克，A材料单位成本为每千克0.1元。公司因经营需要，要求第三、第四季度末的原材料为500万千克，第一、第二季度末原材料为800万千克，第一季度初的原材料为500万千克。购料款中，80%以现金结算，20%的赊购款在下季度支付，2020年第四季度的购料款为500万元。

现编制科隆公司的直接材料预算，见表9–12。

表9–12 科隆公司直接材料预算

2021年度 （单位：万元）

季 度	1	2	3	4	全年	资料来源及计算依据
预计生产量（万件）	2 400	6 000	5 600	2 000	16 000	表9–11

（续）

季　度	1	2	3	4	全年	资料来源及计算依据
材料单耗（千克/件）	2.6	2.6	2.6	2.6	2.6	资料所示
预计材料消耗量（万千克）	6 240	15 600	14 560	5 200	41 600	
加：材料期末存量（万千克）	800	800	500	500	500	资料所示
减：材料期初存量（万千克）	500	800	800	500	500	资料所示
①本期采购量（万千克）	6 540	15 600	14 260	5 200	41 600	
②材料单价（元/千克）	0.1	0.1	0.1	0.1	0.1	资料所示
③预计材料采购成本	654	1 560	1 426	520	4 160	③=①×②
④偿还前期所欠材料款	100	131	312	285	828	上季度购料款的20%
⑤预算期现购材料支出	523	1 248	1 141	416	3 328	⑤=③×80%
⑥现金支出合计	623	1 379	1 453	701	4 156	⑥=④+⑤

注：1. 计算结果保留整数，小数点后面四舍五入。

2. 2021 年年末应付账款的余额是 104 万元（520×20%）。

4. 直接人工预算（Direct Labor Budget）的编制

直接人工预算是反映企业预算期内人工工时消耗水平，规定人工成本开支数额的一种业务预算。这种预算也以生产预算为基础编制，其预算金额都需要使用现金支付。直接人工预算的编制程序如下：

（1）计算预算期各种产品直接人工总工时，公式为

某产品预计直接人工总工时＝该产品预计生产量×该产品单位直接人工小时

（2）计算预算期各种产品直接工资成本，公式为

某产品预计直接工资成本＝该产品直接人工总工时×小时工资率

（3）计算预算期各种产品其他直接支出，公式为

某产品预计其他直接支出＝该产品预计直接工资成本×提取百分比

（4）将预计直接工资成本和其他直接支出两部分汇总起来，即可编制直接人工预算。

例 9－10 假定科隆公司生产每件甲产品需要 0.015 直接人工小时，每小时直接人工成本为 10 元。现编制科隆公司直接人工预算，见表 9－13。

表 9－13　科隆公司直接人工预算

2021 年度　　（单位：万元）

季　度	1	2	3	4	全年	资料来源及计算依据
预计生产量（万件）	2 400	6 000	5 600	2 000	16 000	表 9－11
单位产品直接人工小时	0.015	0.015	0.015	0.015	0.015	资料所示
直接人工总工时（万小时）	36	90	84	30	240	
小时工资率（元/小时）	10	10	10	10	10	资料所示
直接人工成本总额	360	900	840	300	2 400	

注：直接人工成本总额＝直接人工总工时×小时工资率。

例如：第二季度的直接人工成本总额为 900 万元（90×10）。

5. 制造费用预算（Factory Overhead Budget）的编制

制造费用预算是规定企业预算期内完成生产预算所规定的业务量所需的预期制造费用数额

的一种预算。编制这种预算时，制造费用需按成本性态划分为变动制造费用与固定制造费用两部分。变动制造费用以生产预算为基础来预计，固定制造费用按实际需要的支付额逐项预计，并要分别确定变动制造费用分配率，将变动制造费用在各种产品之间进行分配。相关计算公式为

$$变动制造费用分配率 = \frac{预计变动制造费用总额}{相关分配标准预算数}$$

某期变动制造费用现金支出 = 该期产品预计直接人工总工时 × 变动制造费用分配率

例 9－11 科隆公司制造费用资料见表 9－14。假定变动制造费用总额按预计直接人工工时总数进行分配，变动制造费用资料见表 9－14。固定制造费用预算金额中，除折旧费用外都需要使用现金支付，固定制造费用全年预算为 1 280 万元，每季度 320 万元，其中折旧 200 万元。现编制科隆公司制造费用预算，见表 9－14。

表 9－14 科隆公司制造费用预算

2021 年度 （单位：万元）

<table>
<tr><th>变动制造费用</th><th colspan="2">金 额</th><th colspan="2">固定制造费用</th><th>金 额</th><th>资料来源</th></tr>
<tr><td>间接人工</td><td colspan="2">550</td><td colspan="2">管理人员工资</td><td>230</td><td></td></tr>
<tr><td>间接材料</td><td colspan="2">750</td><td colspan="2">折旧费</td><td>800</td><td></td></tr>
<tr><td>修理费</td><td colspan="2">280</td><td colspan="2">修理费</td><td>100</td><td></td></tr>
<tr><td>水电费</td><td colspan="2">340</td><td colspan="2">保险费</td><td>90</td><td></td></tr>
<tr><td>小计</td><td colspan="2">1 920</td><td colspan="2">财产税</td><td>60</td><td></td></tr>
<tr><td>直接人工总工时（万小时）</td><td colspan="2">240</td><td colspan="2">小计</td><td>1 280</td><td></td></tr>
<tr><td>变动费用分配率（元/小时）</td><td colspan="2">8</td><td colspan="2"></td><td></td><td></td></tr>
<tr><td>制造费用总额</td><td colspan="5">3 200</td><td></td></tr>
<tr><td>季度</td><td>1</td><td>2</td><td>3</td><td>4</td><td>全年</td><td></td></tr>
<tr><td>直接人工总工时（万小时）</td><td>36</td><td>90</td><td>84</td><td>30</td><td>240</td><td>表 9－13</td></tr>
<tr><td>变动费用分配率（元/小时）</td><td>8</td><td>8</td><td>8</td><td>8</td><td>8</td><td></td></tr>
<tr><td>变动制造费用</td><td>288</td><td>720</td><td>672</td><td>240</td><td>1 920</td><td></td></tr>
<tr><td>固定制造费用</td><td>320</td><td>320</td><td>320</td><td>320</td><td>1 280</td><td></td></tr>
<tr><td>减：折旧费</td><td>200</td><td>200</td><td>200</td><td>200</td><td>800</td><td></td></tr>
<tr><td>现金支出的费用</td><td>408</td><td>840</td><td>792</td><td>360</td><td>2 400</td><td></td></tr>
</table>

6. 产品成本预算（Production Cost Budget）及期末存货预算的编制

产品成本预算是反映企业预算期内各种产品生产成本水平的一种预算。编制这种预算时，单位产品成本的有关数据来自直接材料消耗及采购预算、直接人工预算和制造费用预算，产品生产量、期末存货量的有关数据来自生产预算，产品销售量数据来自销售预算。

例 9－12 现编制科隆公司甲产品成本预算，见表 9－15；编制科隆公司期末存货预算，见表 9－16。

表 9－15 科隆公司甲产品成本预算

2021 年度　　　　计划产量：16 000 万件　　　　（单位：万元）

成本项目	单位用量	单 耗	单位成本（元/件）	总成本	资料来源
直接材料	2.6 千克/件	0.1 元/千克	0.26	4 160	4 160＝0.26×16 000
直接人工	0.015 小时/件	10 元/小时	0.15	2 400	2 400＝0.15×16 000
变动制造费用	0.015 小时/件	8 元/小时	0.12	1 920	1 920＝0.12×16 000
固定制造费用			0.08	1 280	0.08＝1 280÷16 000
合计			0.61	9 760	
预计产品生产成本				9 760	
加：产成品期初余额（100 件）				63	表 9－9
减：产成品期末余额（100 件）			0.61	61	
预计产品销售成本				9 762	

注：2020 年与 2021 年的单位变动生产成本相同，即为 0.53 元（0.26＋0.15＋0.12），由于两年的产量不同，单位产品所负担的固定制造费用也不同，因而两年的单位生产成本不同。基期是 0.63 元/件（63÷100），预算期是 0.61 元/件，预计产成品期末总成本为 61 万元（0.61×100）。

表 9－16 科隆公司期末存货预算

2021 年度　　　　（单位：万元）

项 目	单位成本	期末存货量	期末存货成本		资料来源
产成品：甲产品	0.61	100	61		表 9－11、表 9－15
项 目	年初材料成本	本年采购成本	本期消耗材料成本	期末存货成本	资料来源
材料：A 材料	50	4 160	4 160	50	表 9－9、表 9－11、表 9－12、表 9－15

注：期末材料成本＝期初材料成本＋本年采购成本－本期消耗材料成本

7. 销售与管理费用预算（Selling Expenses And Administrative Expenses Budget）的编制

销售与管理费用预算是反映企业预算期内为实现销售预算和进行一般行政管理工作而发生的预期各项费用数额的一种预算。编制这种预算时，不仅要认真分析、考察过去销售与管理费用的必要性及其效果，而且要以销售预算或过去的实际开支为基础，考虑预算期可能发生的变化，按预算期实际需要逐项预计销售与管理费用的支付额。

例 9－13 科隆公司销售与管理费用资料见表 9－17。假定销售与管理费用预算金额中，除折旧费外都需要使用现金支付。设单位变动销售与管理费用为 0.05 元/件，固定销售与管理费用预算第一、二、四季度为 65 万元，第三季度为 80 万元，其中包括每季折旧 15 万元。

现编制科隆公司销售与管理费用预算，见表 9－17。

表9－17 科隆公司销售与管理费用预算

2021年度 （单位：万元）

变动销售与管理费用	金 额		固定销售与管理费用		金 额	资料来源
直接人员工资	370		间接人员工资		140	
专设销售机构办公费	220		差旅费		20	
广告费	100		保险费		15	
包装费、运杂费	75		折旧费		60	
保管费用	35		办公费		40	
小计	800		小计		275	
合计	1 075					
季度	1	2	3	4	全年	
预计销售量（万件）	2 000	6 000	6 000	2 000	16 000	表9－10
单位变动销售与管理费用（元/件）	0.05	0.05	0.05	0.05	0.05	资料所示
预计变动销售与管理费用	100	300	300	100	800	
固定销售与管理费用	65	65	80	65	275	资料所示
减：累计折旧	15	15	15	15	60	资料所示
现金支出	150	350	365	150	1 015	

8. 利息费用预算（Interest Expense Budget）的编制

编制现金预算时需要考虑企业利息费用的支出，并在现金预算表上体现出来。

例9－14 科隆公司生产经营资金主要依靠营业资金，必要时会有流动资金周转借款，借款发生在季初，季末还款，借款年利率为6%，见表9－18。

9. 资本支出预算（Capital Expenditures Budget）的编制

资本支出预算是公司不经常发生的资本投资性业务的预算，如公司固定资产的购置、扩建、改建、更新等。

例9－15 为开发一种新产品，科隆公司决定于2021年年初购置不需安装的新机器一台，价值600万元，见表9－18。

10. 现金预算（Cash Budget）的编制

现金预算根据前面各种预算中的现金收入和现金支出的资料编制，“年初现金余额”资料由上年末资产负债表提供。

例9－16 考虑到公司日常开支需要，科隆公司每季末现金余额的最低额度为100万元，假设借款和还款均以100万元为单位。根据上述资料编制科隆公司2021年度现金预算，见表9－18。

表9－18 科隆公司现金预算

2021年度 （单位：万元）

季 度	1	2	3	4	全年	资料来源及计算依据
①期初现金余额	120	114	149	846	120	年初数见表9－9
②经营现金收入	1 490	3 780	4 710	2 080	12 060	表9－10
③可运用现金合计	1 610	3 894	4 859	2 926	12 180	③＝①＋②

（续）

季　度	1	2	3	4	全年	资料来源及计算依据
现金支出						
其中：直接材料	623	1 379	1 453	701	4 156	表9-12
直接人工	360	900	840	300	2 400	表9-13
制造费用	408	840	792	360	2 400	表9-14
销售及管理费用	150	350	365	150	1 015	表9-17
预计所得税	55	55	55	55	220	估计每季预交55万元
购买机器设备	600	—	—	—	600	
④现金支出小计	2 196	3 524	3 505	1 566	10 791	
⑤最低现金余额	100	100	100	100	100	资料所示
⑥现金需求合计	2 296	3 624	3 605	1 666	10 891	⑥=④+⑤
⑦现金余缺	-686	270	1 254	1 260	1 289	⑦=③-⑥
⑧资金筹措及运用	700	-221	-508	—	-29	
加：流动资金借款	700				700	
减：归还流动资金借款		-200	-500		-700	季初借季末还
支付银行借款利息		-21	-8		-29	年利率6%
⑨期末现金余额	114	149	846	1 360	1 360	⑨=⑤+⑦+⑧

注：1. 表9-18中“可运用现金合计”的数据是“期初现金余额”与“经营现金收入”两项的合计数额。

2. 流动资金借款700万元是在第一季度初借入，根据预算期现金情况，分别在第二季度末偿还第一笔借款200万元，第三季度末还清剩下的本金余额500万元。

3. 利息计算：第二季度利息 $=700\times6\%\times2/4=21$（万元）；第三季度利息 $=500\times6\%\times1/4=8$（万元）。

4. 计算结果保留整数，小数点后面四舍五入。

财务预算包括现金预算、预计利润表、预计资产负债和预计现金流量表，财务预算是财务预测和财务决策的具体化，是控制企业财务活动的基本依据。

二、预计财务报表的编制

预计财务报表亦称为企业总预算，是企业财务管理的重要工具，是控制企业预算期内资金、成本和利润总量的重要手段。其主要包括预计利润表和预计资产负债表等。

（一）预计利润表（Projected Income Statement）的编制

预计利润表亦称“利润预算”，是以货币为计量单位，全面、综合地反映企业预算期内生产经营的财务情况和规定利润计划数额的一种预算，是控制企业生产经营活动和财务收支的主要依据。这种预算是在汇总销售预算、产品成本预算、销售与管理费用预算、现金预算等的基础上加以编制的。编制这种预算的目的在于明确预算反映的利润水平，如果利润预算数额与最初编制预算时确定的目标利润存在较大的差距，就需要调整有关预算，设法达到目标利润，或者经企业领导同意后修改目标利润。

例9-17 假定科隆公司预算期所得税税率为20%，现编制科隆公司预计利润表，如表9-19所示。

表 9-19 科隆公司预计利润表

2019 年度 (单位：万元)

项 目	金 额	资料来源及计算依据
销售收入	12 000	表 9-10
销售成本	9 762	表 9-15
期初存货成本	63	表 9-15
加：本期生产成本	9 760	表 9-15
减：期末存货成本	61	表 9-15
毛利	2 238	2 238 = 12 000 - 9 762
减：销售与管理费用	1 075	表 9-17
财务费用	29	表 9-18
利润总额	1 134	1 134 = 2 238 - 1 075 - 29
减：所得税（20%）	227	227 = 1 134 × 20%
净利润	907	907 = 1 134 - 227

注：计算结果保留整数，小数点后面四舍五入。

（二）预计资产负债表（Projected Balance Sheet）的编制

预计资产负债表是以货币为计量单位反映企业预算期期末财务状况的总括性预算。这种预算是利用基期期末资产负债表，根据预算期销售、生产、成本等预算的有关数据加以调整编制的。编制这种预算的目的在于明确预算反映的财务状况的稳定性和流动性。如果通过预计资产负债表的分析，发现某些反映企业预算期偿债能力、资产营运能力、盈利能力的财务比率不佳，必要时可修改有关预算，以改善财务状况。

例 9-18 假定科隆公司基期期末资产负债表各项数据见表 9-20 年初数。现编制科隆公司预计资产负债表，见表 9-20。

表 9-20 科隆公司预计资产负债表

2021 年 12 月 31 日 (单位：万元)

资 产	年初数	年末数	权 益	年初数	年末数
流动资产：			流动负债：		
现金	120	1 360	应付账款	100	104
应收账款	300	240	应交税费		7
存货			流动负债合计	100	111
原材料	50	50	非流动负债：		
库存商品	63	61	长期借款		
流动资产合计	533	1 711	非流动负债合计		
非流动资产：			股东权益：		
固定资产	11 500	12 100	股本	600	600

（续）

资　产	年初数	年末数	权　益	年初数	年末数
减：累计折旧	4 500	5 360	留存收益	6 833	7 740
固定资产净值	7 000	6 740	股东权益合计	7 433	8 340
非流动资产合计	7 000	6 740			
资产总计	7 533	8 451	权益总计	7 533	8 451

注：1. “现金” 见表 9－18，第四季度末现金余额 1 360 万元。

2. “应收账款”：1 600（表 9－10）×15% =240（万元）。

3. “原材料” 见表 9－16，“库存商品” 见表 9－15。

4. “固定资产”：11 500（表 9－9）＋本期增加数 600 =12 100（万元）。

5. “累计折旧”：4 500（表 9－9）+800（表 9－14）+60（表 9－17）=5 360（万元）。

6. “应付账款”：520（表 9－12）×20% =104（万元）。

7. “应交税费”：227（表 9－19）－220（表 9－18）=7（万元）。

8. “股本” 本期没有变动。

9. “留存收益”：6 833（期初数）+907（表 9－19）=7 740（万元）。

企业除了编制预计利润表和预计资产负债表以外，还可以根据这两个报表及其他有关资料，编制预计现金流量表等其他预计财务报表。

本章小结

1. 全面预算的内容一般包括日常业务预算、特种决策预算和财务预算。

2. 财务预算是指反映企业未来一定预算期内预计现金收支、经营成果和财务状况的各种预算，包括现金预算、预计利润表、预计资产负债和预计现金流量表。财务预算是财务预测和财务决策的具体化，是控制企业财务活动的基本依据。

3. 财务预算编制方法按其是否可按业务量调整可分为固定预算和弹性预算，按其编制是否可以基期水平为基础可分为增量预算和零基预算，按其预算期是否连续可分为定期预算和滚动预算。

4. 弹性成本费用预算的编制方法有公式法和列表法，弹性利润预算的编制方法有因素法和百分比法。

5. 零基预算的基本原理是编制预算时一切以零为基础，从根本上考虑各开支项目的必要性、合理性和实际需要量。

6. 现金预算亦称现金收支预算，是以日常业务预算和特种决策预算为基础编制的反映企业预算期间现金收支情况的预算。

7. 现金预算编制的流程是：①销售预算；②生产预算；③直接材料预算；④直接人工预算；⑤制造费用预算；⑥产品成本预算；⑦销售与管理费用预算；⑧特种决策预算；⑨现金预算。

8. 根据销售预算、产品成本预算、销售与管理费用预算和现金预算等编制预计利润表。

9. 根据销售、生产、成本等预算资料及预计利润表的有关数据编制预计资产负债表。

复习思考题

1. 什么是财务预算？它与日常业务预算和特种决策预算有什么关系？
2. 全面预算的作用是什么？编制全面预算的步骤有哪些？
3. 编制财务预算的步骤有哪些？
4. 什么是弹性预算？如何编制？
5. 什么是零基预算？如何编制？
6. 编制零基预算的程序有哪些？
7. 简述现金预算编制的原理。
8. 为什么说销售预算是编制财务预算的基础和关键？

本章习题

一、单项选择题

1. 下列各项预算中，称为总预算的是（ ）。
A. 日常业务预算 B. 特种决策预算 C. 财务预算 D. 产成品预算
2. 在财务预算中，专门用以反映企业未来一定预算期内预计财务状况和经营成果的报表统称为（ ）。
A. 现金预算 B. 预计利润表 C. 预计资产负债表 D. 预计财务报表
3. 编制弹性预算的公式法的优点是（ ）。
A. 不逐项分解成本 B. 能直接查出特定业务量下的总成本预算数额
C. 适用于多品种经营的企业 D. 一定范围内不受业务量波动影响
4. 多品种经营的企业常采用（ ）编制弹性利润预算。
A. 因素法 B. 百分比法 C. 公式法 D. 列表法
5. 为克服传统固定预算的缺点，人们设计了一种适用面广、机动性强、可适用于多种情况的预算方法，即（ ）。
A. 弹性预算 B. 零基预算 C. 固定预算 D. 增量（减量）预算
6. 采用百分比法编制弹性利润预算，必须假定固定成本不变，（ ）随着销售收入变动百分比同比例变动。
A. 销售收入 B. 销售成本 C. 变动成本 D. 利润总额
7. 下列各项中，不能直接在现金预算中得到反映的是（ ）。
A. 期初、期末现金余额 B. 现金筹备及使用情况
C. 预算期产量和销量 D. 现金收支情况
8. 能够同时以实物量指标和价值量指标分别反映企业经营收入和相关现金收入的预算是（ ）。
A. 现金预算 B. 销售预算 C. 生产预算 D. 预计资产负债表
9. 编制生产预算时，关键是正确地确定（ ）。

A. 销售价格 B. 销售数量 C. 期初存货量 D. 期末存货量

10. 下列各项中，能够集中反映财务决策结果的专门预算是（ ）。

A. 日常业务预算 B. 特种决策预算 C. 财务预算 D. 责任预算

二、多项选择题

1. 财务预算的内容具体包括（ ）。

A. 现金预算 B. 预计损益表 C. 预计资产负债表 D. 预计现金流量表

2. 在下列各项中，被纳入现金预算的有（ ）。

A. 经营性现金收入 B. 经营性现金支出 C. 资本性现金支出 D. 现金收支差额

3. 编制弹性利润预算的方法包括（ ）。

A. 公式法 B. 列表法 C. 因素法 D. 百分比法

4. 下列各项中，属于日常业务预算内容的有（ ）。

A. 销售预算 B. 生产预算 C. 产品成本预算 D. 制造费用预算

5. 零基预算的优点包括（ ）。

A. 不受基期费用水平的束缚 B. 可充分挖掘内在潜力，增强预算的应用能力

C. 有利于有效地分配资源 D. 工作量小

6. 现金预算根据企业的具体需要可（ ）编制。

A. 按年 B. 按季 C. 按月 D. 按周

7. 现金预算以日常业务预算和特种决策预算为编制依据，主要包括（ ）等构成内容。

A. 现金收入 B. 现金支出 C. 现金余缺 D. 现金融通

8. 在日常业务预算中，编制产品成本预算的基础包括（ ）。

A. 生产预算 B. 直接材料消耗及采购预算

C. 制造费用预算 D. 预计资产负债表

9. 财务预算中预计财务报表包括（ ）。

A. 预计收入表 B. 预计成本表 C. 预计利润表 D. 预计资产负债表

10. 预计财务报表的编制基础包括（ ）。

A. 日常业务预算 B. 特种决策预算 C. 现金预算 D. 人员培训预算

三、判断题

1.（ ）企业预算以利润为最终目标，并把确定下来的目标利润作为编制预算的前提条件。

2.（ ）从理论上讲弹性预算只适用于编制成本费用预算和利润预算。

3.（ ）生产预算是日常业务预算中唯一仅以实物量作为计量单位的预算，不直接涉及现金收支。

4.（ ）在编制零基预算时，应以企业基期成本费用水平为基础。

5.（ ）生产预算是编制企业预算的出发点，也是编制其他日常业务预算的基础。

6.（ ）采用公式法编制弹性成本费用预算只需要列出各项成本费用的 a 和 b，即可推算出业务量在允许范围内的任何水平上的各项预算成本。

7.（ ）日常业务预算中的所有预算都能够同时反映经营业务和现金收支活动。

8.（ ）现金预算的现金余缺只能通过归还短期借款或取得短期借款解决。

9.（ ）资本支出预算根据经过审核批准的各个长期投资决策项目编制，它实际上是决策选中的方案的进一步规划。

10. (　　) 预计财务报表的编制程序是先编制预计资产负债表，然后编制预计利润表。

四、实务题

1. 某企业预计2021年A产品单位变动成本为6万元，固定成本为2 000万元。当年生产的产品当年销售，销售业务量的有效变动范围为700～1 100台，同一销售业务量下其售价分别为10万元和11万元。要求：采用因素法推算出以每隔100台为业务量间隔时，该企业2021年A产品利润预算数额。
2. 某公司201×年年初余额为4 000元，预测当年各季的现金收支情况见表9－21。

该公司要求每季度末至少保留10 000元现金余额，现金不足向银行借款，借款利率为15%。假定借款和还款都在季初，还款在季末，借款利息按季支付。要求：根据上述资料编制该公司分季度的现金预算（表9－22）。

表9－21　现金收支表　　（单位：元）

项目				
	1	2	3	4
现金收入	60 000	75 000	85 000	100 000
现金支出：				
材料	35 000	32 000	28 000	36 000
人工	31 000	33 000	30 500	29 000
其他	24 000	22 000	21 000	25 000
购置固定资产	16 000			

表9－22　某公司现金预算表

20××年　　（单位：元）

项　目	季　度				全　年
	1	2	3	4	
期初余额					
现金收入					
现金支出：					
材料					
人工					
其他					
购置固定资产					
现金余额					
银行借款					
归还银行借款					
支付利息					
期末余额					

五、案例分析题

华立公司生产甲、乙两种产品。该公司2020年12月31日的简略式资产负债表见表9－23。

表9－23　华立公司资产负债表

2020年12月31日　　（单位：元）

资　　产	金额	负债与股东权益	金额
现金	1 100	短期借款	70 000
应收账款	130 000	应付账款	62 800
存货：材料	22 400	实收股本	150 000
产成品	78 400	留存收益	66 100
固定资产净值	117 000		
合计	348 900	合计	348 900

2021年有关预测资料如下：

（1）甲、乙两种产品预计销售量分别为3 000个和2 000个；预计单价分别为100元和80元；预计销售环节税金为销售收入的5%；预计期初应收账款余额130 000元，预算期已全部收回；预算期现销和赊销各占50%。

（2）甲、乙两种产品期初库存量分别为400个和800个，单位成本分别为76.8元和59.6元；预计期末库存量分别为300个和500个。

（3）甲、乙两种产品只耗用一种塑料，单位产品塑料消耗定额分别为5千克和4千克；塑料期初结存量为2 800千克，预计期末结存量为2 500千克；塑料单价为8元/千克。预算期期初应付账款余额62 800元，预算期内已全部偿还；预算期材料采购的货款有40%在本期内付清，另外60%在下期内支付。

（4）假定期初、期末在产品数量没有变动，其他直接支出已被并入直接人工成本统一核算。单位产品直接人工工时甲产品为4小时，乙产品为3小时，小时工资率为5元/小时。

（5）预计制造费用、销售与管理费用如下：2021年全年变动制造费用为33 400元；固定制造费用为36 740元，其中固定资产折旧费为12 140元，其余均为发生的付现成本。销售与管理费用合计为8 600元。制造费用按预计直接人工工时总数进行分配。

（6）其他资料如下：2021年预计分配股利5 000元，免交所得税，期末现金余额3 000元，现金余缺可通过归还短期借款或取得短期借款解决。

要求：编制华立公司2021年的下列预算。

（1）销售预算。

（2）生产预算。

（3）直接材料消耗及采购预算。

（4）直接人工预算。

（5）制造费用预算。

（6）产品成本预算。

（7）现金预算。

（8）预计利润表。

（9）预计资产负债表。

案例分析提示：

（1）销售预算见表9－24。

表9－24 华立公司2021年销售预算 （单位：元）

产品名称	全年合计		
	预计销售量	预计单价	预计销售收入
甲	3 000个	100	300 000
乙	2 000个	80	160 000
合计	460 000		
①销售环节税金现金支出	23 000		
②收回前期应收货款	130 000		
③预算期现销收入	230 000		
④现金收入合计	360 000		

（2）生产预算见表9－25。

表9－25 华立公司2021年生产预算 （单位：个）

项 目	甲产品	乙产品
预计销售量	3 000	2 000
加：预计期末存货	300	500
减：期初存货	400	800
预计生产量	2 900	1 700

（3）直接材料消耗及采购预算见表9－26所示。

表9－26 华立公司2021年直接材料消耗及采购预算 （单位：元）

项 目	全年合计	
	甲产品	乙产品
预计生产量（个）	2 900	1 700
单位产品材料消耗定额（千克）	5	4
预计材料消耗量（千克）	14 500	6 800
预计材料总耗用量（甲＋乙）	21 300	
加：预计期末材料存量（千克）	2 500	
减：预计期初材料存量（千克）	2 800	
预计材料采购量（千克）	21 000	
材料单价（元/千克）	8	
预计材料采购成本	168 000	
①偿还前期所欠材料款	62 800	
②预算期现购材料支出	67 200	
③现金支出合计	130 000	

（4）直接人工预算见表9-27。

表9-27　华立公司2021年直接人工预算

项　目	全年合计	
	甲产品	乙产品
预计生产量（个）	2 900	1 700
单位产品直接人工工时（小时）	4	3
预计直接人工总工时（小时）	11 600	5 100
预计直接人工工时合计数（甲+乙）	16 700	
小时工资率（元/小时）	5	
预计直接人工成本总额（元）	83 500	

（5）制造费用预算见表9-28。

表9-28　华立公司2021年制造费用预算　（单位：元）

项　目	金　额	项　目	金　额
变动制造费用	33 400	固定制造费用	36 740
变动费用分配率（元/小时）	2	固定费用分配率（元/小时）	2.2
合计	70 140		
减：折旧费	12 140		
现金支出的费用	58 000		

（6）产品成本预算见表9-29、表9-30。

表9-29　华立公司2021年甲产品成本预算　（单位：元）

成本项目	单耗	单价	单位成本	生产成本（2 900个）	期末存货成本（300个）	销售成本（3 000个）
直接材料	5	8	40	116 000	12 000	120 000
直接人工	4	5	20	58 000	6 000	60 000
变动制造费用	4	2	8	23 200	2 400	24 000
固定制造费用	4	2.2	8.8	25 520	2 640	26 400
合计			76.8	222 720	23 040	230 400

表9-30　华立公司2021年乙产品生产成本预算　（单位：元）

成本项目	单耗	单价	单位成本	生产成本（1 700个）	期末存货成本（500个）	销售成本（2 000个）
直接材料	4	8	32	54 400	16 000	64 000
直接人工	3	5	15	25 500	7 500	30 000
变动制造费用	3	2	6	10 200	3 000	12 000
固定制造费用	3	2.2	6.6	11 220	3 300	13 200
合计			59.6	101 320	29 800	119 200

（7）现金预算见表9－31。

表9－31　华立公司2021年现金预算　　（单位：元）

项　目	金　额
期初现金余额	1 100
预算期现金收入额	360 000
可供使用现金	361 100
预算期现金支出额	308 100
其中：直接材料	130 000
直接人工	83 500
制造费用	58 000
销售与管理费用	8 600
产品销售税金（消费税）	23 000
预分股利	5 000
现金余缺	53 000
短期银行借款	20 000
归还短期银行借款	70 000
期末现金余额	3 000

（8）预计利润表见表9－32。

表9－32　华立公司2021年预计利润表　　（单位：元）

项　目	金　额
销售收入	460 000
销售税金及附加	23 000
销售成本	349 600
毛利	87 400
销售与管理费用	8 600
利润总额	78 800

（9）预计资产负债表见表9－33。

表9－33　华立公司预计资产负债表

2021年12月31日　　（单位：元）

资　产		负债及股东权益	
项　目	金　额	项　目	金　额
现　金	3 000	应付账款	100 800
应收账款	230 000	短期借款	20 000
材　料	20 000	实收股本	150 000
产成品	52 840	未分配利润	139 900
固定资产净值	104 860		
总　计	410 700	总计	410 700

第十章　财务控制

通过本章的学习，了解财务控制的概念、作用及其分类；理解责任中心的概念与特征；掌握成本中心、利润中心、投资中心的概念、特征、类型与评价指标；了解责任预算、责任报告与业绩考核；掌握内部转移价格的含义及其类型；了解内部结算方式。

能够熟练计算成本中心、利润中心和投资中心的考核指标，并对该中心进行业绩评价。

引　言　我们知道，企业即使有再好的财务目标，也不能只“写在纸上、挂在墙上，风一吹掉在地上”，必须有一套保证财务目标实现的财务控制系统。本章将为你介绍责任控制的各种责任考核中心及其考核指标的计算，将企业分目标和具体目标统一起来，从而保障实现企业的总目标。

第一节 财务控制的意义与类型

一、财务控制的概念与作用

(一) 财务控制的概念

控制（Control）是指对客观事物进行约束和调节，使之按既定目标和轨迹运行的过程。财务控制（Financial Control）是指按照一定的程序和方式，确保企业及其内部机构和人员全面落实及实现财务预算的过程。

在企业的经济控制系统中，财务控制系统是最有连续性、系统性和综合性的子系统。

财务控制具有以下特征：

(1) 财务控制是一种价值控制。财务预算所包含的现金预算、预计利润表和预计资产负债表，都是以价值形式予以反映的；财务控制所借助的手段，如责任预算、责任报告、业绩考核、内部转移价格等都是通过价值指标实现的。

(2) 财务控制是一种全面控制。由于财务控制用价值手段来实施其控制过程，因此，它不仅可以将各种不同性质的业务综合起来进行控制，而且可以将不同层次、不同部门的业务综合起来进行控制，体现出财务控制的全面性。

(3) 财务控制以现金流量为控制目的。企业的财务活动归根结底反映的是企业的资金运动。企业日常的财务活动表现为组织现金流量的过程，为此，财务控制的重点应放在现金流量状况的控制上，通过现金预算、现金流量表等保证企业资金活动的顺利进行。

(二) 财务控制的作用

财务控制与财务预测、财务决策、财务预算等环节共同构成了财务管理的循环。其中，财务控制是财务管理循环的关键环节，它对实现财务管理的目标具有保证作用。一般来说，财务预测、财务决策和财务预算是为财务控制指明方向，提供依据和进行规划；而财务控制则是保证其目标、设想、规划的具体落实。没有控制，任何预测、决策和预算都是无意义的。由于财务控制是借助货币手段对生产经营活动所实施的控制，具有连续性和全面性，它在企业经营控制系统中处于一种特殊地位，起着保证、促进、监督和协调等重要作用。

二、财务控制的种类

财务控制可以按以下不同的标志进行分类：

(一) 按控制的时间分类

财务控制按控制的时间不同，可分为事前财务控制、事中财务控制和事后财务控制。

事前财务控制是指财务收支活动尚未发生之前所进行的控制，如财务收支活动发生之前的申报审批制度、产品设计成本规划等；事中财务控制是指财务收支活动发生过程中所进行的控制，如按财务预算要求监督预算的执行过程，对各项收入的去向和支出的用途进行监督，对产品生产过程中发生的成本进行约束等；事后财务控制是指对财务支出活动的结果所进行的考核及相应的奖罚，如按财务预算的要求对各责任中心的财务收支结果进行评价，并以此实施奖罚，在产品成本形成之后进行综合分析与考核，以确定各责任中心和企业的成本责任。

（二）按控制的主体分类

财务控制按控制的主体不同，可分为出资者财务控制、经营者财务控制和财务部门的财务控制。

出资者财务控制是资本所有者为了实现其资本保全和增值目的而对经营者的财务收支活动进行的控制，如对成本开支范围和标准的规定等；经营者财务控制是管理者为了实现财务预算目标而对企业的财务收支活动所进行的控制，这种控制是通过管理者制定财务决策目标，并促进这些目标被贯彻执行而实现的，如企业的筹资、投资、资产运用、成本支出决策及其执行等；财务部门的财务控制是财务部门为了有效地保证现金供给，通过编制现金预算，对企业日常财务活动所进行的控制，如对各项货币资金用途的审查等。通常认为出资者财务控制是一种外部控制，而经营者和财务部门的财务控制是内部控制，更能反映出财务控制的作用和效果。

（三）按控制的依据分类

财务控制按控制的依据不同，可分为预算控制和制度控制。

预算控制是指以财务预算为依据，对预算执行主体的财务收支活动进行监督、调整的一种控制形式。预算表明了执行主体的责任和奋斗目标，规定了预算执行主体的行动。制度控制是指制定企业内部规章制度，并以此为依据约束企业和各责任中心财务收支活动的一种形式。制度控制通常规定能做什么、不能做什么，与预算控制相比较，制度控制具有防护性的特征，而预算控制具有激励性的特征。

（四）按控制的对象分类

财务控制按控制的对象不同，可分为收支控制和现金控制（或货币资金控制）。

收支控制是对企业和责任中心的财务收入活动和财务支出活动所进行的控制。通过收支控制，使企业收入达到既定目标，而成本开支尽量减少，以实现企业利润最大化。现金控制是对企业和各责任中心的现金流入和现金流出活动所进行的控制，目的是通过现金控制实现现金流入、流出的基本平衡，既要防止因短缺而可能出现的支付危机，也要防止因现金沉淀而可能出现的机会成本增加。

（五）按控制的手段分类

财务控制按控制的手段不同，可分为绝对控制和相对控制，或称定额控制和定率控制。

绝对控制是指对企业和责任中心的财务指标采用绝对数进行控制。一般而言，对激励性指标通过绝对数控制最低限度，对约束性指标通过绝对数控制最高限度；相对控制是指对企业和责任中心的财务指标采用相对比率进行控制。一般而言，相对控制具有反映投入与产出对比、开源与节流并重的特征。比较而言，绝对控制没有弹性，相对控制具有弹性。

第二节 责任控制

一、责任中心（Responsibility Center）

（一）责任中心的概念与特征

企业为了实行有效的内部协调与控制，通常都按照统一领导、分级管理的原则，在其内部合理划分责任单位，明确各责任单位应承担的经济责任、应有的权力和利益，促使各责任单位尽其责任协同配合。责任中心就是承担一定经济责任，并享有一定权利和利益的企业内部（责任）单位。

责任中心通常具有以下特征：

（1）责任中心是一个责权利相统一的实体。每一个责任中心都要对一定的财务指标的完成情况负责任；同时，责任中心被赋予与其所承担责任的范围与大小相适应的权力，并规定出相应的业绩考核标准和利益分配标准。

（2）责任中心具有承担经济责任的条件。一是责任中心具有履行经济责任中心条款的行为能力；二是责任中心一旦不能履行经济责任，能对其后果承担责任。

（3）责任中心所承担的责任和行使的权力都应是可控的。责任中心对其职责范围内的成本、收入、利润和投资负责。因此，这些内容必定是该责任中心所能控制的内容，在对责任中心进行责任预算和业绩考核时也只能包括该中心所能控制的项目。一般而言，责任层次越高，其可控制范围越大，但不论什么层次的责任中心，它一定都具备考核其责任实施的条件。

（4）责任中心具有独立核算和业绩评价的能力。责任中心的独立核算是实施责权利统一的基本条件。只有独立核算，工作业绩才可能得到正确评价。因此，只有既分清责任又能进行独立核算的企业内部单位，才是真正意义上的责任中心。

根据企业内部责任单位的权限范围及业务活动的特点不同，责任中心可以分为成本中心、利润中心和投资中心三大类。

（二）成本中心（Cost Center）

1. 成本中心的含义

成本中心是指对成本或费用承担责任的责任中心。由于成本中心无收入来源，因而不对收入、利润或投资效果负责。成本中心一般包括负责产品生产的生产部门、劳务提供部门以及给予一定费用指标的管理部门。

成本中心的应用范围最广，任何发生成本的责任领域，都可以确定为成本中心。企业内部上至工厂一级，下至车间、班组甚至个人都可能成为成本中心。成本中心由于其层次、规模不同，其控制和考核的内容也不尽相同，但基本上是逐级控制的局面，即各个较小的成本中心共同构成一个较大的成本中心。成本中心的职责是用一定的成本去完成规定的具体任务。

2. 成本中心的类型

成本中心的类型有两种：标准成本中心和费用中心。

（1）标准成本中心（Standard Cost Center）是指有稳定而明确的产品，且单位产品的投入量（成本）可以通过技术分析测算出来的成本中心。通常，标准成本中心的典型代表是制造业工厂、车间、班组等，这类中心每种产品有明确的原材料、人工费用及各种间接费用的数量标准与价格标准。标准成本中心可以通过实施成本制度和弹性预算予以控制。因此，标准成本中心是以实际产出量为基础，并按标准成本控制的成本中心。

（2）费用中心（Expense Center）是指费用发生的多少由管理人员的决策行为所决定，费用的投入与产出之间无密切关系的成本中心。它一般包括各种管理费用和某些间接成本项目，如研究开发费用、广告宣传费、职工培训费等。这类费用的发生主要是为企业提供一定的专业服务，一般不能产生可以用货币计量的结果，因此通常采用预算总额审批的控制方法。费用中心是以直接控制经营管理费用总量为主的成本中心。

3. 成本中心的特征

（1）成本中心只考评成本费用而不考评收益。成本中心一般不具有经营权和销售权，其经济活动的结果不会形成可以用货币计量的收入。例如，一般生产车间生产的产品只是产成品的某一部件，无法单独出售，因而不可能计量其货币收入。有的成本中心可能有少量收入，但这种收入数量少，零星发生，也没有考核的必要。企业中大多数生产单位只能提供成本费用信息，而无法提供收入信息。总之，以货币形式计量投入，而不以货币形式计量产出，是成本中心的基本特征。

（2）成本中心只对可控成本负责。成本费用按其责任主体是否能控制分为可控成本和不可控成本。凡是责任中心能够控制的各种耗费，称为可控成本；凡是责任中心不能控制的各种耗费，称为不可控成本。具体来说，可控成本应同时具备以下三个条件：

1）可以预计，成本中心能够通过一定的方式了解将要发生的成本。

2）可以计量，成本中心能够对发生的成本进行计量。

3）可以施加影响，成本中心能够通过自己的行为对成本加以调节和控制。

成本的可控性与不可控性是相对而言的，这和责任中心所处的层次、权限的大小及控制范围的大小有直接关系。从企业主体层次看，几乎所有的成本都可以称为可控成本；而对企业内部各部门、各车间来说，则既有可控成本，也有不可控成本。通常，较低层次责任中心的可控成本一定是其所属较高层次责任中心的可控成本；而较高层次责任中心的可控成本不一定是较低层次责任中心的可控成本。例如，生产车间发生的折旧费用，对于生产车间这个成本中心而言是可控成本，但对于其下属的班组这一层次的成本中心则属于不可控成本。此外，某些成本对处于同一层次的某一责任中心而言是可控的，对于另一责任中心来说则是不可控的。例如，材料价格对于采购部门来说是可控成本，而对于生产部门来说则是不可控成本。

（3）成本中心只对责任成本进行控制和考核。责任中心所发生的各项可控成本之和即是该中心的责任成本。对成本中心工作业绩的考核，主要是将实际责任成本与预算责任成本进行比较，正确评价该中心的工作业绩。应该注意的是，责任成本与产品成本是既有区别又有联系的两个概念。产品成本是以产品为对象归集的生产耗费，归集的原则是“谁受益，谁承担”；责任成本是以责任中心为对象归集的生产经营耗费，归集的原则是“谁负责，谁承担”。这种差异是由于成本计算目的和用途不同所造成的，产品成本是会计核算的结果，反映企业成本计划的执行情况。责任成本是贯彻经济责任制的重要手段，反映责任预算的执行情况。但从联系方面看，它们同为企业生产经营过程中的资金耗费，产品成本总量等于责任成本总量。

4. 成本中心的考核指标

成本中心的考核指标主要用相对指标和比较指标，包括成本（费用）变动额和变动率，其计算公式如下：

$$\text{成本（费用）变动额} = \text{实际责任成本（费用）} - \text{预算责任成本（费用）}$$

$$\text{成本（费用）变动率} = \frac{\text{成本（费用）变动额}}{\text{预算责任成本（费用）}} \times 100\%$$

在对成本中心进行考核时，如果实际产量与预算不一致，应按弹性预算的编制方法先调整预算责任成本（费用）这一指标，然后再进行计算。调整时应注意：

$$\text{预算责任成本（费用）} = \text{实际产量} \times \text{单位预算责任成本（费用）}$$

例 10－1 某成本中心生产甲产品，预算产量为 1 000 件，单位成本为 50 元，实际产量为 1200 件，单位成本为 45 元，计算该中心成本变动额与变动率。

$\text{成本变动额} = 1\,200 \times 45 - 1\,200 \times 50 = -6\,000$（元）

$\text{成本变动率} = \dfrac{-6\,000}{1\,200 \times 50} \times 100\% = -10\%$

计算结果表明，该成本中心的成本降低额为 6 000 元，降低率为 10%。

（三）利润中心（Profit Center）

1. 利润中心的含义

利润中心是指对利润负责的责任中心。由于利润是收入扣除费用后的余额，所以利润中心实际上既要对收入负责，也要对成本费用负责，这类责任中心一般是指有产品或劳务生产经营决策权的企业内部部门。

在同一个企业，利润中心相对处于较高层次，如分厂、分店、分公司。与成本中心相比，利润中心的权力和责任要大一些。它一般具有稳定的、独立的收入来源。因此，它不仅要考虑收入的增长，同时还要考虑成本的降低。利润中心追求的是收入的增长超过成本的增长。

2. 利润中心的类型

利润中心分为自然利润中心与人为利润中心两种。

（1）自然利润中心是指可以对外销售产品并取得收入的利润中心。这类中心直接面向市场，具有产品销售权、价格决策权、材料采购权和生产决策权。它虽是企业内部的一个部门，但功能和独立企业类似，能独立地控制成本，取得收入。

（2）人为利润中心是指只对内部责任单位提供产品或劳务而取得“内部销售收入”的利润中心。这种利润中心一般不直接对外销售产品，只对本企业内部各责任中心按内部结算价格提供产品或劳务。人为利润中心一般也具有独立经营权，同时，与其他责任中心一起能够共同确定合理的转移价格，以实现利润中心的功能与责任。

3. 利润中心的考核指标

对利润中心的考核，必然要考核和计量成本，利润中心的成本计算通常有两种方式可供选择。

（1）利润中心只计算可控成本，不分担共同成本或不可控成本。这种方式主要适合于共同成本难以合理分摊的情况。按这种方式计算出来的利润相当于“贡献毛益总额”，利润中心的利润指标必须经过调整才能得到，所以，这种计算方式下的利润中心已失去原来意义，变成了贡献毛益中心。人为利润中心适合采用这种计算方式。考核指标计算公式如下：

利润中心贡献毛益总额 = 该利润率中心销售收入总额 − 该利润中心可控成本总额（变动成本总额）

一般而言，可控成本总额就等于变动成本总额。

（2）利润中心既计算可控成本，也计算共同成本或不可控成本。这种情况下，共同成本易于分割，自然利润中心一般采用这种计算方式。若采用变动成本法，考核指标计算公式如下：

利润中心贡献毛益总额 = 该利润中心收入总额 − 该利润中心变动成本总额

利润中心负责人可控利润总额 = 该利润中心贡献毛益总额 − 该利润中心负责人可控固定成本

利润中心可控利润总额 = 该利润中心负责人可控利润总额 − 该利润中心负责人不可控固定成本

公司利润总额 = 各利润中心可控利润总额之和 − 公司不可分摊的各种管理费用、财务费用等

（四）投资中心（Investment Center）

1. 投资中心的含义

投资中心是指既对成本、收入和利润负责，又对投资效果负责的责任中心。由于投资的目的是获得利润，因而投资中心同时也是利润中心。它与利润中心的区别主要在于：利润中心没有投资决策权，而投资中心拥有投资决策权，即能够相对独立地运用其所掌握的资金，有权购置和处理固定资产，扩大或缩小生产能力。

投资中心处于责任中心的最高层次，它具有最大决策权，也承担最大的责任。投资中心一般都是独立的法人，而利润中心可以是也可以不是独立的法人，成本中心一般不是独立的法人。大型集团所属的分公司、子公司、事业部往往都是投资中心。

2. 投资中心的考核指标

投资中心的考核指标主要是投资利润率和剩余收益。

（1）投资利润率（ROI）也称投资报酬率，是指投资中心所获得的利润与投资额之间的比率。

> 剩余收益指标能较好地弥补投资利润率指标的不足，可以保持各投资中心经营目标和公司总体目标相一致。两个考核指标应结合使用。

用公式表示为

$$投资利润率 = \frac{利润}{投资额} \times 100\%$$

$$= \frac{销售收入}{投资额} \times \frac{成本费用}{销售收入} \times \frac{利润}{成本费用}$$

$$= 资本周转率 \times 销售成本率 \times 成本费用利润率$$

从上述公式可以看出，为了提高投资利润率，不仅要千方百计地降低成本，增加销售，还要经济有效地使用营业资本，提高资本周转率。

投资利润率是评价投资中心业绩的常用指标，该指标的优点是：

1）能反映投资中心的综合盈利能力。

2）能比较不同投资额的投资中心的业绩大小，具有横向可比性，应用范围广。

3）通过投资利润率进行投资中心业绩评价，可以正确引导投资中心的经营管理行为，促进其行为长期化。如果投资中心只考虑增加资产或投资规模而不考虑利润的同比例增加，该指标就会下降。因此，利用该指标，将促使各投资中心盘活闲置资产，减少不合理资产占用，加强对应收账款及固定资产的管理。

投资利润率作为评价指标的不足之处在于：

1）利润率在计算时受人为因素的影响，导致利润数据内容失真，使计算出来的投资利润率指标无法反映投资中心的实际盈利能力。

2）投资利润率指标会造成各投资中心只顾本中心利益而放弃对整个企业有利的投资行为，缺乏全局观念。例如，某总公司平均投资利润率为10%，其所属的A投资中心投资利润率达15%。现A投资中心有一投资机会，投资利润率为13%。若以投资利润率指标来衡量，A投资中心肯定不会选择这一投资机会，从而出现A投资中心与总公司目标不一致的情况，克服这一缺陷的方法是采用另一评价指标——剩余收益。

（2）剩余收益是指投资中心获得利润扣减其最低投资收益后的余额。其计算公式为

剩余收益 = 利润 - 投资额 × 规定或预期的最低投资利润率

以剩余收益作为投资中心经营业绩评价指标的基本要求是：只要投资利润率大于预期的最低收益率，该项投资便是可行的，从而可避免投资中心单纯追求利润而放弃一些有利可图的投资项目，有利于提高资金使用效率。

剩余收益有两个特点：一是体现了投入产出关系；二是避免了本位主义。

例10-2 某总公司下设甲、乙两个投资中心，甲投资中心的投资额为500万元，利润为25万元；乙投资中心的投资额为800万元，利润为120万元；该总公司加权平均最低投资利润率为9%。如果甲投资中心追加投资200万元，年利润增加17万元，或乙投资中心追加投资400万元，年利润增加57万元。有关资料见表10-1。

表10-1 投资中心指标计算表 （单位：万元）

项目		投资额	利润	投资利润率	剩余收益
追加投资前	甲	500	25	5%	25 - 500 × 9% = -20
	乙	800	120	15%	120 - 800 × 9% = +48
	Σ	1 300	145	11.15%	145 - 1 300 × 9% = +28
甲投资中心追加投资200	甲	700	42	6%	42 - 700 × 9% = -21
	乙	800	120	15%	120 - 800 × 9% = +48
	Σ	1 500	162	10.8%	162 - 1 500 × 9% = +27
乙投资中心追加投资400	甲	500	25	5%	25 - 500 × 9% = -20
	乙	1 200	177	14.75%	177 - 1 200 × 9% = +69
	Σ	1 700	202	11.88%	202 - 1 700 × 9% = +49

根据表10-1的资料评价甲、乙两个投资中心的经营业绩，可以发现：如果以投资利润率作为评价指标，追加投资后甲的利润率由5%提高到6%，乙的利润率由15%下降到14.75%；如果以剩余收益作为评价指标，甲的剩余收益由原来的-20万元，变为-21万元，乙的剩余收益由原来的48万元增加到69万元。如果单从各投资中心的角度进行评价，就会出现上述矛盾现象。如从公司总体进行评价，就会发现，甲追加投资时，公司总体的投资利润率和剩余收益均有所下降；乙追加投资时，公司总体的投资利润率和剩余收益均有所上升，这和剩余收益指标评价各投资中心的经营业绩的结果是一致的。可见，以剩余收益为评价指标可以保持各投资中心经营目标和公司总体目标相一致。

需要说明的是，若以剩余收益作为评价指标，规定或预期最低投资利润率的大小对剩余收益的影响较大，所以确定这一利润率时，一般应以公司平均利润率（或加权平均利润率）作为基准收益率。

二、责任预算、责任报告与业绩考核

（一）责任预算（Responsibility Budget）

1. 责任预算的含义

责任预算是指以责任中心为主体，以其可控的成本、收入、利润和投资等为对象编制的预算。责任预算是责任中心努力的目标，也是考核责任中心工作业绩的标准。它可以将责任目标量化，使责任中心工作起来更加具体，同时，也可以作为企业总预算的补充。

责任预算由各种责任指标组成，这些指标包含主要责任指标和其他责任指标，在上述责任中心所提及的各责任中心的考核指标都是主要指标，也是必须保证实现的指标。这些指标反映了各种不同类型的责任中心之间的责任和相应的权利区别。其他责任指标是根据企业其他总奋斗目标分解得到的或为保证主要责任指标的完成而确定的责任指标，如劳动生产率、设备完好率、出勤率、材料消耗率和职工培训率等。

2. 责任预算的编制

责任预算编制的目的在于将责任中心的经济责任数量化、具体化。编制程序有两种：①在总预算的基础上，从责任中心的角度，对总预算进行层层分解，从而形成各责任中心的预算。这种自上而下、指标层层分解的方式是比较常用的方式之一，其优点是各责任中心目标与企业总目标上下一致，便于统一指挥与协调。不足之处是可能会遏制各责任中心工作的积极性与创造性。②采取自下而上的方式，即各个责任中心首先根据自身情况编制预算指标，然后层层汇总，最后由企业的专门管理机构进行汇总与调整，从而建立企业总预算。这种方式的优点是有利于发挥各责任中心的积极性，并考虑了责任中心的实际能力。缺点在于各责任中心往往只从自身角度考虑问题，造成各责任中心之间协调较困难，工作量及难度都加大，影响预算质量和编制时效。

责任预算的编制程序与企业组织机构设置和经营管理方式有密切关系，由于组织机构设置和经营管理方式不同，责任预算的编制程序也有较大差异。

在集权组织结构形式下，首先要按照责任中心的层次，从上至下把公司总预算逐层向下分解，形成各责任中心的责任预算；然后建立责任预算执行情况的跟踪系统，记录预算执行的实际情况，并定期由下至上把责任预算的实际执行数据逐层汇总，直到最高层的利润中心或投资中心。

在分权组织结构形式下，首先应按责任中心的层次，将公司总预算从最高层向最底层逐级分解，形成各责任单位的责任预算；然后建立责任预算的跟踪系统，记录预算实际执行情况，并定期从最基层责任中心把责任成本的实际数及销售收入的实际数，通过编制业绩报告逐层向上汇总，一直达到最高层的利润中心或投资中心。

例 10－3 甲为总公司，其组织结构形式如图 10－1 所示。

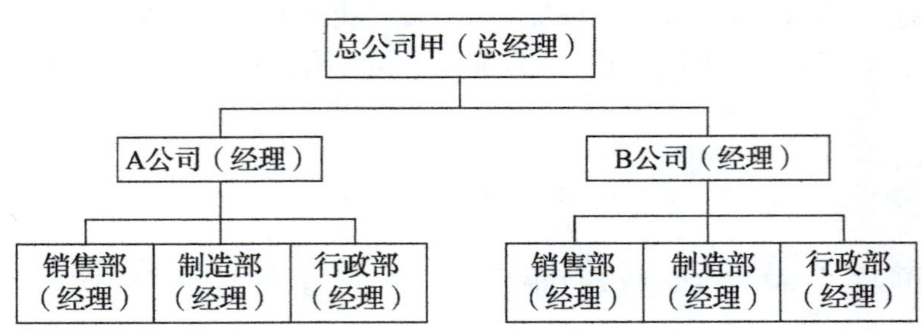

图10－1 总公司甲组织结构

假设总公司甲是采用分权组织结构形式，各成本中心发生的成本费用均为可控成本，A公司责任预算的简化形式见表10－2～表10－6。

表10－2 总公司甲责任预算

20××年 （单位：万元）

责任中心类型	项 目	责任预算	责任人
利润中心	A公司营业利润	2 000	A公司经理
利润中心	B公司营业利润	1 500	B公司经理
利润中心	合计	3 500	甲总公司总经理

表10－3 A公司责任预算

20××年 （单位：万元）

责任中心类型	项 目	责任预算	责任人
收入中心	销售部收入	4 600	销售部经理
成本中心	制造部可控成本	1 900	制造部经理
	行政部可控成本	300	行政部经理
	销售部可控成本	400	销售部经理
	合计	2 600	A公司经理
利润中心	营业利润	2 000	A公司经理

表10－4 A公司销售部责任预算

20××年 （单位：万元）

责任中心类型	项 目	责任预算	责任人
收入中心	东北地区	800	责任人A
收入中心	中南地区	1 000	责任人B
收入中心	西南地区	500	责任人C
收入中心	西北地区	1 100	责任人D
收入中心	东南地区	700	责任人E
收入中心	出口销售	500	责任人F
收入中心	合计	4 600	销售部经理

表 10-5 A公司制造部责任预算

20××年 （单位：万元）

成本中心	项 目	责任预算	责任人
第一车间	变动成本：		一车间负责人
	直接材料	500	
	直接人工	300	
	变动制造费用	100	
	小计	900	
	固定成本：		
	固定制造费用	100	
	合计	1 000	
第二车间	变动成本：		二车间负责人
	直接材料	400	
	直接人工	250	
	变动制造费用	100	
	小计	750	
	固定成本：		
	固定制造费用	100	
	合计	850	
制造部	制造部其他费用	50	制造部经理
	总计	1 900	

表 10-6 A公司行政部及销售部责任预算

20××年 （单位：万元）

成本中心	项 目	责任预算	责任人
行政部	工资费用	150	行政部经理
	折 旧	100	
	办公费	20	
	保险费	30	
	合计	300	
销售部	工资费用	200	销售部经理
	办公费	50	
	广告费	120	
	其 他	30	
	合计	400	

通过例 10-3，可以看出各表预算数据之间存在着相应的钩稽关系。随着预算数据的逐渐落实，预算项目越来越具体，使得总预算被真正落实到各责任中心的具体部门和个人，责任预算编制的作用也就真正发挥出来了。

（二）责任报告

责任报告又称业绩报告、绩效报告，是根据责任会计记录编制的反映责任预算实际执行情况，揭示责任预算与实际执行差异的内部会计报告。

责任报告的形式主要有报表、数据分析和文字说明等。将责任预算、实际执行情况及其差异用报表予以列示，是责任报告的基本方式。在揭示差异时，还必须对重大差异予以定量分析和定性分析。通过定量分析了解差异产生的程度，通过定性分析找出差异产生的原因并提出改进建议。

随着企业管理层次的不同，责任报告的侧重点应用所不同。层次越低，责任报告越详细；层次越高，责任报告越概括。责任报告在全面反映责任中心预算执行情况的同时，应突出重点，将差异突出的部分重点反映，使报告的使用者能将注意力集中到少数严重脱离预算的因素或项目上来。

由于责任中心是逐级设置的，责任报告也应自下而上逐级编制。

例 10－4 承例 10－3，将其责任报告的简略形式列表体现，见表 10－7～表 10－9。

表 10－7 成本中心责任报告

20××年 （单位：万元）

项目	实际	预算	超支（节约）
A 公司第一车间可控成本			
变动成本：			
直接材料	550	500	50
直接人工	270	300	(30)
变动制造费用	110	100	10
变动成本合计	930	900	30
固定成本：			
固定制造费用	95	100	(5)
合计	1 025	1 000	25
A 公司制造部可控成本			
第一车间：			
变动成本	930	900	30
固定成本	95	100	(5)
小计	1 025	1 000	25
第二车间：			
变动成本	760	750	10
固定成本	95	100	(5)
小计	855	850	5
制造部其他费用	60	50	10
合计	1 940	1 900	40
A 公司可控成本			
制造部	1 940	1 900	40
行政部	280	300	(20)
销售部	390	400	(10)
总计	2 610	2 600	10

表 10－8 利润中心责任报告

20××年 （单位：万元）

项 目	实 际	预 算	超支（节约）
A 公司销售收入			
东北地区	900	800	100
中南地区	1 200	1 000	200
西南地区	490	500	(10)
西北地区	1 000	1 100	(100)
东南地区	710	700	10
出口销售	600	500	100
小计	4 900	4 600	300
A 公司变动成本			
第一车间	930	900	30
第二车间	760	750	10
小计	1 690	1 650	40
A 公司贡献毛益总额	3 210	2 950	260
A 公司固定成本			
制造部			
第一车间	95	100	(5)
第二车间	95	100	(5)
制造部其他费用	60	50	10
小计	250	250	0
行政部	280	300	(20)
销售部	450	400	50
总计	980	950	30
A 公司利润	2 230	2 000	230
总公司利润			
A 公司利润	2 230	2 000	230
B 公司利润	1 600	1 500	100
合计	3 830	3 500	330

表 10－9 投资中心责任报告

20××年 （单位：万元）

项 目	实 际	预 算	超支（节约）
A 公司利润	2 230	2 000	230
B 公司利润	1 600	1 500	100
小计	3 830	3 500	330
总公司所得税（30%）	1 149	1 050	99
合计	2 681	2 450	231
净资产平均占有额①	10 724	12 250	(1 526)
投资利润率	25%	20%	5%
行业平均最低利润率②	18%	15%	3%
剩余收益	750.68	612.5	138.18

① 净资产平均占有额是根据预计资产负债表和实际资产负债表所有者权益年初、年末值平均后求得。

② 计算剩余收益时，其最低利润率可按行业或企业平均利润率计算求得。

（三）业绩考核

业绩考核是以责任报告为依据，分析、评价各责任中心责任预算的实际执行情况，找出差距，查明原因，借以考核各责任中心工作成果，实施奖罚，促使各责任中心积极纠正行为偏差，完成责任预算的过程。

责任中心的业绩考核有狭义和广义之分。狭义的业绩考核仅指对各责任中心的价值指标，如成本、收入、利润等完成情况进行考核。广义的业绩考核，除了上述内容外，还包括对各责任中心的非价值指标的完成情况进行考核。责任中心的业绩考核可分为年终考核与日常考核。年终考核通常是指一个年度终了（或预算期结束）时对责任预算执行结果的考核，目的在于进行奖罚和为下一季度（或下一个预算期）编制预算提供依据。日常考核是指在年度内（或预算期内）对责任预算执行过程的考核，目的在于通过信息反馈，控制和调节责任预算的执行偏差，确保责任预算的落实。

成本中心是企业最基础的责任中心，在进行业绩考核时，只应对其可控成本负责。成本中心业绩考核的内容是将实际可控成本与责任成本进行比较，从而确定两者差异的性质、数额以及形成的原因，并根据差异分析的结果，对成本中心进行奖罚，以督促成本中心努力降低成本。

利润中心的业绩考核应以销售收入、贡献毛益及息税前利润为重点进行分析、评价。特别是通过一定期间的实际利润与预算利润目标进行对比，分析差异及其形成原因，对经营上存在的问题和取得的成绩进行全面、公正的评价。此外，在自然利润中心，若不属于该中心的收入或成本，即使发生实际收付行为，均应在考核时予以剔除。

投资中心是企业最高一级的责任中心，其业绩考核的内容包括投资中心的成本、收入、利润及资金占用指标的完成情况，特别要注意考核投资利润率和剩余收益两项指标，将投资中心的实际数与预算数进行比较，分析差异，查明原因，进行奖罚。由于投资中心层次高，管理范围广，内容复杂，考核时应更加仔细深入、依据确凿，责任落实具体，这样才能起到应有的作用。

三、责任结算与核算

（一）内部转移价格（Internal Transfer Price）

1. 内部转移价格的含义

内部转移价格是指企业内部各责任中心之间转移中间产品或相互提供劳务而发生的内部结算和进行内部责任结转所使用的计价标准。

采用内部转移价格进行内部核算，使两个责任中心之间的关系类似于市场交易的买卖关系。在价格一定的情况下，责任中心的“卖方”必须不断改善经营管理，降低成本费用，以其收入抵偿支出；责任中心的“买方”则必须在一定的购置成本下，千方百计降低自身加工的成本费用，提高产品或劳务的质量，争取获得更多的利润。

内部转移价格与外部市场价格有很大的不同之处。内部转移价格这一手段使得内部责任单位处于模拟市场竞争关系之中，并不是真正意义上的市场竞争双方。因此，“买”“卖”双方同存在于同一个企业之中。在其他条件不变的情况下，内部转移价格的变化，会使买卖双方的收入或利润呈反方向变化，即提高内部转移价格，一方面会增加“卖方”的收入或内部利润；另一方面却会相应地减少“买方”的收入或内部利润。“卖方”所增加的利润相当于“买方”所减少的利润，“买方”“卖方”双方内部利润的一增一减，其数额相等，但方向相反。因此，从总体上看，内部转移价格无论怎样变动，企业利润的总数是不变的，变动的只是利润在各责任中心之间的分配情况。

2. 内部转移价格的制定原则

正确制定内部转移价格有助于明确划分各责任中心的经济责任，能够将责任中心的业绩考核建立在客观、公正的基础上。同时，也能使各责任中心的经济责任、工作绩效数量化，为制定正确的经营决策提供依据。为此，在制定内部转移价格时应遵循以下原则：

（1）全局性原则。制定内部转移价格应强调企业的整体利益高于责任中心利益，由于内部转移价格的制定直接关系到各责任中心利润的大小，每个责任中心为了本中心利益必然会争取最好的条件，在利益有一定冲突的情况下，企业应从整体利益出发制定内部转移价格，保证企业的利润最大化。

（2）自主性原则。在确保企业整体利益的前提下，承认各责任中心的相对独立性，允许各责任中心通过协调和讨价还价来确定内部转移价格，给予责任中心最大的自主权。

> 内部转移价格不仅能够应用于内部交易，而且能够应用于内部责任结转，制定正确的内部转移价格非常重要。

（3）鼓励性原则。内部转移价格的制定应公正合理，充分考虑到责任中心的经营能力和经营业绩的配套问题，防止某些部门因价格上的缺陷而获得一些额外的利益或损失。

3. 内部转移价格的类型

（1）市场价格（Market Price）。市场价格简称“市价”，是指责任中心在确定内部转移价格时，以产品或劳务的市场供应价格作为价格标准。能采用市场价格作为内部转移价格的责任中心一般具有独立法人地位，能自主决定产品生产的数量、产品出售或购买的数量及相应价格。在西方国家，通常认为市场价格是制定内部转移价格的最好依据。因为市场价格完全是由公平、公开的竞争决定的，通过它在企业内部引起竞争机制，使各责任中心之间进行公正的竞争。

以市场价格作为内部转移价格时，各责任中心应尽可能地进行内部转让，因此，应注意以下两方面：①在中间产品有外部市场、可向外部单位销售，或从外部单位购买时，以市场价格作为内部转移价格并不表示应以市场价格作为结算价格，因为纯粹的市场价格一般都包括销售费用、广告费及运输费等，而这些费用在企业内部产品转移时则可避免。因此，若直接用市场价格作结算价格，这部分费用则直接变成制造方的利润。为使利益分配更公平，应对市场价格做一些必要的调整，将可避免费用从市场价格中扣减，然后确定为内部转移价格。②以市场价格为标准制定内部转移价格时，通常应注意前提条件，即中间产品有完全竞争的市场或中间产品提供部门无闲置生产能力。

（2）协商价格（Negotiated Price）。协商价格也称为议价，是企业内部责任中心的“买”“卖”双方以正常的市场价格为基础，通过共同协商所确定的双方能够接受的价格。采用协商价格的前提是：责任中心转移的产品应有在非竞争性市场买卖的可能性，在这种市场内买卖双方有权自行决定是否买卖这种中间产品。如果买卖双方不能自行决定，或价格协调的双方发生矛盾而又不能自行解决，或双方协商定价不能导致企业最优决策，企业高一级的管理层要进行必要的干预。这种干预应以有限、得体为原则，不能使整个谈判变成上级领导完全决定一切。

协商价格的上限是市价，下限是单位变动成本，具体应由各相关责任中心在这一范围内协商议定。当产品或劳务没有适当的市价时，也只能采用议价方式来确定。通过各相关责任中心的讨价还价，形成企业内部的模拟“公允市价”，作为计价的基础。

协商价格也存在一定的缺陷：①协商定价的过程要花费人力、物力和时间；②协商定价各方往往会相持不下，需企业高层领导裁定，这样就弱化了分权管理的作用。

（3）双重价格（Double Price）。双重价格就是责任中心“买”“卖”双方采用不同的内部转移价格作为本中心的计价标准，如对产品（半成品）的供应方，可按协商的市场价格计价；对使用方则按供应方的产品（半成品）的单位变动成本计价，其差额由会计最终调整。之所以采用双重价格，是因为内部转移价格主要是为了对企业内部各责任中心的业绩进行评价、考核，故各相关责任中心所采用的价格并不需要完全一致，可分别选用对责任中心最有利的价格作为计价依据。

双重价格有两种形式：①双重市场价格，就是当某种产品或劳务在市场上出现几种不同价格时，“卖”方采用最高市价，“买”方采用最低市价。②双重转移价格，就是“卖”方按市场价格或议价作为计价基础，而“买”方按供应方的单位变动成本作为计价基础。

双重价格的好处是既可较好地满足卖方和买方的不同需要，也能激励双方在经营上充分发挥其主动性和积极性。采用双重价格的前提条件是：内部转移的产品或劳务有外部市场，供应方有剩余生产能力，而且其单位变动成本要低于市价。

（4）成本加成（Cost - Plus Price）。成本加成是指在产品或劳务成本的基础上，加上一定比例利润作为内部转移价格。由于成本的概念不同，成本加成也有多种不同形式，其中用途较为广泛的有二种：①标准成本加成，即按产品（半成品）或劳务的标准成本加计一定的合理利润作为计价的基础。它的优点是能分清“买”“卖”双方相关的责任，但确定加成利润率时，则需要稳妥慎重，以保证加成利润率确定的科学性、合理性。②实际成本加成，即根据产品（半成品）或劳务的实际成本加计一定比例利润作为内部转移价格。它的优点是能调动“卖”方的积极性；缺陷是容易造成“卖”方削弱降低成本的责任感。

（二）内部结算方式（Method of Internal Settlement）

企业内部各责任中心之间发生经济业务往来，需要按照一定的方式进行内部结算，按照内部对象不同，通常采取以下结算方式：

1. 内部支票结算方式

内部支票结算方式是指由付款方签发内部支票通知内部银行从其账中支付款项的结算方式。这种方式分为签发、收受和银行转账三个环节。签发就是由付款方根据有关原始凭证或业务活动证明签发内部支票交付收款方；收受是收款方经过审核无误后接受付款方的支票；银行转账就是收款方将支票送存内部银行办理收款转账。内部支票一式三联，第一联为收款凭证，第二联为付款凭证，第三联为内部银行记账凭证。内部支票结算方式主要适用于收、付款双方直接见面进行经济往来的业务结算。

2. 转账通知单方式

转账通知单方式是由收款方根据有关原始凭证或业务活动证明签发转账通知单，通知内部银行将转账通知单转给付款方，让其付款的一种结算方式。转账通知单一式三联，第一联为收款方的收款凭证，第二联为付款方的付款凭证，第三联为内部银行的记账凭证。这种结算方式适用于“买”“卖”双方发生的经常性往来业务且信誉较高的情况。它手续简便，结算及时，但若付款方有异议，则可能拒付。

3. 内部货币结算方式

内部货币结算方式是使用内部银行发行的限于企业内部流通的货币（包括内部货币、资金本票、流通券、资金券等）进行内部往来结算的一种方式。这种结算方式是一种典型的一手交“钱”一手交“货”的结算方式。

这一结算方式比内部支票结算方式更为直观，可强化各责任中心的价值观念、核算观念、经济责任观念。但是，它也带来携带不便、清点麻烦、保管困难的问题。所以，在一般情况下，小额零星往来业务以内部货币结算，大宗业务以内部支票结算。

（三）责任成本的内部结转

责任成本的内部结转又称责任转账，是指在生产经营过程中，对于因不同原因造成的各种经济损失，由承担损失的责任中心对实际发生或发现损失的责任中心进行损失赔偿的账务处理过程。

企业内部各责任中心在生产经营过程中，常常会发生责任成本发生的责任中心与应承担责任成本的责任中心不是同一责任中心的情况，为划清责任，就需要将这种责任成本相互结转。例如，生产车间所耗用的原材料损失是供应部门购入不合格的材料所造成的，由此产生的材料成本的增加额或废品损失的增加额，应由生产车间成本中心转给供应中心负担。

责任转账的目的是划清各责任中心的成本责任，使不应承担损失的责任中心在经济上得到合理补偿，在责权上明确界限，为业绩考核、评价及奖罚奠定合理的基础。

责任转账的方式有内部支票结算方式和内部货币结算方式。

各责任中心在往来结算和责任转账过程中，有时因意见不一致而产生责、权、利不协调的纠纷，为此，企业应建立内部仲裁机构，从企业整体利益出发对这些纠纷做出裁决，以保证各责任中心正常、合理行使权力，保证其权益不受侵犯。

本章小结

1. 财务控制是指按照一定的程序和方式，确保企业及其内部机构和人员全面落实及实现财务预算的过程。

2. 财务控制具有价值控制、全面控制和以现金流量为控制目的三个特征。

3. 财务控制是财务管理循环的关键环节，它对实现财务管理的目标具有保证作用。

4. 财务控制按控制的时间不同，可分为事前、事中和事后财务控制；按控制的主体不同，可分为出资者财务控制、经营者财务控制和财务部门的财务控制；按控制的依据不同，可分为预算控制和制度控制；按控制的对象不同，可分为收支控制和现金控制（或货币资金控制）；按控制的手段不同，可分为绝对控制和相对控制。

5. 责任中心分为成本中心、利润中心和投资中心。

6. 成本中心只对可控成本负责，有标准成本中心和费用中心两种类型。

7. 成本中心的考核指标主要包括成本（费用）变动额和变动率。

8. 利润中心对成本、收入和利润负责，分自然利润中心和人为利润中心两种。

9. 利润中心的考核指标有利润中心贡献毛益总额、利润中心负责人可控利润总额、利润中心可控利润总额及公司利润总额等。

10. 投资中心对成本、收入、利润和投资效果负责。

11. 投资中心的考核指标有投资利润率和剩余收益。

12. 责任预算是指以责任中心为主体，以其可控的成本、收入、利润和投资等为对象编制的预算。

13. 责任预算的编制程序有两种：一种是自上而下、指标层层分解，从而形成各责任中心的预算；另一种是采取自下而上的方式，各个责任中心首先根据自身情况编制预算指标，然后层层汇总，最后由企业的专门管理机构进行汇总与调整，从而建立企业总预算。

14. 责任报告是根据责任会计记录编制的反映责任预算实际执行情况，揭示责任预算与实际执行差异的内部会计报告，其形式主要有报表、数据分析和文字说明等。

15. 内部转移价格是指企业内部各责任中心之间转移中间产品或相互提供劳务而发生的内部结算和进行内部责任结转所使用的计价标准，有市场价格、协商价格、双重价格和成本加成四种类型。

16. 责任转账的目的是划清各责任中心的成本责任，使不应承担损失的责任中心在经济上得到合理补偿，在责权上明确界限，为业绩考核、评价及奖罚奠定合理的基础，其方式有内部支票结算方式和内部货币结算方式。

复习思考题

1. 简述财务控制的特征与作用。
2. 简述财务控制的种类。
3. 责任中心具有哪些基本特征？
4. 什么是成本中心？如何评价与考核该中心的工作成绩？
5. 什么是利润中心？如何评价与考核该中心的工作成绩？
6. 什么是投资中心？评价投资中心工作成绩的指标有什么？如何计算？
7. 什么是内部转移价格？企业制定内部转移价格应遵循哪些基本原则？
8. 简述内部转移价格的类型。

本章习题

一、单项选择题

1. 对财务管理目标的实现起保证、监督作用的是（　　）。
   A. 财务预测　　B. 财务决策　　C. 财务控制　　D. 财务预算
2. 下列说法错误的是（　　）。
   A. 财务控制以资金控制为核心　　B. 财务控制是一种价值控制
   C. 财务控制是一种全面控制　　D. 财务控制以现金流量控制为目的
3. 以产品在企业内部流转而取得“内部销售收入”为特征的利润中心是（　　）。
   A. 自然利润中心　　B. 人为利润中心　　C. 整体利润中心　　D. 分部利润中心
4. （　　）是最高层次的责任中心，具有最大的决策权，也承担最大的责任。
   A. 成本中心　　B. 利润中心　　C. 费用中心　　D. 投资中心
5. 为了弥补投资利润率指标的某些不足，可采用（　　）作为评价投资中心业绩的指标。
   A. 贡献毛益总额　　B. 可控利润总额　　C. 公司利润总额　　D. 剩余收益

6. 某企业的成本中心生产某种产品，预算产量为 36 件，预算单位成本为 100 元，该中心实际生产量为 35 件，实际总成本为 3430 元，则该责任中心的成本降低额为（　　）。

A. −70 元　　B. 70 元　　C. −72 元　　D. 72 元

7. 在采用定额控制方式实施财务控制时，对约束性指标应选择的控制标准是（　　）。

A. 弹性控制标准　　B. 平均控制标准　　C. 最高控制标准　　D. 最低控制标准

8. 协商价格的上限是（　　）。

A. 市价　　B. 市价减去销售费用和税金

C. 单位制造成本　　D. 单位变动成本

9. 在其他条件不变的情况下，内部转移价格发生变动时会使（　　）。

A. 两个责任中心的利润同方向变动　　B. 两个责任中心的收入同方向变动

C. 整个企业的利润增加或减少　　D. 两个责任中心的利润反方向变动

10. 责任转账的实质就是按照经济损失的责任归属将其结转给（　　）。

A. 发生损失的责任中心　　B. 发现损失的责任中心

C. 承担损失的责任中心　　D. 下一个责任中心

二、多项选择题

1. 投资中心的业绩考核重点应放在（　　）。

A. 收入　　B. 利润　　C. 剩余收益　　D. 投资利润率

2. 成本中心的特点包括（　　）。

A. 只对成本费用负责，不对收入负责

B. 只对可控成本负责

C. 既要对可控成本负责，也要对不可控成本负责

D. 要对责任成本负责

3. 利润中心需要对（　　）负责。

A. 收入　　B. 投资收益　　C. 利润　　D. 成本费用

4. 在采用双重价格作为内部转移价格时，可能出现的情况有（　　）。

A. 供应方采用最高市价　　B. 使用方采用最低市价

C. 供应方按市场价格或议价计价　　D. 使用方按对方的单位变动成本计价

5. 投资利润率可以进一步分解为三个相对数指标之积，它们包括（　　）。

A. 资本周转率　　B. 销售成本率　　C. 贡献毛益率　　D. 成本费用利润率

6. 影响剩余收益的因素有（　　）。

A. 利润　　B. 投资额

C. 规定的最低投资利润率　　D. 利润留成比例

7. 下列各项中，属于揭示自然利润中心特征的表述包括（　　）。

A. 直接面对市场　　B. 具有部分经营权

C. 实现利润最大化　　D. 对外销售产品而取得收入

8. 下列各项中，属于责任报告内容的有（　　）。

A. 责任预算的各种数据　　B. 责任预算的实际执行结果

C. 责任预算与实际结果的差异　　D. 预算与实际执行差异的分析

9. 责任中心之间进行内部结算和责任成本结转所使用的内部转移价格包括（　　）。
   A. 市场价格　　B. 协商价格　　C. 双重价格　　D. 成本价格

10. 下列各项中，属于投资中心特征的有（　　）。
   A. 拥有决策权　　B. 一般为独立法人
   C. 处于责任中心的最高层　　D. 只需要对投资效果负责

三、判断题

1.（　　）由于企业内部的个人不能构成责任实体，所以也不能将其作为责任中心。
2.（　　）成本中心的变动成本一定是可控成本，而固定成本一定是不可控成本。
3.（　　）某项会导致个别投资中心投资利润率提高的投资，不一定会使整个企业的投资利润率提高；某项会导致个别投资中心剩余收益指标提高的投资，则一定会使整个企业的剩余收益提高。
4.（　　）投资利润率能反映投资中心的综合盈利能力，但不具备横向可比性。
5.（　　）在集权组织形式下，编制责任预算的程序是自上而下；在分权组织形式下，编制责任预算的程序是自上而下。但无论在什么形式下，责任报告都是自下而上编制的。
6.（　　）内部转移价格只能用于企业内部各责任中心之间由于进行产品或劳务的流转而进行的内部结转。
7.（　　）当一个责任中心向另一个责任中心提供产品时，不仅要办理内部结算，还应同时办理责任成本的内部结转。
8.（　　）成本的可控是相对于不可控而言的，责任层次越高，其可控范围越小。
9.（　　）剩余收益等于利润扣减投资额与投资利润率的乘积。
10.（　　）责任转账的目的是划定各个责任中心的成本责任，贯彻“谁生产，谁承担”的原则。

四、计算题

1. A成本中心生产某产品，预算产量为600件，预算单位责任成本为150元；实际产量为800件，实际单位责任成本为130元。要求：计算A成本中心的成本降低额和降低率。
2. 某集团公司下设甲、乙两个投资中心，甲投资中心的投资额为300万元，投资利润率为15%；乙投资中心的投资利润率为18%，剩余收益为12万元。集团公司要求的平均投资利润率为12%。集团公司决定追加投资100万元，若投向甲投资中心，每年增加利润25万元；若投向乙投资中心，每年增加利润20万元。要求：
   （1）计算追加投资前甲投资中心的剩余收益。
   （2）计算追加投资前乙投资中心的投资额。
   （3）计算追加投资前集团公司的投资利润率。
   （4）若甲投资中心接受追加投资，计算其剩余收益。
   （5）若乙投资中心接受追加投资，计算其投资利润率。
3. 某公司下属有一个制造厂，系投资中心，该厂每年需要向外界某厂商购进甲零件50万只，其购进单价为14元（原单价为15元，由于大量采购可获得折扣每只1元）。最近该公司收购一家专门生产甲零件的工厂，作为公司的另一投资中心，该厂每年能生产甲零件200万只，除可供本公司制造厂使用外，还可向外界出售。甲零件的单位成本资料如下：

   直接材料　　4元

直接人工　　3 元
变动制造费用　　2 元
固定制造费用（按 200 万只分摊）　　1 元
单位成本合计　　10 元

该公司正在研究制定这两个投资中心的甲零件的内部转移价格，现有以下五种价格可供选择：15 元、14 元、11 元、10 元、9 元。要求：根据以上资料，对上述五种价格逐一加以分析，并说明是否适当，理由是什么？

五、案例分析题

中天公司下设华北、华南两个投资中心，部分资料见表 10－10。

表 10－10　中天公司投资中心有关资料表　　（单位：元）

投资中心	华北投资中心	华南投资中心	总公司
息税前利润	100 000	450 000	550 000
经营总资产平均占有额	2 000 000	3 000 000	5 000 000
总公司规定的总资产息税前利润率	—	—	10%
总资产息税前利润率	5%	15%	11%
剩余收益	－100 000	150 000	50 000

现有两个追加投资的方案可供选择：①若华北投资中心追加投资 1 000 000 元经营资产，每年将增加 80 000 元息税前利润；②若华南投资中心追加投资 2 000 000 元经营资产，每年将增加 290 000 元息税前利润。假定资金供应有保证，剩余资金无法用于其他方面，暂不考虑剩余资金的机会成本。

分析计算：

（1）列表计算华北投资中心追加投资后，该中心的总资产息税前利润率和剩余收益指标及总公司新的总资产息税前利润率和剩余收益指标。

（2）列表计算华南投资中心追加投资后，该中心的总资产息税前利润率和剩余收益指标及总公司新的总资产息税前利润率和剩余收益指标。

（3）根据总资产息税前利润率指标，分别从华北投资中心、华南投资中心和总公司的角度评价上述追加投资方案的可行性，并据此评价该指标。

（4）根据剩余收益指标，分别从华北投资中心、华南投资中心和总公司的角度评价上述追加投资方案的可行性，并据此评价该指标。

案例分析提示：

（1）华北投资中心追加投资后的指标计算见表 10－11。

表 10－11　华北投资中心有关指标计算表　　（单位：元）

投资中心	华北投资中心		华南投资中心	总公司	
	变动后	变动量		变动后	变动量
息税前利润	180 000	＋80 000	450 000	630 000	＋80 000
经营总资产平均占有额	3 000 000	＋1 000 000	3 000 000	6 000 000	＋1 000 000

（续）

投资中心	华北投资中心		华南投资中心	总公司	
	变动后	变动量		变动后	变动量
总公司规定的总资产息税前利润率	—	—	—	10%	—
总资产息税前利润率	6%	+1%	15%	10.5%	-0.5%
剩余收益	-120 000	-20 000	150 000	30 000	-20 000

（2）华南投资中心追加投资后的指标计算见表10-12。

表10-12 华南投资中心有关指标计算表 （单位：元）

投资中心	华南投资中心		华北投资中心	总公司	
	变动后	变动量		变动后	变动量
息税前利润	740 000	+290 000	100 000	840 000	+290 000
经营总资产平均占有额	5 000 000	+2 000 000	2 000 000	7 000 000	+2 000 000
总公司规定的总资产息税前利润率	—	—	—	10%	—
总资产息税前利润率	14.8%	-0.2%	5%	12%	+1%
剩余收益	240 000	+90 000	-100 000	140 000	+90 000

（3）如果华北投资中心追加投资，将使其总资产息税前利润率增加1%，该中心必定认为投资方案有可行性；但从总公司的角度看，总资产息税前利润率降低了0.5%，最终结论是华北投资中心追加投资的方案不具有可行性。

如果华南投资中心追加投资，将使其总资产息税前利润率降低0.2%，该中心必定认为投资方案不具有可行性；但从总公司的角度看，总资产息税前利润率增长了1%，最终结论是华南投资中心追加投资的方案具有可行性。

（4）如果华北投资中心追加投资，将使其剩余收益降低20 000元，同时使总公司的剩余收益也降低20 000元。这样，无论从华北投资中心还是从总公司的角度看，最终结论都是华北投资中心追加投资的方案不具有可行性。

如果华南投资中心追加投资，将使其剩余收益增加90 000元，同时使总公司的剩余收益也增加90 000元。这样，无论从华南投资中心还是从总公司的角度看，最终结论都是华南投资中心追加投资的方案具有可行性。

第十一章 财务分析

通过本章的学习，了解财务分析的含义及目的；掌握财务分析的方法；掌握偿债能力、营运能力、盈利能力和现金流量分析的内容；了解财务分析的组织；理解杜邦财务分析法的主要意义；了解沃尔比重分析法。

能够熟练运用所学知识，对某个企业的资产负债表和利润表进行偿债能力、营运能力、盈利能力、发展能力、现金流量分析及综合分析，并对企业的财务状况和经营业绩进行评价。

引 言 如果你想了解某家企业的财务状况和经营业绩，你首先要看这家企业的资产负债表、利润表和现金流量表。同时，还要借助于财务分析手段，对这家企业的偿债能力、营运能力、盈利能力、发展能力、现金流量以及综合能力进行分析和评价。本章将为你介绍各种财务分析方法和评价标准供你参考。

第一节 财务分析概述

一、财务分析的含义及目的

财务分析是指利用财务报表及其他有关资料，采用专门的方法对企业的财务状况、经营成果和现金流量状况进行比较、评价，以利于企业经营管理者、投资者、债权人及国家财税机关掌握企业财务活动情况和进行经营决策的一项管理工作。财务分析反映企业在运营过程中的利弊得失、发展趋势，从而为改进企业财务管理和优化经济决策提供重要的财务信息。财务分析的基本目的是为企业今后的财务预测和决策提供全面、系统的信息支持。其具体表现为：

（1）对企业过去的财务状况和经营业绩进行评价

通过对企业财务报表等核算进行分析，可以了解企业偿债能力、营运能力和发展能力，便于企业管理当局及其他报表使用者了解企业财务状况和经营成果，合理评价经营者的工作业绩。

（2）预测未来的发展趋势

通过对财务报表的分析，可以了解企业获利的高低、偿债能力的强弱及营运能力的大小，可以了解投资后的收益水平和风险程度，从而为投资决策提供必要的信息，预测未来发展趋势。

（3）满足不同报表需求者的要求

对外发布的财务报表，是根据全体使用者的一般要求设计的，并不适合特定报表使用者的特定要求。报表使用人要从中选择自己需要的信息，重新排列，并研究其关系，使之符合特定决策要求。

二、财务分析的方法

开展财务分析需要运用一定的方法。财务报表分析的方法有很多，主要有比率分析法、因素分析法和趋势分析法。

（一）比率分析法（Method of Ratio Analysis）

比率分析法是通过计算各种比率指标来确定经济活动变动程度的分析方法。比率是相对数，采用这种方法，能够把某些条件下的不可比指标变为可比指标，以利于进行分析。比率指标主要有以下三类：

1. 构成比率（Structure Ratio）

构成比率又称为结构比率，它是某项经济指标的各个组成部分数值占总体数值的百分比，反映部分与总体的关系。存货与流动资产的比率、流动资产与全部资产的比率都属于这类比率。其计算公式为

$$构成比率=\frac{某个组成部分数值}{总体数值}\times 100\%$$

资产负债率也属于构成比率。它表明债权人提供资金占企业资产总额的比重。利用构成比率，可以考察总体中某个部分的形成和安排是否合理，以便协调各项财务活动。

2. 效率比率（Efficiency Ratio）

效率比率是某项经济活动中所费与所得的比率，反映投入与产出的关系。利用效率比率指标，可以进行得失比较，考察经营成果，评价经济效益。如将利润项目与销售成本、销售收入、资本等项目加以对比，可计算出成本利润率、营业利润率以及资本利润率等利润率指标，可以从不同角度观察、比较企业获利能力的高低及其增减变化情况。

3. 相关比率（Correlation Ratio）

相关比率是以某个项目和与其有关但又不同的项目加以对比所得的比率，反映有关经济活动的相互关系。实际上财务分析的许多指标都是相关比率，如流动比率、资金周转率等。利用相关比率指标，可以考察有联系的相关业务安排是否合理，以保证企业运营活动能够顺畅进行。

比率分析法的优点是计算简便，计算结果容易判断，而且可以使某些指标在不同规模企业之间进行比较，甚至也能在一定程度上超越行业间的差别进行比较。采用这一方法应该注意以下几点：

（1）对比项目的相关性。计算比率项目的子项和母项必须具有相关性，把不相关的项目进行对比是没有意义的。在构成比率指标中，部分指标必须是总体指标的这个大系统中的一个小系统；在效率比率指标中，投入和产出必须有因果关系；在相关比率指标中，两个对比指标也要有内在联系。这样才能评价有关经济活动之间是否协调平衡，安排是否合理。

（2）对比口径一致性。计算比率的子项和母项必须在计算时间、范围等方面保持口径一致。

（3）衡量标准的科学性。运用比率分析，要选用一定的标准与之对比，以便对企业的财务状况做出评价。

（二）因素分析法（Factor analysis method）

因素分析法又称因素替换法、连环替代法，它是用来确定几个相互联系的因素对分析对象——综合财务指标的影响程度的一种分析方法。采用这种分析方法的出发点在于：当有若干因素对分析对象发生影响作用时，假定其他各个因素都无变化，顺序确定每一个因素单独变化所产生的影响。

例如，某项财务指标 N 是由 A、B、C 三个因素的乘积构成的，其实际数据与计划数据以及有关因素关系由下式构成：

计划数据：$N_0=A_0\times B_0\times C_0$

实际数据：$N_1=A_1\times B_1\times C_1$

实际数据与计划数据的总差异为“N_1-N_0”，什么原因导致的差异，要对差异进行因素分析。

首先，分析 A 因素变动对财务指标 N 的影响。假设 B、C 不变，A 由 A_0 变为 A_1，则影响程度为

$$(A_1-A_0)\times B_0\times C_0$$

其次，在分析 A 因素的基础上，分析 B 因素变动对财务指标 N 的影响。B 由 B_0 变为 B_1，则影响程度为

$$A_1 \times (B_1 - B_0) \times C_0$$

最后，在分析 A、B 因素的基础上分析 C 因素变动对财务指标 N 的影响，C 由 C_0 变为 C_1，则影响程度为

$$A_1 \times B_1 \times (C_1 - C_0)$$

以上三因素的影响合计数刚好等于总差异，即：

$$(A_1 - A_0) \times B_0 \times C_0 + A_1 \times (B_1 - B_0) \times C_0 + A_1 \times B_1 \times (C_1 - C_0) = N_1 - N_0$$

例 11－1 某企业甲产品的销售收入是2 160元，而其计划数是1 500元，实际比计划多660元。由于销售收入是由产品销量、产品单价两个因素乘积构成的，所以应逐个来分析它们对销售收入总额的影响程度。现假定两个因素的数值见表11－1。

表11－1 因素数值表

项 目	单 位	计划数	实际数
产品销量	件	300	360
产品单价	元/件	5	6
销售收入总额	元	1 500	2 160

根据表11－1中的资料可以计算各因素变动对销售收入总额的影响程度如下：

销售收入总额的差异：2 160－1 500＝660（元）

由于产品销量增加对销售收入总额的影响程度为：(360－300)×5＝300（元）

由于产品单价增加对销售收入总额的影响程度为：360×(6－5)＝360（元）

由于产品销量和产品单价两个因素的变动对销售收入总额的影响程度为：300＋360＝660（元）

因素分析法既可以全面分析各因素对某一经济指标的影响，又可以单独分析某个因素对某一经济指标的影响，在财务分析中应用颇为广泛。但在应用这一方法时必须注意以下几个问题：

> 因素分析法的因素替代规则一般是，先数量指标，后替换质量指标；先替换实物指标，后替换价值指标；先替换主要指标，后替换次要指标。

（1）因素分解的关联性。即确定构成经济指标的因素，必须是客观上存在因果关系的，要能够反映形成该项指标差异的内在构成原因，否则就失去了其存在价值。

（2）因素替代的顺序性。替代因素时，必须按照各因素的依存关系，排列成一定的顺序并依次替代，不可随意加以颠倒，否则就会得出不同的计算结果。

（3）顺序替代的连环性。因素分析法在计算每一个因素变动的影响时，都是在前一次计算的基础上进行，并采用连环比较的方法确定因素变化影响结果。因为只有保持计算程序上的连环性，才能使各个因素影响之和等于分析指标变动的差异，以全面说明分析指标变动的原因。

（4）分析结果的假定性。连环替代法计算的各因素变动的影响数，会因替代计算顺序的不同而有差别，因而计算结果不免带有假定性，即它不可能使每个因素计算的结果都达到绝对的准确。它只是在某种假定前提下的影响结果，离开了这种假定前提条件，也就不会是这种影响结果。为此，分析时财务人员应力求使这种假定是合乎逻辑的假定，是具有实际意义的假定。这样，计算结果的假定性，才不至于妨碍分析的有效性。

（三）趋势分析法（Trend analysis method）

趋势分析法是将两期或连续数期财务报表相同指标进行对比，确定其增减的方向、数额和幅度，来说明企业财务状况和经营成果变动趋势的一种方法。采用这种方法，可以分析引起变化的主要原因、变动的性质，并预测企业未来的发展前景。

趋势分析法的具体应用主要有以下三种方式：

1. 重要财务指标的比较

重要财务指标的比较是将不同时期的财务报告中的相同指标或比率进行比较，直接观察其增减变动情况及变动幅度，考察其发展趋势，预测其发展前景。

对不同时期财务指标的比较，可以有两种方法：

（1）定基动态比率。它是以某一时期的数值为固定的基期数值而计算出来的动态比率。其计算公式为

$$定基动态比率 = 分析期数值 \div 固定基期数值$$

（2）环比动态比率。它是以每一分析期的前期数值为基期数值而计算出来的动态比率。其计算公式为

$$环比动态比率 = 分析期数值 \div 前期数值$$

2. 财务报表金额的比较

财务报表金额的比较是将连续数期的会计报表的金额并列起来，比较其相同指标的增减变动金额和幅度，据以判断企业财务状况和经营成果发展变化的一种方法。财务报表的比较，具体包括资产负债表比较、利润表比较、现金流量表比较等。比较时，既要计算出表中有关项目增减变动的绝对值，又要计算出其增减变动的百分比。

3. 财务报表项目构成的比较

会计报表项目构成的比较是在财务报表比较的基础上发展而来的。它是以财务报表中的某个总体指标作为100%，再计算出其各组成项目占该总体指标的百分比，从而来比较各个项目百分比的增减变动，以此来判断有关财务活动的变化趋势。这种方法比前述两种方法更能准确地分析企业财务活动的发展趋势。它既可用于同一企业不同时期财务状况的纵向比较，又可用于不同企业之间的横向比较。同时，这种方法能消除不同时期（不同企业）之间业务规模差异的影响，有利于分析企业的耗费水平和盈利水平。

在采用趋势分析法时，必须注意以下问题：①用于进行对比的各个时期的指标，在计算口径上必须一致；②剔除偶发性项目的影响，使作为分析的数据能反映正常的经营状况；③应用例外原则，对某项有显著变动的指标做重点分析，研究其产生的原因，以便采取对策，趋利避害。

三、财务分析的内容

财务分析的内容主要取决于财务管理的客观内容、各种管理的总体需要以及国家对企业财务信息披露制度的规定和不同分析主体的要求。我国企业财务分析主要有以下内容：

（一）偿债能力分析（Analysis of Credit Capacity）

企业出于维持日常经营活动和进行长期发展的需要，以及对财务杠杆的运用考虑，一般会采用向外举债的方式筹集资金，从而形成企业的负债，包括短期负债和长期负债。长期负债在

注意：根据财务分析指标体系得出的分析结果和意见只能是初步的，就像不要指望医生第一次和病人见面，就能诊断出所有问题一样。

一定时期内会逐步转化为短期负债，并通过减少企业的流动资产来进行债务清偿。因此，企业在一定时期的资产结构状况和变现能力，特别是流动资产的结构和变现能力，决定着企业对债务的清偿能力。偿债能力是指企业偿还到期债务（包括本息）的能力，包括短期偿债能力和长期偿债能力。偿债能力分析就是通过对企业变现能力和债权物质保障程度的分析研究，判断企业偿还到期债务（包括本息）的能力的强弱。

（二）营运能力分析（Analysis of Capability of Operating Capacity）

企业的营运能力最终是通过资产的运作体现出来的。因此，营运能力分析主要是从企业所运用的资产进行全面分析。通过对企业营运能力的分析，可以为经营管理者提供企业实际营运状况的财务信息，为改善企业财务状况、增强企业营运能力、促进企业发展提供支持。

（三）盈利能力分析（Analysis of Profitability Power）

盈利能力是指企业获取利润的能力，反映企业财务状况和经营绩效。盈利能力分析主要通过将资产、负债、所有者权益与经营成果相结合来分析企业获利能力。

（四）发展能力分析（Analysis of Development Capacity）

发展能力也称成长能力，是指企业在从事经营活动过程中所表现出的增长能力，如规模的扩大、盈利的持续增长、市场竞争力的增强等。发展能力主要通过销售增长率、资产增长率、资本保值增值率、利润增长率等指标反映。

（五）现金流量分析（Analysis of Cash Flow）

现金流量分析主要通过现金流量的结构分析、流动性分析、获取现金能力分析、财务弹性分析、收益质量分析五个方面来分析。通过分析可以了解企业的财务状况和经营成果，发现和揭示企业在现金流转方面存在的问题，为预测企业未来现金流量、科学决策提供必要的信息。

以上五个方面的财务分析指标相辅相成，共同构成企业财务分析的基本内容。

四、财务分析的组织

为了保证财务分析的有效进行，必须遵循科学的分析程序，并指定专人负责财务分析工作。各职能部门应为财务分析工作提供有关情况和资料。财务分析的程序，一般应包括以下步骤：

（1）确定财务分析的目的和财务分析的范围。

（2）全面收集、整理、核对各种数据及有关依据。

（3）抓住主要矛盾，进行全面分析。

（4）做出分析结论，提出意见或建议，撰写分析报告。

经过上述步骤，运用各种专门方法对所收集的资料进行计算分析，通过同一指标在同行业中不同企业之间以及同一企业不同时期的比较与综合分析，揭示企业财务状况，发现问题，提出相应的改进措施，同时为进行财务决策提供充分的、准确的信息。

第二节　偿债能力分析

企业偿债能力是反映企业财务状况和经营能力的重要标志。进行偿债能力分析既可以为债权资本所有者了解企业的变现能力和债务的物质保障程度提供财务信息，又可为企业经营者了解和掌握企业举债适度和筹资风险等提供财务信息。偿债能力分析包括短期偿债能力分析和长期偿债能力分析。

一、短期偿债能力分析

短期偿债能力分析是指企业流动资产对流动负债及时足额偿还的保证程度，是衡量企业当前财务能力，特别是流动资产变现能力的重要标志。企业短期偿债能力的衡量指标主要有流动比率、速动比率和现金比率三项。

（一）流动比率（Current Ratio）

流动比率是流动资产与流动负债的比率，它表明企业每一元流动负债有多少流动资产作为偿还的保证，反映企业用可在短期内转变为现金的流动资产偿还到期流动负债的能力。其计算公式为

$$流动比率 = 流动资产 \div 流动负债$$

一般情况下，流动比率越高，反映企业短期偿债能力越强，债权人的权益越有保证。国际上通常认为，流动比率的下限为100%，而流动比率等于200%时较为适当。它表明企业财务状况稳定可靠，除了能满足日常生产经营的流动资金需要外，还有足够的财力偿付到期短期债务。如果比例过低，则表示企业可能捉襟见肘，难以如期偿还债务。但是，流动比率也不能过高，过高则表明流动资产占用较多，会影响资金的使用效率和企业筹资成本，进而影响获利能力。究竟保持多高水平的比率，主要视企业对待风险和收益的态度予以确定。

运用流动比率时，必须注意以下几个问题：

（1）从短期债权人的角度看，自然希望流动比率越高越好。但从企业经营角度看，过高的流动比率通常意味着企业闲置现金的持有量过多，必然造成企业机会成本的增加和获利能力的降低。因此，企业应尽可能将流动比率维持在不使货币资金闲置的水平。

（2）流动比率是否合理，不同的企业以及同一企业不同时期的评价标准是不同的，因此，不应用统一的标准来评价各企业流动比率合理与否。

（3）一般而言，企业可以在期末采用增加长期负债或募集权益资本等方式来增加当期的流动资产，而不会影响当期的流动负债水平，从而使流动比率保持在适当水平上，造成一种虚假的合理现象。

例 11-2 为便于说明，本章各项财务比率的计算，将主要采用甲公司作为例子，该公司的资产负债表、利润表见表 11-2、表 11-3。

表 11-2 资产负债表（简表）

2020 年 12 月 31 日 （单位：万元）

资产	年初数	年末数	负债及所有者权益	年初数	年末数
流动资产：			流动负债：		
货币资金	400	400	短期借款	4 000	4 600
交易性金融资产	800	1 000	应付账款	2 000	2 400
应收账款	10 400	11 800	预收账款	600	800
预付账款	80	140	其他应付款	200	200
存货	2 400	2 600	流动负债合计	6 800	8 000
其他流动资产	120	160	非流动负债合计	4 000	5 000
流动资产合计	14 200	16 100	负债合计	10 800	13 000
非流动资产：			所有者权益：		
长期股权投资	800	800	实收资本	24 000	24 000
固定资产	24 000	28 000	盈余公积	3 200	3 200
无形资产	1 000	1 100	未分配利润	2 000	5 800
非流动资产合计	25 800	29 900	所有者权益合计	29 200	33 000
资产总计	40 000	46 000	负债及所有者权益合计	40 000	46 000

表 11-3 利润表（简表）

2020 年 12 月 （单位：万元）

项目	上年实际	本年实际
一、营业收入	36 000	40 000
减：营业成本	21 400	24 400
税金及附加	2 160	2 400
销售费用	2 040	1 800
管理费用	1 600	2 000
财务费用	400	600
加：投资收益	600	600
二、营业利润	9 000	9 400
加：营业外收入	200	300
减：营业外支出	1 200	1 300
三、利润总额	8 000	8 400
减：所得税费用（税率为 25%）	2 000	2 100
四、净利润	6 000	6 300

根据表 11-2 的资料，甲公司 2020 年年初与年末的流动资产分别为 14 200 万元、16 100 万元，流动负债分别为 6 800 万元、8 000 万元，则该公司流动比率为：

年初流动比率：$14\,200 \div 6\,800 = 2.09$

年末流动比率：16 100 ÷ 8 000 = 2.01

该企业 2020 年初、年末流动比率均超过一般公认标准，反映该公司具有较强的短期偿债能力。

（二）速动比率（Quick Ratio）

速动比率是企业速动资产与流动负债的比率。所谓速动资产，是指流动资产减去变现能力较差且不稳定的存货后的余额。计算速动比率时为什么要把存货扣除呢？主要原因有：①在流动资产中存货的变现能力最差；②由于某种原因，部分存货可能损失报废还没处理；③部分存货已经抵押给债权人；④存货估价还存在着成本与市价相差悬殊的问题。综上所述，在不希望企业用变卖存货的办法偿债，以及排除使人产生种种误解因素的情况下，把存货从流动资产总额中减去而计算出的速动比率反映的短期偿债能力更加使人信服。其计算公式为

速动比率 = 速动资产 ÷ 流动负债

速动比率是对流动比率的补充。一般来说，速动比率为 1 是合理的。如果速动比率大于 1，说明企业有足够的能力偿还短期债务，同时也表明企业拥有较多的不能盈利的现金和应收账款。尽管债务偿还的安全性很高，但却会因企业现金及应收账款占用过多而大大增加企业的机会成本。速动比率没有统一的标准，因为不同行业的速动比率会有很大的差别。有学者认为，用流动资产扣除存货来计算速动资产只是一种粗略的计算，严格地讲，不仅要扣除存货，还应扣除预付账款、一年内到期的非流动资产和其他流动资产等变现能力较差的项目。所以，速动比率也可以采用较为保守的公式进行计算：

保守的速动比率 = (货币资金 + 交易性金融资产 + 应收账款净额) ÷ 流动负债

例 11 - 3 根据表 11 - 2 的资料，计算该公司 2020 年的速动比率。

解：

年初速动比率 = (400 + 800 + 10 400) ÷ 6 800 = 1.71

年末速动比率 = (400 + 1 000 + 11 800) ÷ 8 000 = 1.65

分析表明该公司 2020 年初与年末的速动比率都超过一般公认标准，因此，一般可认为该公司短期偿债能力较强，但进一步分析可以发现，该公司应收账款比率较高，而应收账款不一定能按时收回，所以必须分析第三个比率——现金比率。

（三）现金比率（Cash Ratio）

现金比率也称现金流动负债比率，是企业一定时期的现金类资产与流动负债的比率，现金类资产包括企业所拥有的货币资金和持有的交易性金融资产（即短期有价证券）。其计算公式为

现金比率 = (现金 + 交易性金融资产) ÷ 流动负债

现金比率是衡量企业短期偿债能力的最直接指标，较之于流动比率和速动比率更为严格，因为现金类资产才是企业偿还债务的最终手段。

一般来说，现金比率在 0.2 以上为好，表明企业经营活动产生的现金较多，能够保障企业按时偿还到期债务。但也不是越大越好，太大则表示企业现金类资产获利能力低，这类资产金额太高会导致企业机会成本增加。采用现金比率分析企业短期偿债能力时应与流动比率、速动比率结合起来。

例 11 - 4 根据表 11 - 2 的资料，计算该公司 2020 年的现金比率。

解：

年初现金比率 = (400 + 800) ÷ 6 800 = 0.18

年末现金比率 = (400 + 1 000) ÷ 8 000 = 0.18

虽然该公司流动比率和速动比率较高，但现金比率偏低，说明该公司短期偿债能力还有一

定风险，应缩短应收账款的收账时间，加大催款力度，加速应收账款资金的周转。

二、长期偿债能力分析

长期偿债能力是指企业偿还长期负债的能力。其分析指标主要有：

（一）资产负债率（Debt Ratio）

资产负债率又称负债比率，是企业负债总额对资产总额的比率。它表明企业资产总额中，债权人提供资金所占的比重，以及企业资产对债权人权益的保障程度。其计算公式为

资产负债率 = 负债总额 ÷ 资产总额

评价长期偿债能力的指标主要有资产负债、产权比率和利息保障倍数。

这一比率越小表明企业的长期偿债能力越强。如果此项比率较大，意味着举债经营程度较高，在投资利润率高于借债利率的前提下，带给企业的财务杠杆利益较大，会使所有者报酬率增大。但筹资风险也增大，若过度举债经营将导致企业因资不抵债而破产。

例 11－5 根据表 11－2 的资料，计算该公司 2020 年的资产负债率。

解：

年初资产负债率 = 10 800 ÷ 40 000 = 0.27

年末资产负债率 = 13 000 ÷ 46 000 = 0.28

该公司年初、年末的资产负债率均不高，说明公司长期偿债能力较强，这样有助于增强债权人对公司出借资金的信心。

（二）产权比率（Equity Ratio）

产权比率是指负债总额与所有者权益的比率，是企业财务结构稳健与否的重要标志，也称资本负债率。它反映企业所有者权益对债权人权益的保障程度。该指标越低，表明企业长期偿债能力越强，债权人权益的保障程度越高，反之则越低。其计算公式为

产权比率 = 负债总额 ÷ 所有者权益

在运用产权比率进行分析时，应注意：①产权比率实际上是财务杠杆比率，也就是狭义的资本结构，因此，产权比率可以反映企业的资本结构状况；②评价产权比率适度与否时，应从提高获利能力与增强偿债能力两个方面综合进行，即在保障债务偿还安全的前提下，应尽可能提高产权比率。当企业的投资利润率大于借款利率时，负债经营有利于提高投资利润率，这时应提高产权比率，当投资利润率小于借款利率时，降低产权比率对企业是有利的，即可以减少财务风险（详见第四章第二节杠杆效应）。

例 11－6 根据表 11－2 的资料，计算该公司 2020 年的产权比率。

解：

年初产权比率 = 10 800 ÷ 29 200 = 0.37

年末产权比率 = 13 000 ÷ 33 000 = 0.39

产权比率与资产负债率对评价偿债能力的作用基本相同，只是资产负债率侧重于分析债务偿付安全性的物质保障程度，产权比率侧重于揭示财务结构的稳健程度以及自有资金对偿债风险的承受能力。

（三）利息保障倍数（Interest Coverage Ratio）

利息保障倍数在财务分析中也称已获利息倍数，是指企业息税前利润与应付利息的比率，

它可以反映获利能力对债务偿付的保障程度。其计算公式为

利息保障倍数 = 息税前利润 ÷ 应付利息

息税前利润是指包括应付利息和所得税前的正常业务经营利润，不包括非正常项目。这是由于由负债与资本支持的项目一般属于正常业务经营范围，因此计算利息保障倍数时就应当以正常业务经营的息税前利润为基础。为了更加准确地反映利息的保障程度，应付利息应包括企业在生产经营过程中实际支出的借款利息、债券利息等。

该指标不仅反映了企业获利能力的大小，而且反映了获利能力对偿还到期债务的保证程度，它既是企业举债经营的前提依据，也是衡量企业长期偿债能力大小的重要标志。由此可以得出这样的启示：若要维持正常偿债能力，从长期看，利息保障倍数应当大于1，且比值越高，企业长期偿债能力一般也就越强。如果利息保障倍数过小，企业将面临亏损、偿债的安全性与稳定性下降的风险。究竟企业的利息保障倍数应是利息的多少倍，才算偿付能力强，这要根据往年经验结合行业特点来判断。

例 11-7 根据表 11-3 的资料，假定表中财务费用全部为利息费用，计算该公司的利息保障倍数。

解：

年初利息保障倍数 = (8 000 + 400) ÷ 400 = 21

年末利息保障倍数 = (8 400 + 600) ÷ 600 = 15

从以上倍数来看，应当说该企业已获利息倍数较高，有较强的偿付负债利息的能力。还需进一步结合企业往年的情况和行业的特点进行判断。

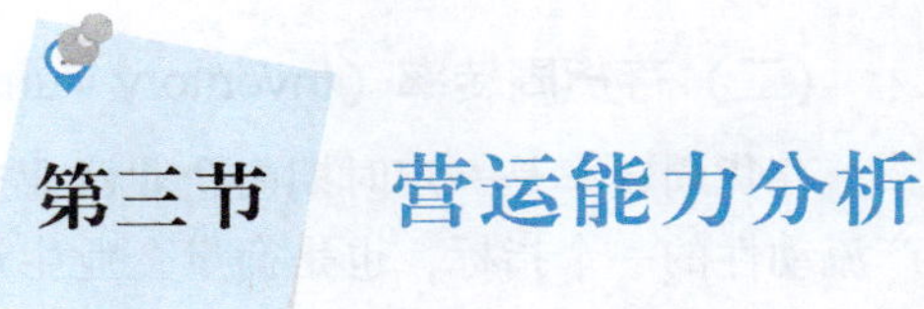

第三节 营运能力分析

营运能力是指企业对其有限资源的配置和利用能力，从价值的角度看，就是企业资金的利用效果。企业的营运能力最终是通过资产的运作体现出来的。因此，营运能力分析主要有：流动资产营运能力分析、固定资产营运能力分析、总资产营运能力分析。

> 评价企业营运能力的指标主要有应收账款周转率、存货周转率、固定资产周转率和总资产周转率。

一、流动资产营运能力分析

评价企业流动资产营运能力的指标主要有应收账款周转率和存货周转率。

（一）应收账款周转率（Accounts Receivable Turnover）

应收账款周转率是一定时期内商品或产品营业收入与应收账款平均余额的比值，是反映应收账款周转速度的指标。其计算公式为

应收账款周转率（次数）= 营业收入 ÷ 应收账款平均余额

应收账款平均余额 = (应收账款年初数 + 应收账款年末数) ÷ 2

应收账款周转天数 = 360（天）÷ 应收账款周转率（次）

= (应收账款平均余额 × 360) ÷ 营业收入净额

应收账款周转率反映了企业应收账款变现速度的快慢及管理效率的高低。一般认为：应收账款周转率越高，表明企业组织收回应收账款的速度越快，造成坏账损失的风险越小，流动资产流动性越好，短期偿债能力越强。反之，应收账款周转率越低，说明企业组织收回应收账款的速度越慢，造成坏账损失的风险越大，流动资产流动性越差，短期偿债能力越弱。

但是，从另一个角度来看，应收账款周转次数多，周转天数少，表明企业信用销售严格；反之，表明企业信用销售放宽。信用销售严格，有利于加速应收账款周转，减少坏账损失，但有可能丧失销售商品的机会，减少销售收入。信用销售放宽，有利于商品销售，增加销售收入，但应收账款收回速度会减慢，更多的营运资金会占用在应收账款上，还可能增加坏账损失。衡量应收账款周转率的标准是企业的信用政策（详见第五章第三节应收账款管理）。

利用上述公式计算应收账款周转率时，需要注意几个问题：

（1）公式中的应收账款包括会计核算中的“应收账款”和“应收票据”等全部赊销账款，且其金额应为扣除坏账准备后的净额。

（2）如果应收账款余额的波动性较大，应尽可能使用更详尽的计算资料，如按每月的应收账款余额来计算其平均占用额。

（3）分子、分母的数据应注意时间的对应性。

例 11－8 根据表 11－2、表 11－3 的资料，计算该企业 2020 年的应收账款周转率。

解：

应收账款平均余额＝(10 400＋11 800)÷2＝11 100（万元）

应收账款周转率＝40 000÷11 100＝3.60（次）

应收账款周转天数＝360÷3.60＝100（天）

（二）存货周转率（Inventory Turnover）

存货周转率是一定时期内企业营业成本与存货平均资金占用额的比率，是反映企业流动资产流动性的一个指标，也是衡量企业生产经营各环节中存货运营效率的一个综合指标。其计算公式为

存货周转率（次数）＝营业成本÷存货平均余额

存货平均余额＝（存货期初数＋存货期末数）÷2

存货周转天数＝360÷存货周转率

存货周转率是从存货变现角度来分析企业的销售能力及存货适量程度的。一般来说，在存货水平一定的条件下，存货周转率越高越好，存货周转率越高，表明其变现的速度越快，说明企业销售能力越强，营运资金占用在存货上的量越小。反之，存货周转速度越慢，表明其变现的速度越慢，说明企业销售能力越弱，存货积压，营运资金占用在存货上的量越大。通过存货周转分析，有利于找出存货管理存在的问题，尽可能降低资金占用水平。

存货周转率还可以衡量存货的存储是否适当，是否能保证生产不间断进行和产品有秩序地销售。存货既不能储存过少，造成生产中断或销售紧张；又不能储存过多而形成呆滞、积压。只有结构合理、质量可靠，才能保证生产和销售任务正常、顺利地进行。用该指标进行分析要注意的是，衡量和评价存货周转率没有一个绝对的标准，因行业而异。

例 11－9 根据表 11－2、表 11－3 的资料，计算该公司 2020 年的存货周转率。

解：

存货平均余额＝(2 400＋2 600)÷2＝2 500（万元）

存货周转率＝24 400÷2 500＝9.76（次）

存货周转天数＝360÷9.76＝36.89（天）

二、固定资产营运能力分析

评价企业固定资产营运能力的指标主要是固定资产周转率。固定资产周转率（Fixed Asset Turnover）是企业年营业收入与固定资产平均净值的比率。其计算公式为

$$固定资产周转率（次数）=营业收入\div固定资产平均净值$$

$$固定资产周转天数=360\div固定资产周转率$$

固定资产周转率高，表明企业固定资产利用充分，同时也能表明企业固定资产使用得当，固定资产结构合理，能够充分发挥效率。反之，如果固定资产周转率不高，则表明固定资产使用效率不高，提供的生产成果不多，企业的营运能力不强。

运用固定资产周转率时，需要考虑固定资产因计提折旧的影响，其净值在不断减少，以及因更新重置，其净值突然增加的影响。同时，由于折旧方法的不同，可能影响其可比性。故在分析时，一定要剔除不可比因素。

例 11－10 根据表 11－2、表 11－3 的资料，计算该公司 2020 年的固定资产周转率。

解：

固定资产平均净值＝(24 000＋28 000)÷2＝26 000（万元）

固定资产周转率＝40 000÷26 000＝1.54（次）

固定资产周转天数＝360÷1.54＝233.77（天）

三、总资产营运能力分析

评价企业总资产营运能力的指标主要是总资产周转率。总资产周转率（Asset Turnover）是企业营业收入与资产平均总额的比率，其计算公式为

$$总资产周转率（次数）=营业收入\div资产平均总额$$

$$总资产周转天数=360\div总资产周转率$$

例 11－11 根据表 11－2、表 11－3 的资料，计算该公司 2020 年的总资产周转率。

解：

资产平均总额＝40 000＋46 000＝43 000（万元）

总资产周转率＝40 000÷43 000＝0.93（次）

总资产周转天数＝360÷0.93＝387.10（天）

利用一定时期的营业收入与总资产的比率分析，可以有效地衡量总资产的利用效率。总资产周转率是从周转速度的角度评价企业全部资产的使用效率。一般来说：总资产周转率越高，说明企业全部资产周转速度越快，企业资产利用越充分，结构分布越合理，进而说明企业营运能力越强；反之，说明企业营运能力越弱。

第四节 盈利能力分析

不论是投资人、债权人还是经理人员，都会非常重视和关心企业的盈利能力。盈利能力是指企业资金增值的能力，即企业获取利润的能力，它通常体现为企业收益数额的大小与水平的高低。这里主要从企业一般盈利能力和股份有限公司盈利能力角度分析。

一、企业一般盈利能力的分析

反映企业一般盈利能力的指标主要有以下指标：

(一) 营业利润率（Operating Profit Rate）

营业利润率的实质是反映企业从实现的商品价值中获利多少。从不同角度反映销售盈利水平的财务指标主要有两个：

1. 营业毛利率（Operating Gross Profit Rate）

> 评价企业盈利能力的指标主要有营业利润率、成本费用利润率、资产利润率、净资产收益率和资本保值增值率等。

营业毛利率是毛利额与营业收入之比。其计算公式为

营业毛利率 = 营业毛利 ÷ 营业收入

营业毛利是营业收入扣除营业成本后的余额，它是企业用于补偿期间费用的重要资金来源，也是企业获取利润的重要来源，在相当程度上对企业的经营绩效起着决定作用。营业毛利率反映的是企业实现商品价值的获利水平。营业毛利率越大，说明营业收入中营业成本所占比重越小，毛利额越大，实现价值的盈利水平越高。

例 11-12 根据表 11-3 的资料，计算该公司 2020 年的营业毛利率。

解：

营业毛利 = 40 000 - 24 400 = 15 600（万元）

营业毛利率 = 15 600 ÷ 40 000 = 0.39

2. 营业净利率（Operating Net Profit Rate）

营业净利率是企业净利润与营业收入之比。其计算公式为

营业净利率 = 净利润 ÷ 营业收入

公式中的净利润是指企业的税后利润。营业净利率反映企业实现的净利润水平。营业净利率越高说明企业获取净利能力越强。

例 11-13 根据表 11-3 的资料，计算该公司 2020 年的营业净利率。

解： 营业净利率 = 5 040 ÷ 40 000 = 0.13

(二) 成本费用利润率（Cost Expense Rate）

成本费用利润率是指利润与成本费用的比率，它反映企业生产经营过程中发生的耗费与获得的收益之间的关系。其计算公式为

成本费用利润率 =（利润总额 ÷ 成本费用总额）× 100%

成本费用总额 = 营业成本 + 期间费用总额

成本费用是企业生产经营发生的全部耗费。成本费用利润率反映了企业耗费获利水平的重要财务指标。成本费用利润率越高，说明企业生产经营耗费获利水平越高，资产使用效益越好，企业获利能力越强。

例 11-14 根据表 11-3 的资料，计算该公司 2020 年成本费用利润率。

解：

成本费用总额 = 24 400 + 1 800 + 2 000 + 600 = 28 800（万元）

成本费用利润率 = 8 400 ÷ 28 800 × 100% = 29.17%

(三) 资产利润率

资产利润率实质是反映企业从资产使用中获利多少。从不同角度反映企业资产获利水平的

指标主要有两个：

1. 总资产报酬率（Rate of Return on Total Assets）

总资产报酬率是企业一定时期内获得的报酬总额与企业平均资产总额的比率。它是反映企业资产综合利用效果的指标，也是衡量企业利用债权人和所有者权益总额所取得盈利的重要指标。其计算公式为

$$
\begin{aligned}
总资产报酬率 &= (利润总额 + 利息支出) \div 平均资产总额 \\
&= 息税前利润 \div 平均资产总额
\end{aligned}
$$

平均资产总额为年初资产总额与年末资产总额的平均数。该比率越高，说明该企业资产利用效率越好，整个企业盈利能力越强，经营管理水平越高。

例 11-15 根据表 11-2、表 11-3 的资料，计算该公司 2020 年总资产报酬率。

解：

$$总资产报酬率 = (8\,400 + 600) \div [(40\,000 + 46\,000) \div 2] = 0.21$$

2. 总资产净利率（Rate of Net Profit on Total Assets）

总资产净利率是一定时期企业净利润与平均资产总额之间的比率。其计算公式为

$$总资产净利率 = 净利润 \div 平均资产总额$$

公式中，平均资产总额求法同上，净利润指税后利润。总资产利润率反映企业一定时期的平均资产总额创造净利润的能力，表明企业资产利用的综合经济效益。这个比率越高，表明资产的利用效率越高，说明企业利用经济资源的能力越强。

例 11-16 根据表 11-2、表 11-3 的资料，计算该公司 2020 年总资产净利率。

解：

$$总资产净利率 = 6\,300 \div [(40\,000 + 46\,000) \div 2] = 0.15$$

（四）净资产收益率（Return On Equity，缩写为 ROE）

净资产收益率是指企业一定时期内的净利润与平均净资产的比率。它可以反映投资者投入企业的自有成本获取净收益的能力，即反映投资与报酬的关系，因而是评价企业资本经营效益的核心指标。其计算公式为

$$净资产收益率 = (净利润 \div 平均净资产) \times 100\%$$

平均净资产是企业年初所有者权益同年末所有者权益的平均数，即

$$平均净资产 = (所有者权益年初数 + 所有者权益年末数) \div 2。$$

例 11-17 根据表 11-2、表 11-3 的资料，计算该公司 2020 年净资产收益率。

$$净资产收益率 = 6\,300 \div [(29\,200 + 33\,000) \div 2] \times 100\% = 20.26\%$$

二、股份有限公司盈利能力分析

股份有限公司盈利能力分析主要从每股收益、每股股利、市盈率、每股净资产四方面来进行介绍的。

（一）每股收益（Earnings Per Share，EPS）

每股收益也称每股利润或每股盈余，是指上市公司本年净利润与本年普通股总数的比值，反映普通股的获利水平，是衡量上市公司盈利能力的最常用指标。其计算公式为

$$每股收益 = 净利润 \div 年末普通股总数$$

为了更好地反映普通股所取得的利润。每股收益也可以用净利润扣除优先股股利后的余额

除以发行在外的普通股平均股数来计算。其计算公式为

每股收益 =（净利润 - 优先股股利）÷ 发行在外的普通股平均股数

每股收益是上市公司发行在外的普通股所取得的利润，它可以反映公司获利能力的大小。每股收益越高，说明公司获利能力越强。

（二）每股股利（Dividends Per Share）

每股股利是指上市公司本年发放的普通股现金股利总额与年末普通股总数的比值。其计算公式为

每股股利 = 普通股现金股利总额 ÷ 年末普通股总数

每股股利是上市公司普通股股东从公司实际分得的每股利润，它反映上市公司当期利润的积累和分配情况。

（三）市盈率（Price - Earning Ratio，简称 P/E）

市盈率是上市公司普通股每股市价相当于每股收益的倍数，反映投资者对上市公司每股净利润愿意支付的价格，可以用来估计股票的投资报酬和风险。其计算公式为

市盈率 = 普通股每股市价 ÷ 普通股每股收益

市盈率是反映上市公司获利能力的一个重要指标，投资者对这个比率十分重视。一般来说，市盈率高，说明投资者对该公司的发展前景看好，愿意出较高的价格购买该公司股票。一般情况下，人们认为市盈率在 5 ~ 20 之间是正常的。当股市受到不正常因素干扰时，某些股票的市价被哄抬到不应有的高度，市盈率会过高。超过 20 的市盈率被认为是不正常的，很可能是股价下跌的前兆，风险很大。股票市盈率比较低，则表明投资者对公司的前景缺乏信心，不愿意多付买价。一般认为，市盈率在 5 以下的股票前景暗淡，持有这种股票的风险比较大。不同行业股票市盈率的正常值是不同的，而且会经常变化。当人们预期将发生通货膨胀或利率提高时，股票的市盈率会普遍下降；当人们预期公司利润将增长时，市盈率会上升；此外，债务比重大的公司，股票市盈率较低。

（四）每股净资产（Net Asset Per Share）

每股净资产也称每股账面净值，是上市公司年末净资产与年末普通股总数的比值，反映每一股普通股在会计期末的账面价值。其计算公式为

每股净资产 = 年末股东权益 ÷ 年末普通股总数

第五节 发展能力分析

企业的发展能力是指企业扩大规模和实力的能力，反映企业依靠自身的内部积累不断壮大实力的能力。评价企业发展能力的主要财务比率有销售增长率、资产增长率、资本保值增值率、利润增长率等。

（一）销售增长率（Sale Growth Rate）

销售增长率也称营业收入增长率，是指企业本年营业收入增长额与上年营业收入总额的比率。其计算公式为

销售增长率 =（本年营业收入增长额 ÷ 上年营业收入总额）×100%

本年营业收入增长额是指本年营业收入总额与上年营业收入总额的差额。销售增长率反映了企业营业收入的变化情况，是评价企业成长能力和市场竞争力的重要指标。该比率越高，说明企业营业收入的成长性越好，企业的发展能力越强。

例 11 - 18 根据表 11 - 3 的资料，计算该公司 2020 年的销售增长率。

解： 销售增长率 =（4 000 ÷ 36 000）×100% = 11.11%

（二）资产增长率（Asset Growth Rate）

资产增长率是指企业本年资产增长额与上年资产总额之间的比率，反映资产的增减变动情况，是评价企业成长状况和发展能力的重要指标。其计算公式为

资产增长率 =（本年资产增长额 ÷ 上年资产总额）×100%

资产增长率是衡量企业资产扩张趋势的重要指标，企业资产总量对企业的发展具有重要影响。该指标越大，表明企业资产规模的增长速度越快，企业竞争力越强。当然，同时也要分析企业资产的质量变化。

例 11 - 19 根据表 11 - 2 的资料，计算该公司 2020 年的资产增长率。

解： 资产增长率 =（6 000 ÷ 40 000）×100% = 15%

（三）资本保值增值率（Capital Maintenance And Appreciation Rate）

资本保值增值率是指企业本年末所有者权益同年初所有者权益的比率，也称资本积累率。资本保值增值率表示企业当年资本在企业自身努力下的实际增减变动情况，是评价企业财务效益状况的辅助指标。其计算公式为

资本保值增值率 = 年末所有者权益 ÷ 年初所有者权益

在企业投资额不变的情况下，资本保值率等于 100%，即意味着资本保值；资本保值率大于 100%，则意味着资本增值，因为如果企业能力提高，利润增加，必然会使期末所有者权益大于期初所有者权益。资本保值增值率谨慎、稳健地反映了企业资本保全和增值状况，它充分体现了对所有者权益的保护，能够及时、有效地发现侵蚀所有者权益的现象。

例 11 - 20 根据表 11 - 2 的资料，计算该公司 2020 年的资本保值增值率。

解： 资本保值增值率 = 33 000 ÷ 29 200 = 1.13

（四）利润增长率（Profit Growth Rate）

利润增长率是指企业本年利润增长额与上年利润总额之间的比率，反映利润的增减变动情况。其计算公式为

利润增长率 =（本年利润增长额 ÷ 上年利润总额）×100%

利润增长率是衡量企业盈利能力增长趋势的重要指标，该指标越大，标明企业的成长性越好，发展能力越强。

例 11 - 21 根据表 11 - 3 的资料，计算该公司 2020 年的利润增长率。

解： 利润增长率 = 400 ÷ 8 000 = 5%

第六节 现金流量分析

现金流量分析是指采用一定的方法对财务报告中有关现金流量信息进行计算处理，再对其进行比较、分析和研究，借以了解企业财务状况和经营成果，发现和揭示企业在现金流转方面的问题，为预测企业未来的现金流量、科学决策提供必要的信息。这里主要介绍获取现金能力分析和收益质量分析。

一、获取现金能力分析

分析企业现金流量的指标主要有营业现金比率、每股营业现金净流量、全部资产现金回收率、净收益营运指数和现金营运指数等。

获取现金的能力，可通过经营活动现金流量净额与投入资源之比来反映。投入资源可以是营业收入、资产总额、营运资金净额、净资产或普通股数等。

（一）营业现金比率（Operating Cash Ratio）

营业现金比率是企业经营活动现金流量净额与企业营业收入之比。其计算公式为

营业现金比率 = 经营活动现金流量净额 ÷ 营业收入

例 11-22 如果营业收入为 50 000 万元，经营活动现金流量净额为 34 000 万元，则：

解： 营业现金比率 = 34 000 ÷ 50 000 = 0.68

该指标衡量营业收入在当年的收现程度。这一比率越高，说明企业积压在应收账款上的数额越小，企业经营成本越低。

（二）每股营业现金净流量（Net Operating Cash Flow Per Share）

每股营业现金净流量是企业经营活动现金流量净额与普通股股数之比。其计算公式为

每股营业现金净流量 = 经营活动现金流量净额 ÷ 普通股股数

例 11-23 假设普通股为 85 000 万股，经营活动现金流量净额为 34 000 万元，则：

解： 每股营业现金净流量 = 34 000 ÷ 85 000 = 0.4（元/股）

该指标反映企业分派股利的能力，若此指标太低，容易引起企业资金短缺。

（三）全部资产现金回收率（Cash Recovery Rate of Asset）

全部资产现金回收率是指企业一定时期经营活动现金净流量与总资产的比率。其计算公式为

全部资产现金回收率 = 经营活动现金流量净额 ÷ 企业总资产

例 11-24 假设全部资产总额为 64 500 万元，经营活动现金流量净额为 34 000 万元，则：

解： 全部资产现金回收率 = 34 000 ÷ 64 500 = 0.53

这一指标旨在衡量企业运用全部经济资源进行经营，创造现金的能力，是一个综合指标，反映企业利用资产的综合效果。这一比率越高，表明企业资产的利用效率越高。

二、收益质量分析

收益质量分析指标主要有两个，包括净收益营运指数和现金营运指数。

（一）净收益营运指数

净收益营运指数是指经营净收益与净利润之比。其计算公式为

净收益营运指数 = 经营净收益 ÷ 净利润

其中：　经营净收益 = 净利润 − 非经营净收益

非经营净收益 = 处置固定资产、无形资产和其他长期资产的净收益（损失以"−"号表示）+ 投资净收益（损失以"−"号表示）− 固定资产报废损失 − 财务费用

非经营净收益包括处置固定资产净收益、投资净收益、固定资产报废损失、财务费用等，这些项目与企业的日常生产经营关系不大，属于非经常性的收益（或损失），不能反映企业的核心能力和正常的收益能力，计算经营净收益时应从净利润中剔除。

经营净收益营运指数越大，表明经营收益创造利润越大，收益质量越好；净收益营运指数越小，表明非经营收益所占比重越大，收益质量越差。

例 11 − 25　某公司 2020 年现金流量表附表见表 11 − 4，计算该公司的净收益营运指数。

表 11 − 4　现金流量表附表　（单位：万元）

项　　目	金 额	说　明
补充资料（附注）		
将净利润调整为经营活动现金流量		
净利润	8 370	
加：资产减值准备	215	这些项目属于非付现费用，共计 2 478 万元
固定资产折旧	2 051	
无形资产摊销	69	
长期待摊费用摊销	143	
处置固定资产、无形资产和其他长期资产的损失（收益以"−"号填列）	50	这些项目属于非经营净收益，共计 30 + 1 500 − 5 − 140 − 50 = 1 335（万元）
固定资产报废损失（收益以"−"号填列）	5	
公允价值变动损失（收益以"−"号填列）	−30	
财务费用（收益以"−"号填列）	140	
投资损失（收益以"−"号填列）	−1 500	
递延所得税资产减少（增加以"−"号填列）	−16	
递延所得税负债增加（减少以"−"号填列）	−90	
存货的减少（增加以"−"号填列）	−2 933	
经营性应收项目的减少（增加以"−"号填列）	5 551	
经营性应付项目的增加（减少以"−"号填列）	−5 490	
其他	490	
经营活动产生的现金流量净额	7 025	

解：

$$经营净收益 = 8\ 370 - 1\ 335 = 7\ 035\ （万元）$$

$$净收益营运指数 = 7\ 035 \div 8\ 370 = 0.84$$

（二）现金营运指数

现金营运指数反映企业经营活动现金净流量与企业经营所得现金的比值。其计算公式为

$$现金营运指数 = 经营活动现金净流量 \div 经营所得现金$$

其中：

$$经营所得现金 = 经营净收益 + 非付现费用$$

$$非付现费用 = 资产减值准备 + 固定资产折旧 + 无形资产摊销 + 长期待摊费用摊销$$

该指标反映每一元的经营活动收益收回多少现金。现金营运指数小于1，说明一部分收益没有取得现金，停留在债权或实物形态，而债权或实物的风险大于现金，应收账款不一定能足额变现，存货也有贬值的风险，所以未收现的收益质量低于已收现的收益。其次，现金营运指数小于1，说明营运资金增加了，反映企业为取得同样的收益占用了更多的营运资金，取得收益的代价增加了，同样的收益代表着较差的业绩。接近1，说明企业可以用经营获取的现金与其应获现金相当，收益质量高。

例11-26 根据表11-4的资料，计算该公司现金营运指数。

解：

$$经营所得现金 = 7\ 035 + 2\ 478 = 9\ 513\ （万元）$$

$$现金营运指数 = 7\ 025 \div 9\ 513 = 0.74$$

第七节 财务综合分析

财务分析的目的就是要全方位表达和披露企业的经营理财状况，进而对企业经济效益做出正确合理的判断，为企业资金的筹集、投放、运用、分配等一系列财务活动的决策提供有力的支持。而个别财务指标、个别会计报表，均不能全面系统地对企业的财务状况和经营成果做出评价，因此，企业必须在上述财务分析的基础上进行综合分析。

一、财务综合分析的含义及特点

财务综合分析（Composite Financial Analysis）就是将企业视作一个完整的大系统，并将营运能力、偿债能力、盈利能力和发展能力诸方面各要素分析融合在一个有机的整体中，全方位评价企业财务状况、经营成果和经济活动。

一个健全有效的综合财务分析指标体系必须具备三个基本特点：

1. 指标要素齐全适当

指标要素的齐全性，意味着所设置的评价指标必须能够涵盖企业获利能力、偿债能力及营运能力诸方面总体考核的要求。

2. 主辅指标功能协调匹配

主辅指标功能协调匹配是指首先要明晰总体结构中各项指标的主辅地位；其次不同范畴的

主要考核指标要能从不同侧面、不同层次地反映企业经营状况、财务状况，揭示出企业经营理财的实绩。

3. 满足以企业为中心的多方位财务信息需要

为满足以企业为中心的多方位财务信息的需要，就要求评价指标体系必须能够提供多层次、多角度的信息资料，既能满足企业内部管理当局实施决策的需要，又能满足外部投资者和政府经济管理机构据以决策和实施宏观调控的要求。

二、财务综合分析方法

财务综合分析主要有杜邦分析法和沃尔评分法。

（一）杜邦分析法

1. 杜邦分析法的重要意义

杜邦分析法又称杜邦财务分析体系，简称杜邦体系，是指利用各个主要财务比率指标之间的内在联系，综合分析、评价企业财务状况的一种分析方法。杜邦财务分析体系以净资产收益率为核心，将其分解为若干财务指标，通过分析分解指标的变动对净资产收益率的影响来揭示企业获利能力及其变动原因。杜邦财务分析体系基本结构如图 11－1 所示。

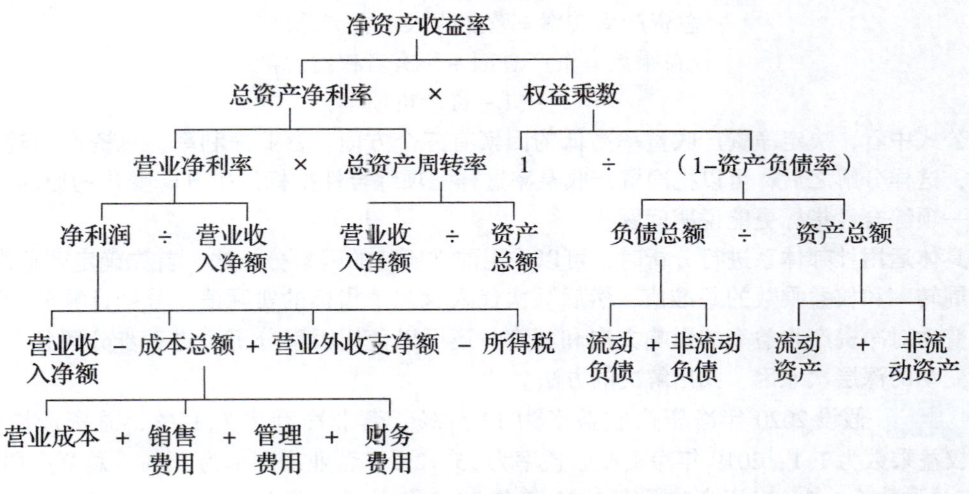

图 11－1　杜邦财务分析体系基本结构图

图 11－1 反映了有关财务指标之间的内在关系，其主要意义有：

（1）杜邦财务分析体系以净资产收益率为核心，其他各项指标都围绕这一核心，通过研究彼此间的依存制约关系，而揭示企业的获利能力及其前因后果。财务管理的目标是企业价值最大化，净资产收益率反映所有者投入资金的获利能力，反映企业筹资、投资、资产运营等活动的效率，提高净资产收益率是实现财务管理目标的基本保证。该指标的高低取决于营业净利率、总资产周转率和权益乘数。

（2）营业净利率反映了企业净利润与营业收入的关系。提高营业净利率是提高企业盈利的关键，主要有两个途径：①扩大营业收入，②降低成本费用。

（3）总资产周转率揭示企业资产总额实现营业收入的综合能力。企业应当联系营业收入分析企业资产的使用是否合理，资产总额中流动资产和非流动资产的结构安排是否适当。此外，还必须对资产的内部结构以及影响总资产周转率的各具体因素进行分析。

（4）权益乘数反映所有者权益与总资产的关系。权益乘数越大，说明企业负债程度越高，能给企业带来的财务杠杆利益越大，但同时偿债风险也越大。因此，企业既要合理使用全部资产，又要妥善安排资本结构。

通过杜邦财务分析体系自上而下的分析，可以了解企业财务状况全貌以及各项指标的内在关系，财务状况的变动因素及其存在的主要问题，为经营者提供解决企业财务问题的思路；同时也为企业提供了财务目标的分解控制途径。自上而下运用，可以考察企业经营活动中各项财务指标的实际情况，为企业的财务控制和财务考核提供基本的路径和范围，有利于企业财务管理中责、权、利关系的进一步明确，为企业建立有效的内部财务管理体系奠定基础。因此，杜邦财务分析体系是企业财务管理的重要指标体系。

2. 杜邦财务分析体系关系式

净资产收益率是所有比率中综合性最强、最具有代表性的一个指标。

$$\begin{aligned}净资产收益率 &= 总资产净利率 \times 权益乘数\\ &= 营业净利率 \times 总资产周转率 \times 权益乘数\end{aligned}$$

其中：

$$营业净利率 = 净利润 \div 营业收入$$

$$总资产周转率 = 营业收入 \div 资产总额$$

$$\begin{aligned}权益乘数 &= 资产总额 \div 所有者权益总额\\ &= 1 \div (1 - 资产负债率)\end{aligned}$$

从公式中看，决定净资产收益率高低的因素有三个方面：营业净利率、总资产周转率和权益乘数，这样分解之后，可以把净资产收益率这样一项综合性指标发生升降变化的原因具体化，比只用一项综合性指标更能说明问题。

在具体运用杜邦体系进行分析时，可以采用前文所述的因素分析法，首先确定营业净利率、总资产周转率和权益乘数的基准值，然后顺次代入这三个指标的实际值，分别计算分析这三个指标的变动对净资产收益率的影响方向和程度，还可以使用因素分析法进一步分解各个指标并分析其变动的深层次原因，找出解决的方法。

例 11－27 假设 2020 年净资产收益率为 12.54%，营业净利率为 12%，总资产周转率为 0.95，权益乘数为 1.1；2019 年净资产收益率为 15.12%，营业净利率为 14%，总资产周转率为 0.9，权益乘数为 1.2。净资产收益率 2020 年与 2019 年的总差异为 −2.58%，请对该企业净资产收益率差异进行因素分析。

解：

（1）先分析营业净利率的变动对净资产收益率的影响程度。营业净利率由 14% 变为 12%，对净资产收益率的影响为（12% −14%）×0.9×1.2 = −2.16%

（2）在分析营业净利率的基础上，分析总资产周转率的变动对净资产收益率的影响程度。总资产周转率由 0.9 变为 0.95，对净资产收益率的影响为 12% ×(0.95 −0.9) ×1.2 =0.72%

（3）在分析营业净利率、总资产周转率的基础上分析权益乘数的变动对净资产收益率的影响程度。权益乘数由 1.2 变为 1.1，对净资产收益率的影响为 12% ×0.95×(1.1 −1.2) = −1.14%

（4）所有因素的变动，即营业净利率、总资产周转率和权益乘数三因素的变动对净资产收益率的影响程度为 −2.16% +0.72% +(−1.14%) = −2.58%

以上合计数说明，营业净利率、总资产周转率和权益乘数的共同变动对净资产收益率的影响程度为 −2.58%，刚好等于净资产收益率总差异。

（二）沃尔评分法

亚历山大·沃尔在其20世纪初出版的《信用晴雨表研究》和《财务报表比率分析》中提出了信用能力指数概念，将流动比率、产权比率、固定资产比率、存货周转率、应收账款周转率、固定资产周转率、自有资金周转率七项财务比率用线性关系结合起来，并分别给定各自的分数比重，然后通过与标准比率进行比较，确定各项指标得分及总体指标的累计分数，从而对企业的信用水平进行评价。

沃尔评分法有两个缺陷：①所选定的七项指标缺乏证明力；②当某项指标严重异常时，会对总评分产生不合逻辑的重大影响。本章不予介绍。

本章小结

1. 财务分析是指利用财务报表及其他有关资料，采用专门的方法对企业的财务状况、经营成果和现金流量状况进行比较、评价，以利于企业经营管理者、投资者、债权人及国家财税机关掌握企业财务活动情况和进行经营决策的一项管理工作。财务分析反映企业在运营过程中的利弊得失和发展趋势，从而为改进企业财务管理和优化经济决策提供重要的财务信息。

2. 常用的财务分析方法有比率分析法、因素分析法和趋势分析法。

3. 财务分析的主要内容包括以下四方面：偿债能力分析、营运能力分析、盈利能力分析、发展能力分析和现金流量分析。

4. 企业偿债能力分析包括短期偿债能力分析和长期偿债能力分析。企业短期偿债能力的衡量指标主要有流动比率、速动比率和现金比率。长期偿债能力是指企业偿还长期负债的能力，其分析指标主要有三项：资产负债率、产权比率和利息保障倍数。

5. 企业营运能力分析主要包括：流动资产营运能力分析、固定资产营运能力分析和总资产营运能力分析三方面。

6. 企业一般盈利能力的分析指标主要有营业利润率、成本利润率、资产利润率、净资产收益率等。

7. 企业发展能力的分析指标主要有销售增长率、资产增长率、资本保值增值率、利润增长率等。

8. 财务综合分析就是将企业视作一个完整的大系统，并将营运能力、偿债能力、盈利能力和发展能力诸方面各要素分析融合在一个有机的整体中，全方位评价企业财务状况、经营成果和经济活动。财务综合分析的主要方法有杜邦分析法和沃尔评分法。

复习思考题

1. 什么是财务分析？财务分析的目的是什么？
2. 财务分析的基本方法有哪些？
3. 如何对企业的偿债能力进行分析？
4. 如何对企业的营运能力进行分析？
5. 如何对企业的盈利能力进行分析？
6. 什么是杜邦财务分析体系？试述它的原理。

本章习题

一、单项选择题

1. 如果流动比率大于1，则下列结论成立的是（　　）。
   A. 速动比率大于1　　B. 现金比率大于1
   C. 流动资产大于流动负债　　D. 短期偿债能力绝对有保障
2. 在计算速动资产时，之所以要扣除存货等项目，是由于（　　）。
   A. 这些项目价值变动较大　　B. 这些项目质量难以保证
   C. 这些项目数量不易确定　　D. 这些项目变现能力较差
3. 不是评价企业短期偿债能力的指标是（　　）。
   A. 产权比率　　B. 流动比率　　C. 现金比率　　D. 速动比率
4. 杜邦财务分析体系的核心指标是（　　）。
   A. 总资产报酬率　　B. 总资产周转率　　C. 净资产收益率　　D. 营业净利率
5. 权益乘数是指（　　）。
   A. 1/(1－产权比率)　　B. 1/(1－资产负债率)
   C. 产权比率/(1－产权比率)　　D. 资产负债率/(1－资产负债率)
6. 在企业总资产周转率为1.6时，会引起该指标下降的经济业务是（　　）。
   A. 销售商品取得收入　　B. 借入一笔短期借款
   C. 用银行存款购入一台设备　　D. 用银行存款支付一年的电话费
7. 在其他条件不变的情况下，下列经济业务可能导致总资产报酬率上升的是（　　）。
   A. 用现金支付一笔经营费用　　B. 用银行存款购买原材料
   C. 将可转换债券转换为普通股　　D. 用银行存款归还长期借款
8. 企业增加速动资产，一般会（　　）。
   A. 增加企业营运能力　　B. 提高企业的机会成本
   C. 增加企业的财务风险　　D. 提高流动资产的收益率
9. 杜邦财务分析体系主要用于（　　）。
   A. 企业偿债能力分析　　B. 企业盈利能力分析
   C. 企业资产管理能力分析　　D. 财务综合分析
10. 甲公司年初速动比率为1.1，流动比率为2.0。当年年末公司的速动比率为0.8，流动比率为2.4。变动原因在于（　　）。
    A. 应付账款增加　　B. 应收账款减少　　C. 存货增加　　D. 存货减少

二、多项选择题

1. 影响速动比率的因素有（　　）。
   A. 应收账款　　B. 存货　　C. 预付账款　　D. 应付票据
2. 反映企业盈利状况的财务指标有（　　）。
   A. 营业利润率　　B. 总资产报酬率
   C. 净资产收益率　　D. 资本保值增值率
3. 关于财务分析有关指标的说法中，正确的有（　　）。

A. 尽管流动比率可以反映企业的短期偿债能力，但有的企业流动比率较高，却没有能力支付到期的应付账款

B. 产权比率揭示了企业负债与资本的对应关系

C. 与资产负债率相比，产权比率侧重于揭示财务结构的稳健程度以及权益资本对偿债风险的承受能力

D. 较之流动比率或速动比率，以现金比率来衡量企业短期债务的偿还能力更为保险

4. 反映企业营运能力的指标包括（　　）。

A. 净资产收益率　　B. 流动资产周转率

C. 固定资产周转率　　D. 存货周转率

5. 在其他条件不变的情况下，会引起总资产周转率指标上升的经济业务有（　　）。

A. 用现金偿还负债　　B. 借入一笔短期借款

C. 用银行存款购入一台设备　　D. 用银行存款支付一年的电话费

6. 关于资产负债率的评价，正确的有（　　）。

A. 从债权人角度看，资产负债率越大越好

B. 从债权人角度看，资产负债率越小越好

C. 从股东角度看，资产负债率越大越好

D. 从股东角度看，当全部资本利润率高于债务利率时，资产负债率越大越好

7. 如果企业的已获利息倍数小于1，下列表述正确的有（　　）。

A. 息税前利润小于0

B. 包括利息支出和税前的正常业务经营利润小于利息支出

C. 短期偿债能力较低

D. 长期偿债能力较低

8. 关于每股收益，下列说法正确的有（　　）。

A. 年度内普通股股数不发生变化时，采用本年净利润与年末普通股股数的比值

B. 是衡量上市公司盈利能力最重要的指标，它反映了普通股的获利水平

C. 在分析每股收益时，公司间的比较意义很有限

D. 反映了股票市价所含的风险

9. 影响资产净利率高低的因素主要有（　　）。

A. 产品的价格　　B. 单位成本的高低　　C. 销售量　　D. 资产周转率

10. 如果流动比率过高，意味着企业存在（　　）的可能。

A. 闲置现金　　B. 存货积压

C. 应收账款周转缓慢　　D. 偿债能力很差

三、判断题

1.（　　）现金比率的提高不仅增加资产的流动性，也会使机会成本增加。

2.（　　）若固定资产净值增加幅度低于销售收入净额增长幅度，则会引起固定资产周转率增大，表明企业的营运能力有所提高。

3.（　　）本应借记应付账款，却误借记应收账款，这种错误必然会导致流动比率上升。

4.（　　）在总资产报酬率不变的情况下，资产负债率越低，权益资金利润率越高。

5.（　　）权益乘数的高低取决于企业的资金结构，资产负债率越高，权益乘数越低，财务风险越大。

6.（　　）采用比率分析法，可以分析引起变化的主要原因、变动性质，并可预测企业未来的

发展前景。

7. （　　）将不同时期报表中相同的项目加以对比，即可求出相关比率。
8. （　　）因素分析法既可以全面分析各因素对某一经济指标的影响，又可以单独分析某个因素对某一经济指标的影响。
9. （　　）如果产权比率等于1，则资产负债率必然等于1。
10. （　　）在总资产净利率不变的情况下，资产负债率越高，净资产收益率越低。

四、计算题

1. 已知某公司2020年度会计报表有关资料见表11-5。要求：计算杜邦财务分析体系中的下列指标：

（1）净资产收益率。

（2）总资产净利率。

（3）营业净利率。

（4）总资产周转率。

（5）权益乘数。

表11-5　会计报表有关资料　（单位：万元）

资产负债表项目	年初数	年末数
资产	16 000	20 000
负债	9 000	12 000
所有着权益	7 000	8 000
利润表项目	上年数	本年数
营业收入	（略）	40 000
净利润	（略）	1 000

2. 星光公司2020年度资产负债表见表11-6。要求：

表11-6　资产负债表（简表）

2020年12月31日　（单位：万元）

资产	金额	负债和所有者权益	金额
货币资金	42	应付账款	60
银行存款	140	预收账款	16
交易性金融资产	40	短期借款	60
应收账款	12	长期借款	200
应收票据	12	应付债券	20
存货	62	负债合计	356
固定资产	1 672	所有者权益合计	1 624
资产总计	1 980	负债和所有者权益总计	1 980

（1）计算权益乘数。

（2）计算产权比率。

（3）计算速动比率。

五、案例分析题

1. 红星公司是一家拥有60多年历史的大型企业。该公司颇有战略头脑，十分重视新产品和新工艺的开发，重视对老设备进行技术改造，引进国外先进技术，拥有国内一流的生产线。该公司生产的产品在国内具有较高的市场占有率。该公司还十分重视战略重组，大力推行前向一体化和后向一体化，使公司形成了一条由原材料供应到产品制造再到产品销售一条龙的稳定的价值生产链。由于该公司战略经营意识超前，管理得法，使公司规模迅速扩大，销量和利润逐年递增，跃居国内排头兵位置。但由于近两年企业规模扩大太快，经营效率有所下降。

该公司为了把握未来，对公司未来几年面临的市场和风险进行了预测。预测结果表明，在未来的几年里，市场对产品的需求会剧增，这种市场发展势头给公司带来了千载难逢的发展机会。预测结果还表明，公司未来面临的风险也在逐步加大，国内介入的企业逐渐增多，国外生产公司意欲打入中国市场，这些都会给公司的未来市场、生产经营和经济效益提出严峻的挑战。

公司为了确保在未来市场逐渐扩张的同时，使经济效益稳步上升，维持行业排头兵的位置，拟对公司近三年的财务状况和经济效益情况，运用杜邦财务分析体系进行全面分析，以便找出公司存在的问题，并针对问题提出改进措施。

公司近三年的主要财务数据和财务比率见表11-7。要求：

（1）分析说明该公司2020年与2019年相比，净资产收益率的变化及其原因。

（2）分析说明该公司资产、负债和所有者权益的变化及其原因。

（3）应从哪些方面改善公司的财务状况和经营业绩？

表11-7　公司主要财务数据和财务比率　（单位：万元）

	2018年	2019年	2020年
销售额	4 000	4 300	3 800
资产	1 430	1 560	1 695
普通股（万股）	100	100	100
留存收益	500	550	550
股东权益	600	650	650
权益乘数		2.39	2.5
流动比率	1.19	1.25	1.2
平均收现期（天）	18	22	27
存货周转率	8.0	7.5	5.5
长期债务/股东权益	0.5	0.46	0.46
营业毛利率	20%	16.3%	13.2%
营业净利率	7.5%	4.7%	2.6%

案例分析提示：

（1）2019年营业净利率＝4.7%

2019年净利润＝4 300×4.7%＝202.1（万元）

2019年总资产周转率 = 4 300 ÷ [(1 560 + 1 430) ÷ 2] = 2.88（次）

2019年权益乘数 = 2.39

2020年营业净利率 = 2.6%

2020年净利润 = 3 800 × 2.6% = 98.8（万元）

2020年总资产周转率 = 3 800 ÷ [(1 695 + 1 560) ÷ 2] = 2.33（次）

2020年权益乘数 = 2.5

2019年净资产收益率 = 4.7% × 2.88 × 2.39 = 32.35%

2020年净资产收益率 = 2.6% × 2.33 × 2.5 = 15.15%

净资产收益率的总差异为 15.15% − 32.35% = −17.2%

分析：

营业净利率变动对净资产收益率的影响程度：

$$(2.6\% - 4.7\%) \times 2.88 \times 2.39 = -14.45\%$$

总资产周转率变动对净资产收益率的影响程度：

$$2.6\% \times (2.33 - 2.88) \times 2.39 = -3.42\%$$

权益乘数变动对净资产收益率的影响程度：

$$2.6\% \times 2.33 \times (2.5 - 2.39) = 0.67\%$$

营业净利率、总资产周转率、权益乘数变动对净资产收益率的影响程度：

$$-14.45\% + (-3.42\%) + 0.67\% = -17.2\%$$

该公司净资产收益率比上年下降，主要是运用资产的获利能力下降，其总资产周转率和营业净利率都在下降。总资产周转率下降的原因是平均收现期延长和存货周转率下降。营业净利率下降的原因是销售毛利率下降。

（2）2020年的总资产为1 695万元，2019年的总资产为1 560万元。该公司总资产在增加，主要原因是存货和应收账款占用增加。2020年负债是筹资的主要来源，而且是流动负债。长期负债和所有者权益都没有增加，所有盈余都用于发放股利。

（3）扩大销售，降低进货成本，降低存货、应收账款，增加留存收益。

2. 某公司2020年财务报表主要资料见表11−8、表11−9。

表11−8 资产负债表（简表）

2020年12月31日 （单位：万元）

资产	金额		负债及所有者权益	金额
	年初	年末		
货币资金	764	310	应付账款	516
应收账款	1 156	1 344	应付票据	336
存货	700	966	其他流动负债	468
固定资产	1 170	1 170	长期负债	1 026
			实收资本	1 444
资产合计	3 790	3 790	负债及所有者权益合计	3 790

表 11－9　利润表（简表）

2020 年度　　　　（单位：万元）

项　目	金额
营业收入	8 430
营业成本	6 570
毛利	1 860
管理费用	980
财务费用	498
税前利润	382
所得税	95. 5
净利润	286. 5

表 11－10　有关财务比率

财务比率	本公司	行业平均水平
1. 流动比率		2
2. 速动比率		1
3. 资产负债率		50%
4. 存货周转率		6 次
5. 应收账款周转率		9 次
6. 营业净利率		8%
7. 营业毛利率		20%
8. 净资产收益率		10%
9. 已获利息倍数		4 倍

要求：

（1）计算该公司有关的财务比率，并填入表 11－10。

（2）与行业平均水平比较，说明该公司可能存在的问题。

案例分析提示：

（1）计算本公司 2020 年有关财务比率得：

流动比率＝1. 98　　速动比率＝1. 25　　资产负债率＝61. 9%

存货周转率＝7. 89 次　　应收账款周转率＝6. 74 次　　营业净利率＝3. 40%

营业毛利率＝22. 06%　　净资产收益率＝19. 84%　　已获利息倍数＝1. 77 倍

（2）与行业水平比较，可看出该企业：

1）短期偿债能力尚可，但可能存在流动资产中应收账款占用过大，利用效果不好的问题。

2）存货利用效果较好，但应收账款管理存在问题。

3）营业毛利率较高，但营业净利率较低，说明管理费用和利息支出过大，应加强管理。

4）已获利息倍数较低，资产负债率较高，说明负债偏多，资本结构不尽合理。

附　录　资金时间价值系数表

■ 附录 A　复利终值系数表

■ 附录 B　复利现值系数表

■ 附录 C　年金终值系数表

■ 附录 D　年金现值系数表

附录 A 复利终值系数表

$$(F/P,\ i,\ n) = (1+i)^n$$

利率 期数	1%	2%	3%	4%	5%	6%	7%	8%	9%	10%
1	1.010 0	1.020 0	1.030 0	1.040 0	1.050 0	1.060 0	1.070 0	1.080 0	1.090 0	1.100 0
2	1.020 1	1.040 4	1.060 9	1.081 6	1.102 5	1.123 6	1.144 9	1.166 4	1.188 1	1.210 0
3	1.030 3	1.061 2	1.092 7	1.124 9	1.157 6	1.191 0	1.225 0	1.259 7	1.295 0	1.331 0
4	1.040 6	1.082 4	1.125 5	1.169 9	1.215 5	1.262 5	1.310 8	1.360 5	1.411 6	1.464 1
5	1.051 0	1.104 1	1.159 3	1.216 7	1.276 3	1.338 2	1.402 6	1.469 3	1.538 6	1.610 5
6	1.061 5	1.126 2	1.194 1	1.265 3	1.340 1	1.418 5	1.500 7	1.586 9	1.677 1	1.771 6
7	1.072 1	1.148 7	1.229 9	1.315 9	1.407 1	1.503 6	1.605 8	1.713 8	1.828 0	1.948 7
8	1.082 9	1.171 7	1.266 8	1.368 6	1.477 5	1.593 8	1.718 2	1.850 9	1.992 6	2.143 6
9	1.093 7	1.195 1	1.304 8	1.423 3	1.551 3	1.689 5	1.838 5	1.999 0	2.171 9	2.357 9
10	1.104 6	1.219 0	1.343 9	1.480 2	1.628 9	1.790 8	1.967 2	2.158 9	2.367 4	2.593 7
11	1.115 7	1.243 4	1.384 2	1.539 5	1.710 3	1.898 3	2.104 9	2.331 6	2.580 4	2.853 1
12	1.126 8	1.268 2	1.425 8	1.601 0	1.795 9	2.012 2	2.252 2	2.518 2	2.812 7	3.138 4
13	1.138 1	1.293 6	1.468 5	1.665 1	1.885 6	2.132 9	2.409 8	2.719 6	3.065 8	3.452 3
14	1.149 5	1.319 5	1.512 6	1.731 7	1.979 9	2.260 9	2.578 5	2.937 2	3.341 7	3.797 5
15	1.161 0	1.345 9	1.558 0	1.800 9	2.078 9	2.396 6	2.759 0	3.172 2	3.642 5	4.177 2
16	1.172 6	1.372 8	1.604 7	1.873 0	2.182 9	2.540 4	2.952 2	3.425 9	3.970 3	4.595 0
17	1.184 3	1.400 2	1.652 8	1.947 9	2.292 0	2.692 8	3.158 8	3.700 0	4.327 6	5.054 5
18	1.196 1	1.428 2	1.702 4	2.025 8	2.406 6	2.854 3	3.379 9	3.996 0	4.717 1	5.559 9
19	1.208 1	1.456 8	1.753 5	2.106 8	2.527 0	3.025 6	3.616 5	4.315 7	5.141 7	6.115 9
20	1.220 2	1.485 9	1.806 1	2.191 1	2.653 3	3.207 1	3.869 7	4.661 0	5.604 4	6.727 5
21	1.232 4	1.515 7	1.860 3	2.278 8	2.786 0	3.399 6	4.140 6	5.033 8	6.108 8	7.400 2
22	1.244 7	1.546 0	1.916 1	2.369 9	2.925 3	3.603 5	4.430 4	5.436 5	6.658 6	8.140 3
23	1.257 2	1.576 9	1.973 6	2.464 7	3.071 5	3.819 7	4.740 5	5.871 5	7.257 9	8.954 3
24	1.269 7	1.608 4	2.032 8	2.563 3	3.225 1	4.048 9	5.072 4	6.341 2	7.911 1	9.849 7
25	1.282 4	1.640 6	2.093 8	2.665 8	3.386 4	4.291 9	5.427 4	6.848 5	8.623 1	10.834 7
26	1.295 3	1.673 4	2.156 6	2.772 5	3.555 7	4.549 4	5.807 4	7.396 4	9.399 2	11.918 2
27	1.308 2	1.7069	2.221 3	2.883 4	3.733 5	4.822 3	6.213 9	7.988 1	10.245 1	13.110 0
28	1.321 3	1.7410	2.287 9	2.998 7	3.920 1	5.111 7	6.6488	8.627 1	11.167 1	14.421 0
29	1.334 5	1.775 8	2.356 6	3.118 7	4.116 1	5.418 4	7.114 3	9.317 3	12.172 2	15.863 1
30	1.347 8	1.811 4	2.427 3	3.243 4	4.321 9	5.743 5	7.612 3	10.062 7	13.267 7	17.449 4
40	1.488 9	2.208 0	3.262 0	4.801 0	7.040 0	10.285 7	14.974 5	21.724 5	31.409 4	45.2593
50	1.644 6	2.691 6	4.383 9	7.106 7	11.467 4	18.420 2	29.457 0	46.901 6	74.357 5	117.391
60	1.816 7	3.281 0	5.891 6	10.519 6	18.679 2	32.987 7	57.946 4	101.257	176.031	304.482

（续）

期数 / 利率	11%	12%	13%	14%	15%	16%	17%	18%	19%	20%
1	1.110 0	1.120 0	1.130 0	1.140 0	1.150 0	1.160 0	1.170 0	1.180 0	1.190 0	1.200 0
2	1.232 1	1.254 4	1.276 9	1.299 6	1.322 5	1.345 6	1.368 9	1.392 4	1.416 1	1.440 0
3	1.367 6	1.404 9	1.442 9	1.481 5	1.520 9	1.560 9	1.601 6	1.643 0	1.685 2	1.728 0
4	1.518 1	1.573 5	1.630 5	1.689 0	1.749 0	1.810 6	1.873 9	1.938 8	2.005 3	2.073 6
5	1.685 1	1.762 3	1.842 4	1.925 4	2.011 4	2.100 3	2.192 4	2.287 8	2.386 4	2.488 3
6	1.870 4	1.973 8	2.082 0	2.195 0	2.313 1	2.436 4	2.565 2	2.699 6	2.839 8	2.986 0
7	2.076 2	2.210 7	2.352 6	2.502 3	2.660 0	2.826 2	3.001 2	3.185 5	3.379 3	3.583 2
8	2.304 5	2.476 0	2.658 4	2.852 6	3.059 0	3.278 4	3.511 5	3.758 9	4.021 4	4.299 8
9	2.558 0	2.773 1	3.004 0	3.251 9	3.517 9	3.803 0	4.108 4	4.435 5	4.785 4	5.159 8
10	2.839 4	3.105 8	3.394 6	3.707 2	4.045 6	4.411 4	4.806 8	5.233 8	5.694 7	6.191 7
11	3.151 8	3.478 5	3.835 9	4.226 2	4.652 4	5.117 3	5.624 0	6.175 9	6.776 7	7.430 1
12	3.498 5	3.896 0	4.334 5	4.817 9	5.350 3	5.936 0	6.580 1	7.287 6	8.064 2	8.916 1
13	3.883 3	4.363 5	4.898 0	5.492 4	6.152 8	6.885 8	7.698 7	8.599 4	9.596 4	10.699 3
14	4.310 4	4.887 1	5.534 8	6.261 3	7.075 7	7.987 5	9.007 5	10.147 2	11.419 8	12.839 2
15	4.784 6	5.473 6	6.254 3	7.137 9	8.137 1	9.265 5	10.538 7	11.973 7	13.589 5	15.407 0
16	5.310 9	6.130 4	7.067 3	8.137 2	9.357 6	10.748 0	12.330 3	14.129 0	16.171 5	18.488 4
17	5.895 1	6.866 0	7.986 1	9.276 5	10.761 3	12.467 7	14.426 5	16.672 2	19.244 1	22.186 1
18	6.543 6	7.690 0	9.024 3	10.575 2	12.375 5	14.462 5	16.879 0	19.673 3	22.900 5	26.623 3
19	7.263 3	8.612 8	10.197 4	12.055 7	14.231 8	16.776 5	19.748 4	23.214 4	27.251 6	31.948 0
20	8.062 3	9.646 3	11.523 1	13.743 5	16.366 5	19.460 8	23.105 6	27.393 0	32.429 4	38.337 6
21	8.949 2	10.803 8	13.021 1	15.667 6	18.821 5	22.574 5	27.033 6	32.323 8	38.591 0	46.005 1
22	9.933 6	12.100 3	14.713 8	17.861 0	21.644 7	26.186 4	31.629 3	38.142 1	45.923 3	55.206 1
23	11.026 3	13.552 3	16.626 6	20.361 6	24.891 5	30.376 2	37.006 2	45.007 6	54.648 7	66.247 4
24	12.239 2	15.178 6	18.788 1	23.212 2	28.625 2	35.236 4	43.297 3	53.109 0	65.032 0	79.496 8
25	13.585 5	17.000 1	21.230 5	26.461 9	32.919 0	40.874 2	50.657 8	62.668 6	77.388 1	95.396 2
26	15.079 9	19.040 1	23.990 5	30.166 6	37.856 8	47.414 1	59.269 7	73.949 0	92.091 8	114.475 5
27	16.738 6	21.324 9	27.109 3	34.389 9	43.535 3	55.000 4	69.345 5	87.259 8	109.589	137.371
28	18.579 9	23.883 9	30.633 5	39.204 5	50.065 6	63.800 4	81.134 2	102.967	130.411	164.845
29	20.623 7	26.749 9	34.615 8	44.693 1	57.575 5	74.008 5	94.927 1	121.501	155.189	197.814
30	22.892 3	29.959 9	39.115 9	50.950 2	66.211 8	85.849 9	111.065	143.371	184.675	237.376
40	65.000 9	93.051 0	132.782	188.884	267.864	378.721	533.869	750.378	1 051.67	1 469.77
50	184.565	289.002	450.736	700.233	1 083.66	1 670.70	2 566.22	3 927.36	5 988.91	9 100.44
60	524.057	897.597	1 530.05	2 595.92	4 384.00	7 370.20	12 335.4	20 555.1	34 105.0	56 347.5

附录B 复利现值系数表

$$(P/F,\ i,\ n)=1/(1+i)^n$$

期数 \ 利率	1%	2%	3%	4%	5%	6%	7%	8%	9%	10%
1	0.9901	0.9804	0.9709	0.9615	0.9524	0.9434	0.9346	0.9259	0.9174	0.9091
2	0.9803	0.9612	0.9426	0.9246	0.9070	0.8900	0.8734	0.8573	0.8417	0.8264
3	0.9706	0.9423	0.9151	0.8890	0.8638	0.8396	0.8163	0.7938	0.7722	0.7513
4	0.9610	0.9238	0.8885	0.8548	0.8227	0.7921	0.7629	0.7350	0.7084	0.6830
5	0.9515	0.9057	0.8626	0.8219	0.7835	0.7473	0.7130	0.6806	0.6499	0.6209
6	0.9420	0.8880	0.8375	0.7903	0.7462	0.7050	0.6663	0.6302	0.5963	0.5645
7	0.9327	0.8706	0.8131	0.7599	0.7107	0.6651	0.6227	0.5835	0.5470	0.5132
8	0.9235	0.8535	0.7894	0.7307	0.6768	0.6274	0.5820	0.5403	0.5019	0.4665
9	0.9143	0.8368	0.7664	0.7026	0.6446	0.5919	0.5439	0.5002	0.4604	0.4241
10	0.9053	0.8203	0.7441	0.6756	0.6139	0.5584	0.5083	0.4632	0.4224	0.3855
11	0.8963	0.8043	0.7224	0.6496	0.5847	0.5268	0.4751	0.4289	0.3875	0.3505
12	0.8874	0.7885	0.7014	0.6246	0.5568	0.4970	0.4440	0.3971	0.3555	0.3186
13	0.8787	0.7730	0.6810	0.6006	0.5303	0.4688	0.4150	0.3677	0.3262	0.2897
14	0.8700	0.7579	0.6611	0.5775	0.5051	0.4423	0.3878	0.3405	0.2992	0.2633
15	0.8613	0.7430	0.6419	0.5553	0.4810	0.4173	0.3624	0.3152	0.2745	0.2394
16	0.8528	0.7284	0.6232	0.5339	0.4581	0.3936	0.3387	0.2920	0.2520	0.2176
17	0.8444	0.7142	0.6050	0.5134	0.4363	0.3714	0.3166	0.2700	0.2310	0.1978
18	0.8360	0.7002	0.5874	0.4936	0.4155	0.3503	0.2960	0.2500	0.2120	0.1799
19	0.8277	0.6864	0.5703	0.4746	0.3957	0.3305	0.2765	0.2317	0.1945	0.1635
20	0.8195	0.6730	0.5537	0.4564	0.3769	0.3118	0.2584	0.2145	0.1784	0.1486
21	0.8114	0.6598	0.5375	0.4388	0.3589	0.2942	0.2415	0.1987	0.1637	0.1351
22	0.8034	0.6468	0.5219	0.4220	0.3418	0.2775	0.2257	0.1839	0.150	0.1228
23	0.7954	0.6342	0.5067	0.4057	0.3256	0.2618	0.2109	0.1703	0.1378	0.1117
24	0.7876	0.6217	0.4919	0.3901	0.3101	0.2470	0.1971	0.1577	0.1264	0.1015
25	0.7798	0.6095	0.4776	0.3751	0.2953	0.2330	0.1842	0.1460	0.1160	0.0923
26	0.7720	0.5976	0.4637	0.3607	0.2812	0.2198	0.1722	0.1352	0.1064	0.0839
27	0.7644	0.5859	0.4502	0.3468	0.2678	0.2074	0.1609	0.1252	0.0976	0.0763
28	0.7568	0.5744	0.4371	0.3335	0.2551	0.1956	0.1504	0.1159	0.0895	0.0693
29	0.7493	0.5631	0.4243	0.3207	0.2429	0.1846	0.1406	0.1073	0.0822	0.0630
30	0.7419	0.5521	0.4120	0.3083	0.2314	0.1741	0.1314	0.0994	0.0754	0.0573
35	0.7059	0.5000	0.3554	0.2534	0.1813	0.1301	0.0937	0.0676	0.0490	0.0356
40	0.6717	0.4529	0.3066	0.2083	0.1420	0.0972	0.0668	0.0460	0.0318	0.0221
45	0.6391	0.4102	0.2644	0.1712	0.1113	0.0727	0.0476	0.0313	0.0207	0.0137
50	0.6080	0.3715	0.2281	0.1407	0.0872	0.0543	0.0339	0.0213	0.0134	0.0085
55	0.5785	0.3365	0.1968	0.1157	0.0683	0.0406	0.0242	0.0145	0.0087	0.0053

（续）

期数 \ 利率	11%	12%	13%	14%	15%	16%	17%	18%	19%	20%
1	0.900 9	0.892 9	0.885 0	0.877 2	0.869 6	0.862 1	0.854 7	0.847 5	0.840 3	0.833 3
2	0.811 6	0.797 2	0.783 1	0.769 5	0.756 1	0.743 2	0.730 5	0.718 2	0.706 2	0.694 4
3	0.731 2	0.711 8	0.693 1	0.675 0	0.657 5	0.640 7	0.624 4	0.608 6	0.593 4	0.578 7
4	0.658 7	0.635 5	0.613 3	0.592 1	0.571 8	0.552 3	0.533 7	0.515 8	0.498 7	0.482 3
5	0.593 5	0.567 4	0.542 8	0.519 4	0.497 2	0.476 1	0.456 1	0.437 1	0.419 0	0.401 9
6	0.534 6	0.506 6	0.480 3	0.455 6	0.432 3	0.410 4	0.389 8	0.370 4	0.352 1	0.334 9
7	0.481 7	0.452 3	0.425 1	0.399 6	0.375 9	0.353 8	0.333 2	0.313 9	0.295 9	0.279 1
8	0.433 9	0.403 9	0.376 2	0.350 6	0.326 9	0.305 0	0.284 8	0.266 0	0.248 7	0.232 6
9	0.390 9	0.360 6	0.332 9	0.307 5	0.284 3	0.263 0	0.243 4	0.225 5	0.209 0	0.193 8
10	0.352 2	0.322 0	0.294 6	0.269 7	0.247 2	0.226 7	0.208 0	0.191 1	0.175 6	0.161 5
11	0.317 3	0.287 5	0.260 7	0.236 6	0.214 9	0.195 4	0.177 8	0.161 9	0.147 6	0.134 6
12	0.285 8	0.256 7	0.230 7	0.207 6	0.186 9	0.168 5	0.152 0	0.137 2	0.124 0	0.112 2
13	0.257 5	0.229 2	0.204 2	0.182 1	0.162 5	0.145 2	0.129 9	0.116 3	0.104 2	0.093 5
14	0.232 0	0.204 6	0.180 7	0.159 7	0.141 3	0.125 2	0.111 0	0.098 5	0.087 6	0.077 9
15	0.209 0	0.182 7	0.159 9	0.140 1	0.122 9	0.107 9	0.094 9	0.083 5	0.073 6	0.064 9
16	0.188 3	0.163 1	0.141 5	0.122 9	0.106 9	0.093 0	0.081 1	0.070 8	0.061 8	0.054 1
17	0.169 6	0.145 6	0.125 2	0.107 8	0.092 9	0.080 2	0.069 3	0.060 0	0.052 0	0.045 1
18	0.152 8	0.130 0	0.110 8	0.094 6	0.080 8	0.069 1	0.059 2	0.050 8	0.043 7	0.037 6
19	0.137 7	0.116 1	0.098 1	0.082 9	0.070 3	0.059 6	0.050 6	0.043 1	0.036 7	0.031 3
20	0.124 0	0.103 7	0.086 8	0.072 8	0.061 1	0.051 4	0.043 3	0.036 5	0.030 8	0.026 1
21	0.111 7	0.092 6	0.076 8	0.063 8	0.053 1	0.044 3	0.037 0	0.030 9	0.025 9	0.021 7
22	0.100 7	0.082 6	0.068 0	0.056 0	0.046 2	0.038 2	0.031 6	0.026 2	0.021 8	0.018 1
23	0.090 7	0.073 8	0.060 1	0.049 1	0.040 2	0.032 9	0.027 0	0.022 2	0.018 3	0.015 1
24	0.081 7	0.065 9	0.053 2	0.043 1	0.034 9	0.028 4	0.023 1	0.018 8	0.015 4	0.012 6
25	0.073 6	0.058 8	0.047 1	0.037 8	0.030 4	0.024 5	0.019 7	0.016 0	0.012 9	0.010 5
26	0.066 3	0.052 5	0.041 7	0.033 1	0.026 4	0.021 1	0.016 9	0.013 5	0.010 9	0.008 7
27	0.059 7	0.046 9	0.036 9	0.029 1	0.023 0	0.018 2	0.014 4	0.011 5	0.009 1	0.007 3
28	0.053 8	0.041 9	0.032 6	0.025 5	0.020 0	0.015 7	0.012 3	0.009 7	0.007 7	0.006 1
29	0.048 5	0.037 4	0.028 9	0.022 4	0.017 4	0.013 5	0.010 5	0.008 2	0.006 4	0.005 1
30	0.043 7	0.033 4	0.025 6	0.019 6	0.015 1	0.011 6	0.009 0	0.007 0	0.005 4	0.004 2
35	0.025 9	0.018 9	0.013 9	0.010 2	0.007 5	0.005 5	0.004 1	0.003 0	0.002 3	0.001 7
40	0.015 4	0.010 7	0.007 5	0.005 3	0.003 7	0.002 6	0.001 9	0.001 3	0.001 0	0.000 7
45	0.009 1	0.006 1	0.004 1	0.002 7	0.001 9	0.001 3	0.000 9	0.000 6	0.000 4	0.000 3
50	0.005 4	0.003 5	0.002 2	0.001 4	0.000 9	0.000 6	0.000 4	0.000 3	0.000 2	0.000 1
55	0.003 2	0.002 0	0.001 2	0.000 7	0.000 5	0.000 3	0.000 2	0.000 1	0.000 1	*

* <0.000 1

附录C 年金终值系数表

$$(F/A, i, n) = [(1+i)^n - 1]/i$$

期数 \ 利率	1%	2%	3%	4%	5%	6%	7%	8%	9%	10%
1	1.000 0	1.000 0	1.000 0	1.000 0	1.000 0	1.000 0	1.000 0	1.000 0	1.000 0	1.000 0
2	2.010 0	2.020 0	2.030 0	2.040 0	2.050 0	2.060 0	2.070 0	2.080 0	2.090 0	2.100 0
3	3.030 1	3.060 4	3.090 9	3.121 6	3.152 5	3.183 6	3.214 9	3.246 4	3.278 1	3.310 0
4	4.060 4	4.121 6	4.183 6	4.246 5	4.310 1	4.374 6	4.439 9	4.506 1	4.573 1	4.641 0
5	5.101 0	5.204 0	5.309 1	5.416 3	5.525 6	5.637 1	5.750 7	5.866 6	5.984 7	6.105 1
6	6.152 0	6.308 1	6.468 4	6.633 0	6.801 9	6.975 3	7.153 3	7.335 9	7.523 3	7.715 6
7	7.213 5	7.434 3	7.662 5	7.898 3	8.142 0	8.393 8	8.654 0	8.922 8	9.200 4	9.487 2
8	8.285 7	8.583 0	8.892 3	9.214 2	9.549 1	9.897 5	10.259 8	10.636 6	11.028 5	11.435 9
9	9.368 5	9.754 6	10.159 1	10.582 8	11.026 6	11.491 3	11.978 0	12.487 6	13.021 0	13.579 5
10	10.462 2	10.949 7	11.463 9	12.006 1	12.577 9	13.180 8	13.816 4	14.486 6	15.192 9	15.937 4
11	11.566 8	12.168 7	12.807 8	13.486 4	14.206 8	14.971 6	15.783 6	16.645 5	17.560 3	18.531 2
12	12.682 5	13.412 1	14.192 0	15.025 8	15.917 1	16.869 9	17.888 5	18.977 1	20.140 7	21.384 3
13	13.809 3	14.680 3	15.617 8	16.626 8	17.713 0	18.882 1	20.140 6	21.495 3	22.953 4	24.522 7
14	14.947 4	15.973 9	17.086 3	18.291 9	19.598 6	21.015 1	22.550 5	24.214 9	26.019 2	27.975 0
15	16.096 9	17.293 4	18.598 9	20.023 6	21.578 6	23.276 0	25.129 0	27.152 1	29.360 9	31.772 5
16	17.257 9	18.639 3	20.156 9	21.824 5	23.657 5	25.672 5	27.888 1	30.324 3	33.003 4	35.949 7
17	18.430 4	20.012 1	21.761 6	23.697 5	25.840 4	28.212 9	30.840 2	33.750 2	36.973 7	40.544 7
18	19.614 7	21.412 3	23.414 4	25.645 4	28.132 4	30.905 7	33.999 0	37.450 2	41.301 3	45.599 2
19	20.810 9	22.840 6	25.116 9	27.671 2	30.539 0	33.760 0	37.379 0	41.446 3	46.018 5	51.159 1
20	22.019 0	24.297 4	26.870 4	29.778 1	33.066 0	36.785 6	40.995 5	45.762 0	51.160 1	57.275 0
21	23.239 2	25.783 3	28.676 5	31.969 2	35.719 3	39.992 7	44.865 2	50.422 9	56.764 5	64.002 5
22	24.471 6	27.299 0	30.536 8	34.248 0	38.505 2	43.392 3	49.005 7	55.456 8	62.873 3	71.402 7
23	25.716 3	28.845 0	32.452 9	36.617 9	41.430 5	46.995 8	53.436 1	60.893 3	69.531 9	79.543 0
24	26.973 5	30.421 9	34.426 5	39.082 6	44.502 0	50.815 6	58.176 7	66.764 8	76.789 8	88.497 3
25	28.243 2	32.030 3	36.459 3	41.645 9	47.727 1	54.864 5	63.249 0	73.105 9	84.700 9	98.347 1
26	29.525 6	33.670 9	38.553 0	44.311 7	51.113 5	59.156 4	68.676 5	79.954 4	93.324 0	109.182
27	30.820 9	35.344 3	40.709 6	47.084 2	54.669 1	63.705 8	74.483 8	87.350 8	102.723	121.100
28	32.129 1	37.051 2	42.930 9	49.967 6	58.402 6	68.528 1	80.697 7	95.339	112.968	134.210
29	33.450 4	38.792 2	45.218 9	52.966 3	62.322 7	73.639 8	87.346 5	103.966	124.135	148.631
30	34.784 9	40.568 1	47.575 4	56.084 9	66.438 8	79.058 2	94.460 8	113.283	136.308	164.494
35	41.660 3	49.994 5	60.462 1	73.652 2	90.320 3	111.435	138.237	172.317	215.711	271.024
40	48.886 4	60.402 0	75.401 3	95.025 5	120.800	154.762	199.635	259.057	337.882	442.593
45	56.481 1	71.892 7	92.719 9	121.029	159.700	212.744	285.749	386.506	525.859	718.905
50	64.463 2	84.579 4	112.797	152.667	209.348	290.336	406.529	573.770	815.084	1 163.91
60	81.669 7	114.052	163.053	237.991	353.584	533.128	813.520	1 253.21	1 944.79	3 034.82

（续）

期数 \ 利率	11%	12%	13%	14%	15%	16%	17%	18%	19%	20%
1	1. 000 0	1. 000 0	1. 000 0	1. 000 0	1. 000 0	1. 000 0	1. 000 0	1. 000 0	1. 000 0	1. 000 0
2	2. 110 0	2. 120 0	2. 130 0	2. 140 0	2. 150 0	2. 160 0	2. 170 0	2. 180 0	2. 190 0	2. 200 0
3	3. 342 1	3. 374 4	3. 406 9	3. 439 6	3. 472 5	3. 505 6	3. 538 9	3. 572 4	3. 606 1	3. 640 0
4	4. 709 7	4. 779 3	4. 849 8	4. 921 1	4. 993 4	5. 066 5	5. 140 5	5. 215 4	5. 291 3	5. 368 0
5	6. 227 8	6. 352 8	6. 480 3	6. 610 1	6. 742 4	6. 877 1	7. 014 4	7. 154 2	7. 296 6	7. 441 6
6	7. 912 9	8. 115 2	8. 322 7	8. 535 5	8. 753 7	8. 977 5	9. 206 8	9. 442 0	9. 683 0	9. 929 9
7	9. 783 3	10. 089 0	10. 404 7	10. 730 5	11. 066 8	11. 413 9	11. 772 0	12. 141 5	12. 522 7	12. 915 9
8	11. 859 4	12. 299 7	12. 757 3	13. 232 8	13. 726 8	14. 240 1	14. 773 3	15. 327 0	15. 902 0	16. 499 1
9	14. 164 0	14. 775 7	15. 415 7	16. 085 3	16. 785 8	17. 518 5	18. 284 7	19. 085 9	19. 923 4	20. 798 9
10	16. 722 0	17. 548 7	18. 419 7	19. 337 3	20. 303 7	21. 321 5	22. 393 1	23. 521 3	24. 708 9	25. 958 7
11	19. 561 4	20. 654 6	21. 814 3	23. 044 5	24. 349 3	25. 732 9	27. 199 9	28. 755 1	30. 403 5	32. 150 4
12	22. 713 2	24. 133 1	25. 650 2	27. 270 7	29. 001 7	30. 850 2	32. 823 9	34. 931 1	37. 180 2	39. 580 5
13	26. 211 6	28. 029 1	29. 984 7	32. 088 7	34. 351 9	36. 786 2	39. 404 0	42. 218 7	45. 244 5	48. 496 6
14	30. 094 9	32. 392 6	34. 882 7	37. 581 1	40. 504 7	43. 672 0	47. 102 7	50. 818 0	54. 840 9	59. 195 9
15	34. 405 4	37. 279 7	40. 417 5	43. 842 4	47. 580 4	51. 659 5	56. 110 1	60. 965 3	66. 260 7	72. 035 1
16	39. 189 9	42. 753 3	46. 671 7	50. 980 4	55. 717 5	60. 925 0	66. 648 8	72. 939 0	79. 850 2	87. 442 1
17	44. 500 8	48. 883 7	53. 739 1	59. 117 6	65. 075 1	71. 673 0	78. 979 2	87. 068 0	96. 021 8	105. 930 6
18	50. 395 9	55. 749 7	61. 725 1	68. 394 1	75. 836 4	84. 140 7	93. 405 6	103. 740 3	115. 265 9	128. 116 7
19	56. 939 5	63. 439 7	70. 749 4	78. 969 2	88. 211 8	98. 603 2	110. 285	123. 414	138. 166	154. 740
20	64. 202 8	72. 052 4	80. 946 8	91. 024 9	102. 444	115. 380	130. 033	146. 628	165. 418	186. 688
21	72. 265 1	81. 698 7	92. 469 9	104. 768	118. 810	134. 841	153. 139	174. 021	197. 847	225. 026
22	81. 214 3	92. 502 6	105. 491	120. 436	137. 632	157. 415	180. 172	206. 345	236. 438	271. 031
23	91. 147 9	104. 602 9	120. 205	138. 297	159. 276	183. 601	211. 801	244. 487	282. 362	326. 237
24	102. 174	118. 155	136. 831	158. 659	184. 168	213. 978	248. 808	289. 494	337. 010	392. 484
25	114. 413	133. 334	155. 620	181. 871	212. 793	249. 214	292. 105	342. 603	402. 042	471. 981
26	127. 999	150. 334	176. 850	208. 333	245. 712	290. 088	342. 763	405. 272	479. 431	567. 377
27	143. 079	169. 374	200. 841	238. 499	283. 569	337. 502	402. 032	479. 221	571. 522	681. 853
28	159. 817	190. 699	227. 950	272. 889	327. 104	392. 503	471. 378	566. 481	681. 112	819. 223
29	178. 397	214. 583	258. 583	312. 094	377. 170	0. 000	552. 512	669. 447	811. 523	984. 068
30	199. 021	241. 333	293. 199	356. 787	434. 745	530. 312	647. 439	790. 948	966. 712	1 181. 882
35	341. 590	431. 663	546. 681	693. 573	881. 170	1 120. 71	1 426. 49	1 816. 65	2 314. 21	2 948. 34
40	581. 826	767. 091	1 013. 70	1 342. 03	1 779. 09	2 360. 76	3 134. 52	4 163. 21	5 529. 83	7 343. 86
45	986. 639	1 358. 23	1 874. 16	2 590. 56	3 585. 13	4 965. 27	6 879. 29	9 531. 58	13 203. 4	18 281. 3
50	1 668. 77	2 400. 02	3 459. 51	4 994. 52	7 217. 72	10 435. 6	15 089. 5	21 813. 1	31 515. 3	45 497. 2
60	4 755. 07	7 471. 64	11 761. 9	18 535. 1	29 220. 0	46 057. 5	72 555. 0	114 189. 7	179 494. 6	281 732. 6

附录D 年金现值系数表

$$(P/A, i, n)=[1-(1+i)^{-n}]/i$$

期数＼利率	1%	2%	3%	4%	5%	6%	7%	8%	9%	10%
1	0.9901	0.9804	0.9709	0.9615	0.9524	0.9434	0.9346	0.9259	0.9174	0.9091
2	1.9704	1.9416	1.9135	1.8861	1.8594	1.8334	1.8080	1.7833	1.7591	1.7355
3	2.9410	2.8839	2.8286	2.7751	2.7232	2.6730	2.6243	2.5771	2.5313	2.4869
4	3.9020	3.8077	3.7171	3.6299	3.5460	3.4651	3.3872	3.3121	3.2397	3.1699
5	4.8534	4.7135	4.5797	4.4518	4.3295	4.2124	4.1002	3.9927	3.8897	3.7908
6	5.7955	5.6014	5.4172	5.2421	5.0757	4.9173	4.7665	4.6229	4.4859	4.3553
7	6.7282	6.4720	6.2303	6.0021	5.7864	5.5824	5.3893	5.2064	5.0330	4.8684
8	7.6517	7.3255	7.0197	6.7327	6.4632	6.2098	5.9713	5.7466	5.5348	5.3349
9	8.5660	8.1622	7.7861	7.4353	7.1078	6.8017	6.5152	6.2469	5.9952	5.7590
10	9.4713	8.9826	8.5302	8.1109	7.7217	7.3601	7.0236	6.7101	6.4177	6.1446
11	10.3676	9.7868	9.2526	8.7605	8.3064	7.8869	7.4987	7.1390	6.8052	6.4951
12	11.2551	10.5753	9.9540	9.3851	8.8633	8.3838	7.9427	7.5361	7.1607	6.8137
13	12.1337	11.3484	10.6350	9.9856	9.3936	8.8527	8.3577	7.9038	7.4869	7.1034
14	13.0037	12.1062	11.2961	10.5631	9.8986	9.2950	8.7455	8.2442	7.7862	7.3667
15	13.8651	12.8493	11.9379	11.1184	10.3797	9.7122	9.1079	8.5595	8.0607	7.6061
16	14.7179	13.5777	12.5611	11.6523	10.8378	10.1059	9.4466	8.8514	8.3126	7.8237
17	15.5623	14.2919	13.1661	12.1657	11.2741	10.4773	9.7632	9.1216	8.5436	8.0216
18	16.3983	14.9920	13.7535	12.6593	11.6896	10.8276	10.0591	9.3719	8.7556	8.2014
19	17.2260	15.6785	14.3238	13.1339	12.0853	11.1581	10.3356	9.6036	8.9501	8.3649
20	18.0456	16.3514	14.8775	13.5903	12.4622	11.4699	10.5940	9.8181	9.1285	8.5136
21	18.8570	17.0112	15.4150	14.0292	12.8212	11.7641	10.8355	10.0168	9.2922	8.6487
22	19.6604	17.6580	15.9369	14.4511	13.1630	12.0416	11.0612	10.2007	9.4424	8.7715
23	20.4558	18.2922	16.4436	14.8568	13.4886	12.3034	11.2722	10.3711	9.5802	8.8832
24	21.2434	18.9139	16.9355	15.2470	13.7986	12.5504	11.4693	10.5288	9.7066	8.9847
25	22.0232	19.5235	17.4131	15.6221	14.0939	12.7834	11.6536	10.6748	9.8226	9.0770
26	22.7952	20.1210	17.8768	15.9828	14.3752	13.0032	11.8258	10.8100	9.9290	9.1609
27	23.5596	20.7069	18.3270	16.3296	14.6430	13.2105	11.9867	10.9352	10.0266	9.2372
28	24.3164	21.2813	18.7641	16.6631	14.8981	13.4062	12.1371	11.0511	10.1161	9.3066
29	25.0658	21.8444	19.1885	16.9837	15.1411	13.5907	12.2777	11.1584	10.1983	9.3696
30	25.8077	22.3965	19.6004	17.2920	15.3725	13.7648	12.4090	11.2578	10.2737	9.4269
35	29.4086	24.9986	21.4872	18.6646	16.3742	14.4982	12.9477	11.6546	10.5668	9.6442
40	32.8347	27.3555	23.1148	19.7928	17.1591	15.0463	13.3317	11.9246	10.7574	9.7791
45	36.0945	29.4902	24.5187	20.7200	17.7741	15.4558	13.6055	12.1084	10.8812	9.8628
50	39.1961	31.4236	25.7298	21.4822	18.2559	15.7619	13.8007	12.2335	10.9617	9.9148
55	42.1472	33.1748	26.7744	22.1086	18.6335	15.9905	13.9399	12.3186	11.0140	9.9471

（续）

期数＼利率	11%	12%	13%	14%	15%	16%	17%	18%	19%	20%
1	0.900 9	0.892 9	0.885 0	0.877 2	0.869 6	0.862 1	0.854 7	0.847 5	0.840 3	0.833 3
2	1.712 5	1.690 1	1.668 1	1.646 7	1.625 7	1.605 2	1.585 2	1.565 6	1.546 5	1.527 8
3	2.443 7	2.401 8	2.361 2	2.321 6	2.283 2	2.245 9	2.209 6	2.174 3	2.139 9	2.106 5
4	3.102 4	3.037 3	2.974 5	2.913 7	2.855 0	2.798 2	2.743 2	2.690 1	2.638 6	2.588 7
5	3.695 9	3.604 8	3.517 2	3.433 1	3.352 2	3.274 3	3.199 3	3.127 2	3.057 6	2.990 6
6	4.230 5	4.111 4	3.997 5	3.888 7	3.784 5	3.684 7	3.589 2	3.497 6	3.409 8	3.325 5
7	4.712 2	4.563 8	4.422 6	4.288 3	4.160 4	4.038 6	3.922 4	3.811 5	3.705 7	3.604 6
8	5.146 1	4.967 6	4.798 8	4.638 9	4.487 3	4.343 6	4.207 2	4.077 6	3.954 4	3.837 2
9	5.537 0	5.328 2	5.131 7	4.946 4	4.771 6	4.606 5	4.450 6	4.303 0	4.163 3	4.031 0
10	5.889 2	5.650 2	5.426 2	5.216 1	5.018 8	4.833 2	4.658 6	4.494 1	4.338 9	4.192 5
11	6.206 5	5.937 7	5.686 9	5.452 7	5.233 7	5.028 6	4.836 4	4.656 0	4.486 5	4.327 1
12	6.492 4	6.194 4	5.917 6	5.660 3	5.420 6	5.197 1	4.988 4	4.793 2	4.610 5	4.439 2
13	6.749 9	6.423 5	6.121 8	5.842 4	5.583 1	5.342 3	5.118 3	4.909 5	4.714 7	4.532 7
14	6.981 9	6.628 2	6.302 5	6.002 1	5.724 5	5.467 5	5.229 3	5.008 1	4.802 3	4.610 6
15	7.190 9	6.810 9	6.462 4	6.142 2	5.847 4	5.575 5	5.324 2	5.091 6	4.875 9	4.675 5
16	7.379 2	6.974 0	6.603 9	6.265 1	5.954 2	5.668 5	5.405 3	5.162 4	4.937 7	4.729 6
17	7.548 8	7.119 6	6.729 1	6.372 9	6.047 2	5.748 7	5.474 6	5.222 3	4.989 7	4.774 6
18	7.701 6	7.249 7	6.839 9	6.467 4	6.128 0	5.817 8	5.533 9	5.273 2	5.033 3	4.812 2
19	7.839 3	7.365 8	6.938 0	6.550 4	6.198 2	5.877 5	5.584 5	5.316 2	5.070 0	4.843 5
20	7.963 3	7.469 4	7.024 8	6.623 1	6.259 3	5.928 8	5.627 8	5.352 7	5.100 9	4.869 6
21	8.075 1	7.562 0	7.101 6	6.687 0	6.312 5	5.973 1	5.664 8	5.383 7	5.126 8	4.891 3
22	8.175 7	7.644 6	7.169 5	6.742 9	6.358 7	6.011 3	5.696 4	5.409 9	5.148 6	4.909 4
23	8.266 4	7.718 4	7.229 7	6.792 1	6.398 8	6.044 2	5.723 4	5.432 1	5.166 8	4.924 5
24	8.348 1	7.784 3	7.282 9	6.835 1	6.433 8	6.072 6	5.746 5	5.450 9	5.182 2	4.937 1
25	8.421 7	7.843 1	7.330 0	6.872 9	6.464 1	6.097 1	5.766 2	5.466 9	5.195 1	4.947 6
26	8.488 1	7.895 7	7.371 7	6.906 1	6.490 6	6.118 2	5.783 1	5.480 4	5.206 0	4.956 3
27	8.547 8	7.942 6	7.408 6	6.935 2	6.513 5	6.136 4	5.797 5	5.491 9	5.215 1	4.963 6
28	8.601 6	7.984 4	7.441 2	6.960 7	6.533 5	6.152 0	5.809 9	5.501 6	5.222 8	4.969 7
29	8.650 1	8.021 8	7.470 1	6.983 0	6.550 9	6.165 6	5.820 4	5.509 8	5.229 2	4.974 7
30	8.693 8	8.055 2	7.495 7	7.002 7	6.566 0	6.177 2	5.829 4	5.516 8	5.234 7	4.978 9
35	8.855 2	8.175 5	7.585 6	7.070 0	6.616 6	6.215 3	5.858 2	5.538 6	5.251 2	4.991 5
40	8.951 1	8.243 8	7.634 4	7.105 0	6.641 8	6.233 5	5.871 3	5.548 2	5.258 2	4.996 6
45	9.007 9	8.282 5	7.660 9	7.123 2	6.654 3	6.242 1	5.877 3	5.552 3	5.261 1	4.998 6
50	9.041 7	8.304 5	7.675 2	7.132 7	6.660 5	6.246 3	5.880 1	5.554 1	5.262 3	4.999 5
55	9.061 7	8.317 0	7.683 0	7.137 6	4.208 1	6.248 2	5.881 3	5.554 9	5.262 8	4.999 8

参考文献

[1] 白蔚秋，潘秀丽. 财务管理学［M］.3 版. 北京：经济科学出版社，2014.
[2] 荆新，王化成，刘俊彦. 财务管理学［M］.8 版. 北京：中国人民大学出版社，2018.
[3] 王化成. 财务管理［M］.5 版. 北京：中国人民大学出版社，2017.
[4] 贝斯利，布里格姆. 财务管理［M］. 罗菲，熊伟，译. 北京：机械工业出版社，2013.
[5] 郭复初. 财务管理学［M］. 4 版. 成都：西南财经大学出版社，2012.
[6] 刘玉平，马海涛，李小荣. 财务管理学［M］.5 版. 北京：中国人民大学出版社，2019.
[7] 孙茂竹，范歆. 财务管理学［M］.4 版. 北京：中国人民大学出版社，2015.
[8] 胡玉明. 公司理财［M］. 2 版. 大连：东北财经大学出版社，2009.
[9] 财政部会计资格评价中心. 财务管理［M］. 北京：经济科学出版社，2019.
[10] 中国注册会计师协会. 财务成本管理［M］. 北京：中国财政经济出版社，2019.
[11] 黄惠玲. 财务管理［M］. 北京：中国金融出版社，2003.
[12] 刘迪，岳红. 财务管理学［M］. 3 版. 北京：中国电力出版社，2016.
[13] 陈宝峰. 财务管理［M］. 北京：机械工业出版社，2004.
[14] 谢爱萍，万义平. 财务管理［M］. 北京：人民邮电出版社，2005.
[15] 张玉英. 财务管理［M］.6 版. 北京：高等教育出版社，2019.
[16] 王斌. 财务管理［M］. 3 版. 北京：中央广播电视大学出版社，2016.
[17] 顾振华. 财务管理［M］. 北京：机械工业出版社，2004.
[18] 黄虹，李贞玉，洪兰，等. 现代企业财务管理［M］. 广州：华南理工大学出版社，2004.
[19] 宋献中，吴思明. 企业财务管理［M］. 2 版. 广州：暨南大学出版社，2005.
[20] 王庆成. 财务管理学［M］. 北京：中国财政经济出版社，1999.
[21] 谢志华. 财务管理［M］. 北京：中央广播电视大学出版社，1998.
[22] 刘敬芳. 财务管理［M］. 2 版. 上海：立信会计出版社，2013.
[23] 陆正飞. 财务管理［M］. 大连：东北财经大学出版社，2001.
[24] 曹荣，郭向伟，唐晓娟. 财务管理［M］. 北京：中国金融出版社，2005.
[25] 罗斯，威斯特菲尔德，杰富，等. 公司理财（原书第 11 版）［M］. 吴世农，沈艺峰，王志强，等译. 北京：机械工业出版社，2017.
[26] 刘志远. 财务管理［M］. 天津：南开大学出版社，1999.
[27] 黄本笑. 证券投资学［M］. 3 版. 北京：中国人民大学出版社，2012.
[28] 刘葳，尹群. 投资词典［M］. 天津：天津大学出版社，2004.
[29] 郭复初. 财务管理［M］. 北京：首都经济贸易大学出版社，2004.
[30] 刘云丽. 财务管理［M］. 北京：机械工业出版社，2008.
[31] 尹书亭. 现代企业理财学［M］. 上海：复旦大学出版社，1998.
[32] 牟小容. 财务管理学［M］. 3 版. 广州：广东高等教育出版社，2010.